四川足球一些往事

SICHUAN ZUQIU YIXIE WANGSHI

黄绍勤 / 著

西南交通大学出版社
·成 都·

图书在版编目（CIP）数据

四川足球一些往事 / 黄绍勤著. —成都：西南交通大学出版社，2014.1

ISBN 978-7-5643-2752-1

Ⅰ. ①四… Ⅱ. ①黄… Ⅲ. ①足球运动－发展－四川省－文集 Ⅳ. ①G843.92-53

中国版本图书馆 CIP 数据核字（2013）第 260558 号

四川足球一些往事

黄绍勤 著

责任编辑	吴明建
封面设计	墨创文化
出版发行	西南交通大学出版社 （四川省成都市金牛区交大路 146 号）
发行部电话	028-87600564　028-87600533
邮政编码	610031
网　　址	http: //press.swjtu.edu.cn
印　　刷	成都蜀通印务有限责任公司
成品尺寸	170 mm × 240 mm
印　　张	13.75
字　　数	242 千字
版　　次	2014 年 1 月第 1 版
印　　次	2014 年 1 月第 1 次
书　　号	ISBN 978-7-5643-2752-1
定　　价	36.00 元

写给前辈的话

让我来给爷爷、叔叔辈的前辈写序，实在高抬我姚夏了。不敢当啊，不敢当。

看完《四川足球一些往事》，方知四川足球的根留在哪里，芽又发在哪里。四川足球走过的艰辛，一个脚印挨着一个脚印，已经深深地刻在晚辈的心底。为此，晚辈要感谢前辈们，为出版这本书付出的努力。

一路走过来的四川足球，那些可歌可泣的昨天，那些激奋斗志的故事，一定会勾起人们去回忆，去重温前辈们为四川足球流的汗、出的血，去寻找他们胜利后的欢乐，去享受他们举杯痛饮的时刻。

为四川足球的振兴，前辈们埋头去想，抬头去拼。而且，拼得满身是伤，骨断，头破裂，他们无怨无悔。前辈的精神财富，让晚辈牢记，也应该让晚辈的后代记住他们。

有的前辈为四川足球洒尽最后一滴汗水，已经离我们远去。在这儿，晚辈愿已逝的前辈一路走好。你们未做完的事，晚辈们来接。愿前辈们安息。

《四川足球一些往事》，现已出版问世。我希望更多的人去看，去想，记住前辈们的奋斗史，让后来者去开创四川足球的未来，创造四川足球的奇迹。

中国足球事业正在崛起，中国足球大环境正在好转之际，在前辈之后，一代一代的后辈愿为中国足球运动的突破贡献最大力量。

姚　夏

2013年5月，成都

作者的话

《四川足球一些往事》是写四川专业足球，从 1950 年到 1993 年所发生的一些事。以历届全运会为主线，其中包括历年的重大比赛、参赛教练、主要球员以及他们生活中的一些小故事。

如果再不将这些比赛过程及故事粗略地勾画出来，越往后可能越难记录下来了。现在将我了解的和亲身经历的写出来，虽是零敲碎打，总还能让球迷朋友了解四川足球发展一些真实的过程和原汁原味的故事。

2007 年，作者与四川第一个足球运动健将龚锦源教授、广州《足球》报驻四川记者站原负责人廖本强教授商量，原本打算让四川足球人，共同来撰写《见证四川足球》。2011 年，各个时期的代表，有教练员，运动员，在龚教授家开了很多次碰头会，而且，每次还作了签到记录。大家认为整理回顾四川足球的过去，是很有必要的。当“分产到户”时，真正愿提笔写的人就没有几个了。预计 197 人撰写四川专业和职业足球，超 120 万字的回忆录只好搁浅。

辛辛苦苦准备了几年，总不能就此废了啊。以后，作者与龚教授研究，将那些零星材料，由作者来整理加工。因本人的能力和经历有限，只好把《见证四川足球》化整为零，改写成《四川足球一些往事》。显然，一头大象，变成了只有前腿没有后腿和尾巴的残兔。

在撰写过程中，有些事让作者非常棘手，诸如对好多人的辉煌事迹知之甚少，对于很多往事不是亲历者。这样写出来的东西肯定分量不重。全靠参加碰头会的龚锦源、熊天琪、郑永修、岑福友、宣世昌、周尚云、徐重庆、兰钟仪、柯昌荣、余盛达、袁邦煜、崔方、姚明福、余德徽、文良庆、张礼龙、王银雷等提供了大量资料。作者又拜访了恩师殷树柏以及朱德全、徐保成、关鸿飞、赵盛洪、晏秀鑫等老教练，获得了宝贵的“原始富矿源”。今天写出来的仅是为大家代笔，把真实的往事还原给关心四川足球的球迷朋友们。

有很多小兄弟原本是难忘的：文良庆、樊忠麟、唐兴华、林黎、曾大选、黄志坚、陈仲良、王嗣产、肖鹏、张礼龙、李建国、张士、王银雷、于飞、朱平、王奇、王承江、徐庆凯、米东洪、马东湘、张达明、罗唐禄……他们中有很多人参加了第五届全国运动会，四川队能进入全国前六名，他们是“资格”的功臣。

还有四川专业足球体制培养的最后一批人，他们是20世纪90年代，参加中国职业联赛，刮起黄色旋风，威震全国的四川全兴队。他们中有很多是四川足球的一代精英，秦勇、高建宾、孙博伟、何斌、孟宪鹏、李庆、刘文韬、王炯、刘斌、马明宇、安文渝、彭晓方、李晓峰、邹侑根、姚夏、魏群等都没有单独写入书中。虽是这样做了，但心里很是打鼓，很纠结，实为不安，希望小兄弟们多多见谅。相信总有一天，会有人把你们对四川足球所做的贡献载入史册。毕竟你们都是四川足球的“近代史”。

写到这儿，不得不说几句撕心裂肺的话。有的老领导、老教练、老队友……已经不辞而别驾鹤西去。想当初，他们都是威风凛凛，威震四方，叱咤风云的人物。今天使他们过五关斩六将的英姿跃然于纸上，是活着的人对他们寄托的一份哀思。他们中有我最尊重的领导和教练，也有最知心的朋友和兄弟。这本书一旦问世，作者将在他们的灵位上送去属于他们的部分，让逝者在天堂上知道，活着的人没有忘记他们。

作者将这本书送给他最尊重的人。四川足球虽没有太多让人不能遗忘的辉煌历史，但在40多年的长河中，还是有很多让人津津乐道的往事，也有一批兢兢业业、勤勤恳恳为四川足球发展呕心沥血做出贡献的人，他们是一块块硬当当的铺路石，而且是无私的，满腔热血的，为四川足球付出了汗水和鲜血……

有些往事和有些人，是不能遗忘的啊。因为，有些往事有些人，值得我们去了解、尊重和回忆——毕竟那是一段不能抹去的历史。

记住他们，可能是另一类对四川足球的享受。因为，是他们开垦了四川足球这片沃土，并培育和嫁接了一批批新人。

请记住他们，这就是作者写这本书的初衷。

《四川足球一些往事》因跨度久远，加之笔者水平所限，经历所限，撰写过程中疏漏在所难免，请四川足球人多多谅解，也请广大读者多多包涵。

作者：马蹄

2013年5月于成都

目 录

第一篇 四川足球之父——王寿先（时间：1950—1960 年）

第二篇 四川足球大动荡（时间：1960—1970 年）

第三篇　四川队兵分两路（时间：1970—1980 年）

第四篇　四川足球后继有人（时间：1980—1993 年）

第五篇　恩师（时间：1955 年前入队）

第六篇　队友的往事（时间：1954—1973 年入队）

第七篇　四川足球造就了一批人（时间：1950—1976年入队）

第十篇　怀念领导（时间：1954年前参加工作）

第一篇

四川足球之父——王寿先

（时间：1950—1960 年）

四川足球队的前身是西南足球队。西南地区地处中国西部较为落后的区域，新中国成立初期开展足球运动相对要落后一些。西南军政委员会副主席、西南军区司令员贺龙同志，于1953年请来了国家足球队队长王寿先。从此，西南地区的足球运动蓬蓬勃勃地开展起来。四川境内有西南队、西南军区战斗队、重庆队、西南青年队和成都队。1956年在西南队等队伍基础上组建四川队。

四川足球能迅速发展，王寿先教练功不可没。王寿先指导德高望重，他是发展西南足球的舵手，是四川足球之父。

一、西南队组建前后

我哪有资格写西南足球哦，1951年我才七八岁。为了还原西南队的真实情况，我先后到西南队元老殷树柏指导家去过两次，了解到很多情况。现在殷指导已经去世。最后一次见面是我同龚锦源教授去医院看望他，他已经不认识我们了。想当初思维敏捷的他，为何落下这个病根？让人十分痛心。

为了搞清西南队的组建前后，我和龚教授、兰钟仪又专门请西南队元老熊天琪到成都外滩烤鸭餐厅促膝谈论西南足球。2011年7月西南队元老关鸿飞，离开成都回澳门，举办了一次聚会，高朋满座，关指导一个劲与笔者交谈，冷落了很多人。一年一度秋风去，老树飘摇已难支了，下次见面又待何年哦。看着沧桑的关指导，才知道岁月是那么的无情。

80高龄的龚教授、赵盛洪指导，他们都是西南足球的亲历者，我们常见面或常通电话，随时都可以在他们那儿挖到丰富的“金矿”。今天还原给读者的西南足球，希望大家喜欢。

新中国成立伊始，在“发展体育运动，建设祖国，保卫祖国”的号召下，国家体育运动委员会为适应参加社会主义国家体育友好交流的需要，急需组建主要体育项目的国家队和地方专业队，足球是其中一个项目。

新中国成立后，全国按六大行政区划分，即华北、华东、东北、中南、西南和西北，加上解放军、火车头体协，国家体育运动委员会要求以上地区和单位成立专业足球队，代表各自地区和系统，于1951年11月在天津参加全国第一届足球锦标赛，并从中选出国家队队员。

西南军政委员会设在重庆，在贺龙司令员的亲切关怀下，于1951年9、10月在重庆大学团结广场举行西南区足球选拔赛。参加选拔赛的有重庆队、成都队、昆明队、贵阳队、川北队和川东队。重庆队在决赛中以 1∶0 取胜成都队获冠军。成都获亚军，昆明获季军。

有趣的是，重庆队对昆明队，重庆队中锋龚锦源三次快速突破，三次造成对方犯规，龚三次操刀罚点球，又三罚三中。昆明队守门员李文俊原是香港队门将，三个刁角度球弄得他一筹莫展。

经大会选拔产生西南队选手 22 人，其中 18 人代表西南地区赴天津参赛。

重庆队：鄂伯尔、肖荣东、吴家邦、黎百和、龚锦源、翁先弟、冉启刚。

成都队：张幼凌、黄刚维、张维华、张济群、吴晋鑫、区建勋。

昆明队：李文俊、何运声、刘先祚。

贵阳队：殷树柏。

川东队：夏仕湘。

熊天琪、杨宗骐、孙奕春、赵盛洪未去参赛。

刚组建的西南队，乘船先到武汉，又从武汉乘火车到北京，住先农坛体育场，训练不足三周即赴天津参赛。

主教练：重庆大学体育专科李静教授。他对足球技战术不是十分精通，用一个足球图案的火柴盒给球员讲解战术。比赛阵型为 WM 式。

主力阵容：鄂伯尔、黎百和、吴家邦、刘先祚、冉启刚、殷树柏、张维华、何运声、张济群、龚锦源、张幼凌。

比赛按单循环赛制。西南队第一场以 0∶8 输东北队，以后又以 1∶3 输华北队、3∶5 输华东队、1∶1 平中南队、2∶0 胜西北队、0∶3 输解放军队、0∶2 输火车头队。1 胜 5 负 1 平，排名第七，西北队压底。

在闭幕式上，国家体委副秘书长黄中对西南队评价很高：年轻，文化程度高（18 名队员中，有 13 名在校大学生），集中时间虽短，但个人技术基础好，是一支很有希望的球队。

比赛完回重庆后，13 名大学生必须回校上课。新中国刚成立，百废待兴，大学生不能随便抽调，西南队只好解散。全国其他地区均成立了专业足球队。

1952 年 11 月，重新在重庆大田湾体育场选拔西南队。原西南队成员黎百和、张济群、吴家邦、何运声、殷树柏、孙奕春依然保留在队。增加了赵盛洪、杨宗骐、熊天琪、王德明、关鸿飞、张士毅、刘明等。

重组的西南队，于 1953 年参加了在上海举行的第二届全国足球锦标赛。因西南队球员不够，向西南战斗队借调了曾雪麟、潘培根、徐保成、冼迪雄等。

1954 年，为了补充球员，成立了西南青年队。选拔结果如下。

成都队：晏秀鑫、杨定陆、陈俊辉。

贵州队：王有高、郑永修、何炳权、宋继尧。

云南队：马克坚、洪之江、华林、岑福友。

1955 年后，又增加了宣世昌、王家训、龙武华、聂天培、周尚云等。

1953 年的西南队，运动员有了，缺的是教练。

二、西南军区战斗足球队

在成都的原西南军区战斗足球队的老人只有徐保成了。徐老也做过笔者的教练。八十好几的人啦，身体硬朗，中气十分充足，谈话声音非常洪亮。一谈起战斗队，话匣子一打开，几个小时也不累。每次到徐老家，他和老伴十分热情，聊起天来题内的、题外的海阔天空，滔滔不绝，让笔者十分佩服，当然，更尊敬这位和蔼可亲的老人。

徐指导说，西南军区战斗队的前身是 1950 年成立的云南军区足球队。云南军区足球队成员有冼迪雄、曾雪麟、徐保成、孙光华、潘培根、曹明寿等。成立云南军区足球队，是为了参加 1951 年由西南军区组织的运动会。参加单位有成都军区、云南军区、贵州军区、炮兵、川东军区、川南军区、川北军区和高级步校等。经过激烈拼争，云南军区足球队夺得冠军。赛后由西南军区司令员贺龙召集会议，他指示将云南军区足球队全部队员留下，作为成立西南军区战斗足球队的班底。1951 年，西南军区战斗队成立后，由上海东华队覃齐珍任教练。

西南军区战斗足球队从此进入了西南军区战斗体工队。体工队政委许志奋，主任李梦华。地址在重庆歇台子。

西南军区战斗体工队除足球队外，还有篮球队、排球队、田径队、乒乓球队、体操队、游泳队等。当时，无论运动项目还是运动员的人数都比西南体工队多。

西南军区战斗体工队宗旨是：代表西南军区参加国内或军内以及社会主义国家的军队比赛。这支队是在贺龙同志亲切关怀下成立的，他无时不关心体工队的成长，平常休息时间总要到体工队去转转。他非常关心运动员的训练和生活。有一天，他看见冼迪雄很瘦，便拍着他的肩问："小冼，为什么这么瘦？这么瘦还能踢足球吗？"然后，贺司令把许政委叫来，问道："许政委，运动员的伙食标准是多少？"得知运动员一天伙食费 1.45 元，他马上指示：从明天起，一个运动员每天增加一磅牛奶、两个鸡蛋。伙食费超标问题，他去向总政治部作解释。

徐保成夫人说，贺司令员经常到体工队驻地去钓鱼。有一场比赛，徐保成肋骨被对方撞断，贺司令员把钓来的鱼送到食堂，请师傅熬成汤，送给徐保成喝。

1952年，云南省开运动会，省政府打电话给贺龙同志，提出为了把运动会开得更热闹，希望能把国家男女篮球队、排球队和西南军区战斗男女篮球队、排球队请到昆明搞表演赛。国家队按期到达重庆。如果乘汽车到昆明，需要7天时间，来不及搞表演赛了；改乘飞机需要6架飞机才能装下。体工队领导与民航局联系，希望能解决6架飞机这个燃眉之急。民航局回话，派6架飞机已超出他们的职权，没有贺司令员或邓小平的签字是不能飞的。当贺龙同志知道这事后，当即拍板：不就6架飞机嘛，怎么不能飞呢？一道难题很快得到解决。

国家队从昆明回到重庆，回北京时，贺司令员对运动员们说："这里有重庆的江津广柑，全国闻名哦，你们能拿多少就拿多少。"运动员们非常感谢贺司令员的关怀。

1952年，国家足球队教练李凤楼带队到重庆，贺司令员指示，国家足球队全住歇台子高干招待所。第二天看国家队表演，贺司令特别高兴。

1955年西南行政区撤销，西南军区战斗体工队也随之撤销。除曾雪麟、冼迪雄、潘培根之前调八一足球队，其他队员均得到了妥善安排。

三、贺龙司令员请来王寿先

王寿先指导来四川，大家都知道是贺龙请来的，但问其细节，知道的人就很少了。笔者提起笔，又放下笔，不知从何下手。在为难之时，是晏秀鑫指导给了笔者一份王寿先指导的回忆录。笔者如获至宝，爱不释手，终于解开了王指导来川的来龙去脉。

第三次国内革命战争时期，战争打得十分残酷。时任西北军区司令员、中共中央西北局第二书记的贺龙同志用战略眼光来看待这场战争，认为必须增强广大官兵的体质，丰富业余生活。他组建了一支"战斗"篮球队，带动大家积极参加体育锻炼，强健体魄，坚持长期作战。

贺龙同志历来热爱体育运动，西南地区刚解放不久，就在他的直接领导下成立了西南足球队和西南军区战斗足球队。从1952年起，西南足球队就没有教练带队。用球员殷树柏的话说，大家都是教练，大家又都不是教练。对这样的一盘散沙，贺司令员是看在眼里，急在心头。他到处打听，在中国谁踢球最好？有人告诉他，李惠堂踢得最好。司令员说，那就帮我请来嘛。得知李惠堂在香港，让他很泄气。

王寿先指导详细记录了来西南的情况。1952 年末，中央体训班足球队（国家队）应贺龙同志的邀请，参加西南地区第一届运动会作表演比赛。国家足球队结束南宁的巡回表演，刚到广州就接到国家体育运动委员会通知，抓紧时间奔赴重庆作表演比赛。由于车票、船票难买，在大会闭幕前，未能按期到达重庆。为了能看到国家足球队的表演，大会要求所有代表队延期离会（国家篮排球队也同期到达）。

为了满足参加运动会广大运动员和山城观众的迫切要求，足球队到达重庆的第二天就进行了第一次示范表演。观看表演的有贺龙、宋任穷和其他领导同志。为了使观看表演的领导和运动员们了解示范课的内容，国家足球队领队刘以珍、教练李凤楼应邀到主席台上作讲解。王寿先当时是国家足球队队长，受李凤楼教练的委托，带领全队按示范课要求一项一项地完成表演。坐在看台上的贺龙司令员，看得非常认真。王寿先的一招一式印在他脑子里：这不就是我要找的教练嘛。国家队在王寿先的带领下顺利完成了示范课。

训练完毕，全体队员接受了领导同志的亲切接见。然后，贺司令员找到国家队领队和教练，询问王寿先的有关情况，并要求他们回北京后，向体委领导汇报，希望要顾全大局，做好王寿先来川工作的思想准备。1953 年，先后由李凤楼、尹占春（中央体训班领导人之一）、黄中等几位领导找王寿先谈话。王寿先由不愿意到下决心只花了几天时间，于 1953 年 9 月 1 日同国家篮球队教练周宝恩一起到达重庆报到。不久，王寿先将家眷一块搬迁重庆，从此，王寿先成了西南足球队的掌门人。

王寿先是辽宁金县人，1946 年秋，沈阳成立了东北风足球队，王寿先是该队骨干。这支队由于没有经济资助，队内开支全由他们自己找钱买米下锅。由于资金短缺，导致东北风三起三落。当时的东北风，在东北和华北地区名扬一时，打遍两地无敌手，出尽了风头。特别是在天津参赛的日子，东北风的生活开支、车船票费等全靠卖门票维持。

1951 年，王寿先任东北队队长，夺得首届全国锦标赛冠军，并入选第一届国家队，任队长一职。王寿先在比赛中大刀阔斧，凶狠强悍。他硬朗的比赛作风赢得了足球界的认可。他来西南队，带来了先进的四一二三阵型，使攻防相对平衡，树立了西南队以长、快、勇打反击克敌制胜的风格。其主要特点：防守严密，中场争夺努力占优，反击速度加快，充分发挥小、快、灵的特点。凭着这种王式打法，他带队于 1959 年参加第一届全国运动会，打平了上海队、打胜了广东队……

1955年，大行政区陆续撤销，毛泽东点名贺龙元帅担任国家体委主任。黄中担任秘书长。贺龙元帅离开了四川，由贺炳炎上将担任四川省体委主任，元帅指挥的一二0师战斗篮球队队员王廷弼担任副主任。

贺龙到了北京，大行政区撤销，王寿先指挥的西南队顺利过渡为四川足球队。王寿先是四川足球的最高指挥官。受人尊敬爱戴的王寿先，为发展西南地区足球运动做出了巨大贡献，可谓功德无量，是四川足球运动之父。

四、四川足球队（成都体育学院运动系足球队）的组建

王寿先指导在回忆录中，对四川队是如何建成的，又是如何训练的都写得很清楚。这是老指导留给后人的一笔财富。至于有些不清楚的地方，笔者又求证了四川队元老岑福友、晏秀鑫、赵盛洪。在龚教授家的碰头会上，熊天琪、郑永修、宣世昌、周尚云等老队员也提供了很多宝贵资料。这样才完成了这篇文章。

西南行政区撤销，原西南队是建四川足球队的班底，于1956年初正式成立了四川足球队。1957年夏，四川队从重庆搬迁成都大红土地庙街3号。当时调整了西南队部分年龄大、有伤病的老队员，补充了青年队一部分事业心强，条件较好，有培养前途的青年队员。当年参加全国足球乙级联赛，取得了武汉赛区第一名，在沈阳决赛获第二名。

四川队运动员：守门员是王德明、马克坚。后卫有杨宗骐、宋继尧、王家训、晏秀鑫、龙武华、邓述诚。前卫有岑福友、宣世昌、殷树柏、聂天培、陈俊辉。前锋有赵盛洪、熊天琪、郑永修、关鸿飞、洪之江、于策勋。主教练：王寿先。

1957年后，队员又增加了赵启义、袁世禄、王凤珠等。四川队建队后，历年大致训练情况：全年有计划训练在二十五周左右（参加全国比赛除外），冬训到过十八周。每周训练时间十八到二十小时之间。每节课一般一小时半到两小时半。1965年，学习日本女排一不怕苦，二不怕死的训练作风，冬训一天练过五个小时。1957年，在乙级联赛决赛中获第二名晋入全国甲级队（共十二支甲级队），四川队是唯一一支边远省级球队。据龚锦源回忆，1958年上半年，四川队在北京参加甲级联赛第一阶段比赛，比赛成绩不尽如人意，仅

对天津一场就以 0∶8 大败，四川队面临降级的危险。为了增强进攻力量，由四川省委宣传部派人到华西医院借调龚锦源。这时，龚随导师已到绵阳办全省外科医生学习班。当他赶回医院，人事处的人告诉他，宣传部直接来要他了。

龚锦源随队到了天津，参加第二阶段的保级比赛。四川队以 2∶1 战胜了天津队，《新民报》头版头条报道：从 0∶8 到 2∶1。就是因为这场球，天津球迷把天津队围了……这场球四川队两匹快马龚锦源、郑永修各为四川队奉献一球。以后四川队又以 1∶0 胜南京部队队，1∶1 平南京队。但四川队排名依然靠后。郑永修、宣世昌回忆，因 1959 年是第一届全运会，1958 年甲级联赛就不搞升降级了。

总结四川队建队后的训练工作，有两点教训是深刻的：一是四川队的球员大多技术较差，长期忽视了基本技术的提高，一味地抓高强度大密度训练，始终没能让全队水平上个台阶。二是学习日本女排一不怕苦，二不怕死的训练作风，完全是在拖延训练时间，一点效果也没有，是无效劳动，而且对运动员身心健康是一种摧残。

西南队于 1954 年 3 月 5 日，在武汉迎战匈牙利国家二队，以 0：10 败下阵，四川队 1956 年 3 月 4 日在重庆对波兰“格尔巴尼亚”队，以 0：4 负。1960 年 9 月 20 日，四川队在长春战捷克斯巴达克斯队，以 0：2 不敌对手。

为了补充四川队力量，又从成都队借调来黄映实、程严生。

四川队基本阵营：马克坚、周尚云、杨宗骐、宋继尧、袁世禄、王凤珠、龙武华、王家训、宣世昌、岑福友、殷树柏、赵盛洪、郑永修、龚锦源、赵启义、熊天琪等。

五、重庆足球队

在成都找到重庆足球队的“活化石”——朱德全。他是笔者最后一轮教练。朱德全既是重庆足球队的元老，又是重庆足球队、1965 年四川队、1973 年成都部队足球队的主教练。朱指导患有高血压病，身体不是很好。马鼎凯、杨华刚常去看他，有时笔者也参加，每次见他或通电话，都怕多占用了他的休息时间。

笔者曾在《重庆足球》找重庆足球建队时的资料，翻来覆去，找不到可用的。奇怪的是就连建队时的名单都没有一个。笔者只好一切重新寻找，还历史的本来面貌，让曾为重庆足球做过贡献的人或已逝的朋友，在本书中留下一个名字或只言片语。为此，朱指导提供了可贵的资料。

1953 年，以重庆广益和和南开中学学生为主，组队在上海参加十三城市足球赛，由于水平有限未进入决赛，对重庆体训班是一个很大的震动。青年队回重庆后，参赛的多数队员留下，同年 5 月重庆队成立了。

重庆队的成立，使重庆这同一座城市拥有三支专业足球队，即，西南队、西南军区战斗队和重庆队。

刚成立的重庆队，部分运动员有：于景章、付荣忠、何世凯、周光旗、何世杰、简允初、严德俊、张标国、胡星科、刘森、张培安、汪石亮、朱德全、赵尚仁、张振国、严其……

主教练：西南师范学院教授李民远。1955 年西南行政区撤销，西南军区战斗队解散，战斗队球员孙光华出任重庆队主教练，张济群任助理教练。

1956 年后补充球员有刘运声、卢稚霞、张标国、高易、王文海、朱宗俊、古时方、李尊祥、黄振淳、秦光樵……

1958 年后又增加了马鼎凯、杨华刚、钱恒光、赵渊、白礼银、费经国、敖安全、王成忠、姚明福、李叔君、陈殿美、陈祖文、唐兴玉、刘嗣伟、王仲凯等。

1956 年 3 月 4 日，重庆大田湾体育场落成，其大气、豪华、壮观达全国一流水平。为了庆祝体育场落成，特邀请波兰“格尔巴尼亚”队作表演赛，主队以 0：4 不敌客队。

1956 年，全国实行甲、乙级升降级比赛，重庆队首次参加全国乙级联赛，未能出线。1954 年严德俊调中央体训班白队，以后进入红队，然后到天津队执教。

1959 年，四川队参加第一届全运会，重庆队支援四川队三名队员：敖安全、黄振淳和梁泉湘。

1959 年初，朱德全参加重庆教练员学习班，不久接替了孙光华的教练工作，孙光华出任领队，张济群任助理教练。从这以后，重庆足球队得到长足发展。

基本阵营：钱恒光、赵渊、王成忠、王仲凯、陈殿美、白礼银、姚明福、陈祖文、秦光樵、敖安全、费经国、杨华刚、黄振淳、马鼎凯、李叔君。

以后重庆队又从成都队借调了一批人：罗世源、余盛达、袁邦煜、吴成轩、刘运扬、柯昌荣等。

六、1958 年四川队迎战苏联队

笔者询问过很多人：“赵盛洪是如何把球射进世界最佳守门员雅辛把守的

大门的？”谁也没有把这件事讲清楚。时间实在太久远了，忘掉很正常。后来还是找到赵盛洪本人，才把这个历史问题解答清楚。

1956 年在墨尔本举行第十三届奥运会，苏联队夺得足球比赛冠军。队上拥有世界级球星雅辛、涅托和沃罗宁等。1958 年苏联队来中国访问，球星们随队也来到上海江湾体育场。该队主教练主动找到四川队教练王寿先，要求与四川队踢一场练习比赛。经双方商定比赛为 40 分钟一节，打两节共 80 分钟。

比赛一开始，苏联队压倒四川队，四川队前卫前锋迅速回撤。后卫出身的王寿先为了防住苏联队锐利的进攻，安排了宋继尧、王凤珠、袁世禄打三中卫。王、袁在前面盯人，宋在后面补位。前卫岑福友、宣世昌保护中卫作屏障，把后防线向外推，整条防守线严严实实。锋线上的郑永修、赵盛洪、赵启义积极拼抢，一时间让苏联队无计可施。太放松的苏联队越打越着急。他们想打开四川队边路，恰恰边路有龙武华和王家训两员硬将，是四川队布置最严密的区域。加上两个边锋回撤两边，当突前边后卫，弄得苏联队针插不入，水泼不进。然后苏联队采取强攻，一个个“炮弹”吊向四川队禁区，轮番轰炸，都被顽强的四川队一一瓦解。以后苏联队又采取远射，一次次都被门将马克坚没收。

比赛进行到 70 分钟左右，四川队发动一次反击。据赵盛洪回忆，郑永修传出一个低平球，让 1.9 米高的对方中后卫左右为难，踢也踢不着，顶也顶不着。正在高中卫旁边游动的矮脚虎赵盛洪，在禁区线附近把球接下来，快速突进，世界最佳门将雅辛正要起动扑脚下球，赵盛洪眼明脚快，用右脚外侧拨球，球从雅辛的左上角飞入网中。

眼看比赛时间就要到了，担任本场裁判的是苏联队的主教练。王寿先看着一分一秒过去，时间已经到了，裁判就是不鸣终场哨。80 分钟的比赛，无限延长，直到苏联队打进两球终场哨声才吹响，估计延长比赛时间至少有 30 分钟。

据说，比赛完了，苏联队教练非常热情地走到王寿先面前，竖起大拇指，然后互相拥抱。显然，苏联老大哥是用一种特殊方式来缓解单方延续比赛时间的尴尬。

七、成都队的组建

成都足球队，算是一支老队了。这支队是徐保成指导一手拉扯起来的。

他用他那双慧眼去识别，找到一批很有潜质的球员。无论四川队、重庆队都非常感谢成都足球队。这其中也包括关鸿飞指导的功劳。

1955 年西南行政区撤销，徐保成在西南队待了半年，于 1956 年调成都体工队，筹建成都足球队。为了组建成都足球队，可把徐保成的脚都跑大了。开展足球的学校他几乎跑遍了，终于在成都 23 中学选中了第一个球员，他就是日后成都业余体校大名鼎鼎的教练向安源。不过那时他才 16 岁。花了近半年时间，徐保成终于把队伍拉起来了，队员是：朱德运、向安源、张友荣、旷万成、敖安全、黄映实、吴成轩、程严生、吴志平、罗世源、王任力、陈方元、沈盛祥等。陈俊辉、李培玉是从西南青年队到成都队的。

1958 年后陆续引进了谢川林、熊飞龙、刘运扬、朱忠俊、余盛达、袁邦煜、余德徽、柯昌荣、蔡国敏、梁学贵、申廷举、陈铭林、贾天智、周长生、李虎成等。

新补充的队员大大增强了成都队的实力，四川队、重庆队都纷纷向该队借人。1961 年，朱德运、黄映实、程严生借调四川队；1961 年敖安全、余盛达、罗世源借到重庆队参加全国甲级联赛（四川队的彭万良、许义德、李英璜也暂借重庆队）。以后柯昌荣、吴成轩、袁邦煜、刘运扬又借到重庆队。1962 年余盛达调四川队，申廷举调四川二队。成都足球队成了人才储备的“金仓库”。

1958 年徐保成支援安徽带安徽足球队。刚从四川队退役的关鸿飞接过成都足球队教鞭。

1962 年徐保成从安徽回四川，又重新回到成都队，协助关指导共同执教成都足球队。

成都足球队基本阵容：朱德运、刘运扬、向安源、吴志平、罗世源、王仁力、沈盛祥、陈方元、袁邦煜、吴成轩、余德徽、柯昌荣、谢川林。黄映实、程严生，余盛达已调四川队。那时梁学贵、陈铭林、李成虎、贾天智、周长生等还是小队员。

八、四川足球二队

1956 年建立的四川足球队，多数队员是从老西南队和西南青年队抽调而来。有的队员年龄偏大，有的队员伤病缠身，如果不及时培养新生力量，四川足球队将后继无人。1957 年，四川队进入全国甲级队行列，第二年将组队参加甲级队预备队比赛，在大形势的逼迫下，非成立四川足球二队不可了。

四川足球二队队员有：崔方、张志铁、叶志臣、李国民、彭万良、聂天培、王凤珠、许义德、余景德、徐重庆、敖安全、王仁力等。领队徐凤仪。主教练殷树柏兼运动员。王德民随队。

1958 年参加甲级队预备队比赛，在成都队借来罗世源、程严生、黄映实。由于运动员不多，殷指导既带队也参加比赛。刚组建的四川二队，在全国十二支甲级队预备队中取得第六名的好成绩。

基本阵容：崔方、于景德、许义德、王凤珠、彭万良、张志铁、聂天培、徐重庆、殷树柏、李国民、叶志臣、罗世源、黄映实、程严生等。

这次比赛对王凤珠十分重要，由于比赛打得好，他才继续从事运动员工作。

比赛完后，赵盛洪、王德民也带过四川二队。不久，赵盛洪、王德民、杨宗骐到重庆教练员学习班学习，之后赵盛洪支援内蒙古带内蒙古足球队，王德民支援河南带河南足球队，杨宗骐支援山东带山东足球队，不久又到云南带云南足球队。

1958 年至 1961 年，四川二队又陆续进了一批队员：李英璜、兰钟仪、张振中、杨瑞壁、王良钊、梁朝渊、陈秀龙、付宏昆、邓光和、刘孙其、雷介平、张盛琪、张麟麒、沈逸麟、张兆斌、于福弟、黄绍勤……以后成都队申廷举调来二队。

先后教练有：殷树柏、熊天琪、赵盛洪（已从内蒙古回川）、王家训、周尚云、聂天培、徐保成等。

四川二队扩大了，实力也增强了，这批人是日后四川队的生力军。

四川二队基本阵容：陈秀龙、叶志臣、余景德、聂天培、兰钟仪、张振忠、杨揣壁、王良钊、雷介平、张兆斌、刘孙其、于福弟、李英璜、黄绍勤等。

崔方、徐重庆、李国民、彭万良、王凤珠、许义德先后调入四川一队。

九、四川青年队夺全国冠军

根据徐重庆、崔方的回忆，加上晏秀鑫指导提供的资料，笔者终于把四川青年队夺全国冠军的详细情况搞清楚了。

1959 年 3 月 8 日，四川青年队在湖南长沙，参加第一阶段全国青年足球赛，参赛队有：广东、上海、河北、火车头、延边、大连、八一等青年队。

当时，四川青年队只有 9 人，连上场的基本阵容都凑不齐，找自贡足球队（准备参加省运会临时组的队）借了 14 人。23 名队员中 80%是中学生或大学一年级学生。

运动员有：崔方、叶志臣、许义德、张志铁、李国民、徐重庆、彭万良、叶天培、于景德、侯朝沐、蔡子容、王世文、翁国忠、张国成、赵玉林、王泽典、王明森、胡宜、付正纲、刘志德、王亮、胡昭义、雷真序。

领队是徐凤仪。主教练是殷树柏。助理教练是晏秀鑫。

就是这帮学生军以3∶1胜上海队，4∶3战胜实力强大的广东队……四川青年队夺得第一阶段冠军。

1959年底，大学生侯朝沐、王世文、翁国忠、王泽典、付正纲、刘志德等人回学校考试。随即补充了罗世元、黄映实、敖安全、兰钟仪、李英璜、王仁力、王大有、杨培根，加上参加第一阶段的部分队员在杭州参加第二阶段比赛。经过非常艰苦的比赛，夺得第二名。

基本阵容：崔方、于景德、许义德、聂天培、徐重庆、彭万良、胡昭义、张志铁、蔡子容、李国民、叶志臣、黄映实、敖安全、李英璜、兰钟仪、王亮等。

四川青年队夺得全国青年赛冠军，不但给四川足球打了一针强心针，而且争得了一个直升甲级队名额。1961年后，兰钟仪、李英璜、刘孙其也升上四川一队（二队需要时也回队参赛）。在二队的队员都才十六七岁，一则年少，二则水平也不够。成都队调走余盛达、黄映实、程严生、朱德运等主力球员到四川队，基本阵容也不成型。1961年甲级队扩军，十二支甲级队扩成二十四支。河北、北京、八一、上海、辽宁、广东和四川等青年队也在扩军之中。经四川省体委决定，这个甲级队名额给了重庆队。

参赛那年，重庆队向四川队借了彭万良、许义德、李英璜，向成都队借了敖安全、余盛达和罗世源，帮助重庆队打甲级联赛。1963年，为了打好甲级联赛，又向成都队借去柯昌荣、罗世源、刘运扬和吴成轩。那年重庆队在南京保级，四川队在杭州降级。1964年全国又恢复十二支甲级队。重庆队又回到乙级队。

这篇文章写完了，在此还得多说一句，希望大家好好感谢记忆非凡的晏秀鑫、徐重庆、余盛达、兰钟仪、崔方等。他们将很多细节都记得清清楚楚，甚至一场球对方射了多少脚门都记得。今天奉献给读者的是完全真实的经过。

十、四川队参加第一届全运会

第一届全国运动会于1959年9月在北京举行，当年上半年全国分4个赛区已决出 12 支队参加决赛。参赛队：北京、解放军、上海、江苏、天津、山东、辽宁、黑龙江、广东、湖北、四川、陕西。比赛分三个组，每组 4 队。单循环，小组前两名争 1 至 6 名。小组后两名争 7 至 12 名。

A 组：辽宁、上海、广东、四川。决赛前体育报预测，足球决赛冠军非上海莫属。因为这支队由上海红旗队、上海工人队和上海队三支甲级队混合组队，被誉为实力最强劲的王牌队。

据传，邓小平总书记点名要看四川队对上海队。所以，这场比赛被安排为开幕式后的揭幕比赛，由此吹响足球决赛的号角。

为了打好揭幕赛，四川省体育代表团名誉团长贺炳炎、四川省体委副主任王廷弼、成都体育学院运动系（即四川体育代表队）主任兼领队魏振铎亲临督战。

当时四川队主教练为王寿先，队长岑福友，队员有：马克坚、周尚云、王家训、龙武华、宋继尧、王凤珠、杨宗骐、袁世禄、宣世昌、敖安全、梁荃襄、郑永修、黄振淳、赵启义、叶志诚、熊天琪、龚锦源。

乍看四川对上海，是鸡蛋碰石头，必输无疑。就是头一年，无论上海三支队中的哪支，净胜四川队一两个球也是容易的事。今天重新组合的队，是上海足球精华中的精华，四川队难以抵挡。

在准备会上大家都没有背包袱，输球也无非受指责，只要打出自己的水平，尽了力，全川人民是能接受的。领导指出输球不能输战斗作风，宁愿拼着输，也不要跪着赢。一定要打出川人不怕死的硬汉子作风。王寿先指导指出："上海队是三支队组成的，选上和没有选上的球员矛盾重重。上场队员都是老大，只要久攻不下必定急躁，互相埋怨，这下就好打了，以弱胜强战例很多。况且上海队普遍年龄偏大，要发挥我们年轻，拼抢积极的特点。同时还要充分发挥龚锦源、郑永修速度快、打反击的特点，我相信 90 分钟后会有收获的。"领导的鼓励，王指导的布置，给全体队员莫大的鼓励。

果然，前 30 分钟上海队没有打出应有的水平，无论个人或整体与从前判若两队。相反四川队气势逼人。上海队越打越急躁，彼此开始埋怨起来。虽然四川队被对方压着打，但就是有惊无险。上海队向上压得太深，后防线常常出现空当。

35 分钟，四川队一次右路突破，传中至中路禁区外 25 米处，龚锦源快速赶上用右脚外侧凌空抽射，球直奔球门左上角进入网窝。场内场外吼声一片，大大鼓舞了全队气势。这时只听见王寿先指导在叫："大家不要乱，坚持自己的打法。"上半场四川队以 1∶0 暂时领先。

中场休息，王廷弼、魏振铎、王学集都给大家鼓劲。王指导要大家坚持准备会要求，以防待攻，一鼓作气，决不松懈。“上海队是一只真老虎，在半场内一定要紧缠紧逼，千万不要乱扑，毕竟上海队是有实力的。”不出所料，上海队轻松扳回一球。最终两队1∶1战成平局，让所有参赛队都感到惊讶。

接下来，四川队以3∶0战胜甲级联赛季军广东队，中锋龚锦源独中两球。在小组赛中，辽宁和广东进入前六名，上海和四川落入后六名。赛后《人民日报》把龚锦源和北京队、八一队另两名选手誉为神射手。第一届全运会，龚锦源的表演是十分精彩的，被国家体委评为足球运动健将。他是四川第一个足球运动健将。

第一届全运会足球比赛结束，北京、天津、解放军获前三名。四川夺得第九名。

参加第一届全运会，正当十周年国庆，北京市市长彭真在人民大会堂宴请优秀运动员，四川队熊天琪、郑永修、宣世昌、岑福友、马克坚、龚锦源出席了宴会。

本文所用的第一届全运会主要资料来源于龚锦源教授，以及在龚教授家碰头会上得到的一些资料。

第二篇

四川足球大动荡

（时间：1960—1970 年）

在 1960—1970 年这十年中，四川足球处于动荡期。原本繁荣的四川足球，专业运动队从 6 个缩编成 2 个，以后又从 2 个缩编成 1 个。好多当打之年的运动员，就这样默默地离开。国家花钱培养，他们流血流汗去练，去拼，但成果荡然无存了。

“文化大革命”导致的大乱，搞得人心惶惶，人人自危。比赛没了，训练停了，一些人跟着工宣队、军管会瞎胡闹，跳忠字舞，把有功之臣王寿先关在食堂里打，让王指导十分伤心。有的人口号喊得比谁都响，却没有感到自己的荒唐。

一、为生存、尊严而练

每个运动员，第一天迈进运动队大门，都知道这儿是优秀运动员扎堆的地方。以前不知天有多高，地有多厚，现在明白了夹着尾巴拼命追赶是最好的选择。就像 20 世纪 60 年代在北京乘公共汽车一样，看着一些上了年纪穿旧军装的人，你可别去烦他，这些人多半是将军级干部，在北京这样的人太多了。在体工队，优秀运动员也太多了。

1960 年至 1961 年，老四川二队的队员基本上都上一队了。剩下的多数是新进队的队员和一队下来的。有张振中、杨瑞壁、付宏昆、张麟麒、张盛琪、梁朝渊、兰钟仪、陈秀龙、刘孙其、雷介平、张兆斌，申廷举、邓光和、王良钊、聂天培、于景德、张志铁、邓述诚、黄绍勤等。20 世纪 60 年代正赶上灾荒年，吃的、穿的、用的什么都很短缺，大街上橱窗里看似琳琅满目，全是非卖品。老百姓每人一月半斤肉，半斤油，一斤糕点，20 多斤大米。城市人如此，农村人就更惨了。

供应紧缺也直接影响着运动队，那时运动员等级制十分明确，破全国纪录的、打亚运会比赛的、获全国冠军的球队是一个伙食档次；代表省参加全国比赛的一线队又是一个档次；新队员吃的是最低档次，比起一线队早上少了一个鸡蛋，一磅牛奶，中午晚上又少了一个大菜，发的水果是小号的，吃的巧克力是小包的……为了荣誉，为了尊严，只有拼命去追赶。

那时的运动员是早上练，上午练，下午练，吃了晚饭去补练，星期天、节假日去加练。整个四川、成都足球队新老队员一起练。在那个年月里，大家不约而同到球场，不是练脚法，就是打比赛。大家都不甘落后，都懂一个基本道理：种瓜才能得瓜，风风光光做人，比唯唯诺诺做人要光彩。1961 年冬天，没有几天就是春节了，笔者同队友兰钟仪约好，拉了熄灯铃睡一会，待领导查完房后刷牙下楼，然后溜出大门，到体育场锯末道上练爆发力，最后练得晕头转向，大冬天在看台上睡了一宿……

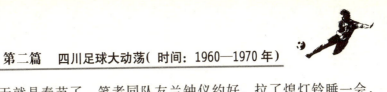

记得以前足球队医务室前有一副单杠，每天晚上二队的队员好多都在那儿集中。大家轮着上杠，有一次队员梁朝渊急着上杠，两人吊在杠上拉引体向上，漆黑的夜里，一下把杠子拉垮，差点砸在头上。如果真砸中头部，那是要人命的呀。

队友申廷举耐久力要差一些，那段时间晚上睡前他总要冲到体育场，少则跑上两千米，多则三千米……大家就是这样为荣誉，为尊严在奋斗。

其实早上少一个鸡蛋，少一磅牛奶并不算什么。但那就是荣誉的象征，求尊严的信号。运动员多数都是这样走过来的。

二、马克坚、王凤珠调国家青年足球队

1959 年第一届全运会，马克坚、王凤珠表现突出，被国家青年队相中，不久两人调国家青年队。他们是四川队第一次上调国家队的人选（西南队、西南军区战斗队、重庆队均有上国家队的）。

马克坚是云南昆明市一中学生，1955 年 17 岁加入西南青年队，一直担任西南队、四川队的主力门将。四川队第一届全运会获第九名，马克坚功不可没。“马克”是人们对马克坚的昵称。马克身高 1.74 米，能入选国家队本身就是一个奇迹。人们开玩笑说，比他更矮的国家队守门员几乎是世界绝种了。马克有强大的下肢和腰腹力量，跳蚤式的弹跳力弥补了他身高的不足。在比赛中，扑地滚球，封脚下球，鱼跃接平高球是他最拿手的技术。马克在比赛中特别机灵，战术意识也特别好，该封该阻应急反应迅速。王寿先指导曾夸奖，马克该输的球不一定输，他常使一个队起死回生。这是对马克从事足球运动的最高奖赏。

王凤珠是成都三中学生，1957 年进四川足球队，当时队上并不看好凤珠。1958 年他从一队下到二队，参加完甲级队预备队比赛后，队里就准备处理他离队。是金子总会发光，在预备队比赛中，王凤珠交了一份十分完美的答卷，让所有的领导、教练称好。王凤珠从准备调整，到打上国家青年队只花了不到两年时间。用凤珠的话说，人活着就是为争一口气，如果这口气不去争就别活人。中国有句谚语：“只要工夫深，铁棒磨成绣花针。”凤珠终于把铁棒

磨成了大头针。

1961年，马克、凤珠上了国家一队。他俩为川人“拿了大脸”，为家乡父老争了荣光。1963年凤珠膝伤，又患阿米巴痢疾回四川队，以后从事教练工作。1964年马克离开国家队，调国家体委足球训练处，从此管理全国的足球训练工作。

三、1960年四川队在长春迎战捷克队

1960年4月，四川队在长春白岭体育场迎战捷克队。这支队就是1962年，在墨西哥首都参加第七届世界杯比赛的原班人马。这一届世界杯巴西夺冠，捷克获亚军。赛后捷克队马索普斯特被选为1962年世界杯最佳阵容的右前卫，1960年马索普斯特也来到长春，同四川队同场竞技。那时，捷克队还有一个高大的中锋，一个中后卫在世界足坛享有很高声誉。

捷克队来中国，以2∶0轻取中国国家队。甲级队的前几名同捷克队交手，同样惨败收场。国家体委希望四川队打出“小辣椒”不畏强手的风格，勇于拼争，力争少输球。

比赛一开始，四川队在上万观众加油声中进入了角色，捷克队一开始有些掉以轻心，进攻节奏较慢，也不是十分坚决。20分钟后，捷克队知道这样打是拿不下四川队的，以后频繁进攻，又遭遇四川队坚如磐石的防守，把一次次进攻都阻挡在禁区附近。前卫岑福友、宣世昌轮番拼抢在中卫前面，宋继尧、袁世禄前后左右补位，捷克队拿四川队一点办法也没有。上半场互有攻守，以0∶0结束了比赛。

中场休息，国家体委的工作人员高度赞扬四川队打得好，打出了中国人的志气……王寿先指导指出，上半时防守很成功，照这样防守，千万不能急躁。进攻要发挥锋线上的速度，争取破门得分……

下半场打得还是胶着，显然捷克队遇到了一道难解的题。73分钟，岑福友传一个直线球，龚锦源快速突破至禁区线上，一支脚已进入禁区，捷克队前锋快速回追，有意踢他胸部，并将他踢倒在地，本该判罚点球，结果判了一个禁区线上的直接任意球。如果龚锦源不被踢倒，突进去同守门员一对一，天晓得是什么结果。裁判判了一个禁区线上直接任意球，在场的不少观众很不满意这个球的判罚。

当然，捷克队的实力要强大得多，技术水平也要高出很多，下半场比赛

基本上压着四川队打。锋线上最难防的是那个1.9米高的中锋，他不停地用头摆渡，两肋前锋不停地插入，造成四川队险些失分，很多球都被防守意识好的宋继尧挡出去了。

离终场时间已经不多了，急着破门的捷克队前锋，用手将宋继尧推倒，导致他右脚踝扭伤，宋只好提前15分钟退场。他刚下场一会，四川队阵脚有些混乱，右边后卫王家训补位到左中卫处，捷克队射门，球从门柱弹出掉在王家训脚上，王来不及躲闪将球撞进了自己的大门。两分钟后捷克队又乘机射进一个球，终场四川队以0∶2败下了阵。

据徐重庆回忆，这场球郑永修表现最佳，捷克队后卫硬是拿他没有办法，他往里钻，捷克队后卫拉都拉不住，就是临门一脚有惊无险。如果郑永修随便掌握一两个机会，龚锦源那个球不被裁判吹掉，那场球捷克队很可能要输。是郑永修和裁判“救”了他们。

据宋继尧回忆，如果那天他不受伤下场，很可能以0：0维持到终场。

比赛完了，长春观众跑下看台围住四川队，都竖起拇指赞扬他们。这场球四川队阵容如下。

领队：徐凤仪。

主教练：王寿先。

基本阵容：周尚云、崔方、王家训、袁世禄、宋继尧、龙武华、黄映实、岑福友、宣世昌、赵启义、郑永修、龚锦源、徐重庆、李国民、兰钟仪、叶志诚。

四、自贡队的组建

在四川足球一片大好形势下，省体委决定于1960年7月19日建立四川第6支专业足球队（已建四川一队、二队，重庆队、重庆青年队，成都队）——自贡足球队。

自贡，当时是四川省第三大城市（排成都、重庆之后），有盐都、恐龙故乡之美称。建立自贡足球队，有两个主要任务，即：推动当地足球事业及带动周边内江、宜宾足球事业的发展；培养优秀选手，为四川队及其他专业队输送人才。为了先期在自贡做好人才储备，1960年以前，就把老四川队优秀选手晏秀鑫，安排在自贡市体委业余体校。20世纪60年代初，省体委又将四川队优秀队员聂天培、龙武华调到自贡市体委，充实教练力量。六七十年代四川队优秀前锋徐重庆、王亮就是晏秀鑫的得意门生，1958 年他们都调到四川二队，为四川足球效力。以后，徐重庆成为四川足球队教练。王亮在辽宁大连市体校培养少年选手，曾回川带队参加第十届全运会。

1964 年 8 月，四川队领队郑永修，代表四川省体委到绵阳三台，组织四川省首届中学生三好杯足球比赛，并挑选优秀足球苗子。比赛结束，自贡蜀光中学夺得冠军，郑永修又在晏秀鑫带的自贡队中挑选了王正雁、朱家富和陈仲良三位选手。

自贡市足球队，是晏秀鑫指导 1960 年一手拉扯成立的。刚建队队员有：

李传贝、吴邵力、陈觉一、郭道华、谢志君、王书羊、张国诚、聂天培、王亮、雷真序、范和枢、彭道明、王治安、蔡子蓉、田永胜、杨培根等。

主教练：晏秀鑫。助理教练兼运动员：聂天培。

输送人才：调云南队有王改革。调四川二队有杨瑞碧。调昆明部队队有雷增序。调贵州队有王书羊。

自贡队成立于好多地方吃不饱饭的灾荒年。成立不久全国便贯彻落实党的八字方针：调整、巩固、充实、提高。自贡足球队正在调整之列，于 1963 年上半年解散。

用迷信说法，建队在危难之时，撤队就在必然之中了，这叫注定的好景不长。晏秀鑫指导多年耕耘的、期盼的、依恋的自贡足球一夜之间便化为乌有。

自贡队撤销了，这批球员大多数转业到自贡市各大银行工作。晏指导不久调回成都，退休于四川省教委。近 80 高龄的他，在家为四川教育写史料。

五、1960 年四川队参加全国锦标赛

1960 年是全国第三届足球锦标赛。第一届和第二届分别于 1952 年和 1953 年在天津和上海举行。前两届西南队参赛，都输得很惨，仅比西北队靠前一名。

时隔七年，由西南队变为四川队又会怎么样呢？先以大行政区参加选拔赛。西南和西北地区分在一个赛区，四川队积分最高，代表西南和西北区在北京参加决赛。参加决赛的队有：天津、广东、四川和江西。规则规定，四个队只产生两队争冠亚军，然后另两名并列第三。

四川队抽签对天津队，这场球天津队赢得很危险。郑永修回忆，他先射进一球，还突进去几个球，都打飞了，真可惜。上半场四川队以 1：0 领先。郑永修说，下半场天津队中卫严德俊防守他。他有意往外拉，把严德俊拉出

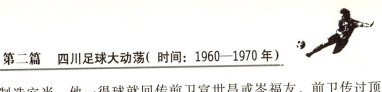

来，为打反击制造空当。他一得球就回传前卫宣世昌或岑福友，前卫传过顶球，他转身往里插，严德俊拉都拉不住，一连造成好几个单刀球，有的被守门员扑了，有的打飞了，只需再进一个球，天津队就很难扳回了，可惜失去了好几个机会。最后被天津队扳回两个球，以 1∶2 输了.

广东队战胜江西队。冠亚军在天津和广东之间产生。最后，天津队打败广东队夺得第三届全国锦标赛冠军，广东夺得亚军，四川和江西并列第三名。

四川队夺得全国锦标赛第三名，这是四川足球历史上最好成绩。当然这个成绩与分组有很大关系。但，比起七年前显然进了一大步。

四川队基本阵容：周尚云、崔方、宋继尧、许义德、于景德、黄映实、龙武华、袁世禄、敖安全、岑福友、宣世昌、李英璜、徐重庆、郑永修、龚锦源、赵启义等。

领队：王丛尧。主教练：王寿先。

六、龚锦源、郑永修退役后的四川队

1961 年下半年四川队在北京参加第三届全国锦标赛获第三名后，不久龚锦源就离队。他在二队搞了短时间的教练工作，于 1962 年初回华西医院从事他的本职工作。龚锦源是华西医科大学毕业的高材生。20 世纪 50 年代初，还是学生期间，他因球踢得好，突破能力强，就入选西南足球队。1958 年又从华西医科大学借调到四川队，参加甲级联赛保级赛，1959 年又参加第一届全运会。龚的外脚背抽射为四川足球屡建奇功。在第一届全运会上，龚锦源表现十分突出，被评为四川第一个足球运动健将。

郑永修参加完第三届全国锦标赛后，因患肝炎、以后又患严重胃痛病，多次住院治疗，效果甚微。为了照顾这个为四川足球立下汗马功劳的“快马”，组织曾安排他去疗养，希望他能恢复健康，重返绿茵，扬起四川足球前锋的大旗。但病魔始终纠缠着他，他万般无奈，只好痛别从小经营的足球场，从此走向四川足球的领导岗位。

龚锦源 100 米速度 11 秒 3，郑永修 11 秒 2。郑永修是 1953 年前 100 米西南区纪录保持者。20 世纪 50 年代中后期，在四川体工队大院里，没有人能跑过他（能跑过他的陈家全调国家队了）。两匹“快马”在同一时间退出绿茵舞台，对四川足球带来什么影响呢?

足球场上凡优秀运动员，都是有明显特长的人。龚、郑两人的特长，恰是以后四川足球的特短。没有人能用绝对速度甩掉对方。四川队还保留了什么特长和优势呢？论个人进攻意识，更说不上，论整体配合水平，也不比以前好……以后四川足球队的前锋，没有一个人的速度能超过龚锦源和郑永修，而且技术的实用性，以及对对方制造的威胁，都不如他们。

龚、郑离开了球场，四川队锋线上的快便荡然无存。如果说还有那么一点，宣世昌、兰钟仪、徐重庆凭借他们的个人技术，还能杀出一条通道，为同伴或自己制造杀机，他们是之后四川队锋线上的领军人物；李英璜的控球技术堪称全国一绝，他飘忽不定的带控球技术可能是四川足球史上空前绝后的。他们都因技术上还有一些不足，意志品质上也有薄弱环节，临门一脚还欠火候以及全队水平高低不均，影响了整体水平及个人特长的充分发挥。所以，日后四川足球队的前锋再也没有像龚锦源、郑永修那样对对方构成那么大的威胁。就全队而言，也失去了老四川足球队的特点。

七、杭州降级的震动

1963 年上半年，四川队在天津参加甲级联赛预赛。参加队有：天津、黑龙江、上海青年、南京部队、北京工人等。规则规定，天津赛区最后两名甲级队，到杭州同广州的乙级联赛一、二名争夺甲级队两个名额。

大家都知道，在天津的比赛非常重要。一旦打到最后两名，落到杭州保级，如同脚底下擦了油，站不稳随时都有摔倒的可能。为了准备天津联赛，熊天琪指导刚从国家队跟队学习回川，便出任四川队主帅。四川二队主帅殷树柏上调辅佐熊天琪，刚从重庆队来的守门员教练付荣忠也加入其中。殷树柏、付荣忠成为熊指导的哼哈二将。领队王学集，他是一个非常聪慧的系副主任，遇事沉稳，解决问题以理服人，个人威信很高。为了万无一失，四川队还专门到成都队借调了余盛达、守门员朱德运等。

就因在天津的比赛，四川队两员大将就“倒”在那儿。前锋叶志诚一次带球已出边线，嘴里还在高喊同伴“快拉边……”教练认为他在场上太不清醒，立马将他换下了场，他从此离开一队到二队，再也没有机会代表四川队上场。四川对天津，后卫彭万良发边线球，不小心发在天津队左边锋胡凤山脚下，他向前带了两步，起脚射门球入网窝。彭万良就是因这个发球，被判足球场上“死刑”，回川后不久就到成都体育学院念书。也是彭兄这一掷，为年轻队员余盛达掷出了机会。余盛达一上场就充分展示了他的足球天赋，日后成为四川足球后卫线上的定海神针，造就了四川足球史上一位真英雄。

天津比赛结束，四川队和沈阳部队队掉到悬崖边上，双双前往杭州。广州赛区两支乙级队，上海杨浦队和广东梅县队奔赴杭州同四川队和沈阳部队队争夺甲级队最后两个名额。

四川队第一场以1∶0胜实力最强的沈阳部队队，紧接着又以0∶0战平广东梅县队，四川队积三分，形势一片大好，最后一场对实力不是很强的上海杨浦队，只要打平四川队便保级成功，但就是不能输球。输球则上海杨浦队与四川队同积三分。但，杨浦队直胜四川队，名次靠前。

比赛刚进行五分钟，四川队发角球，球发到禁区线附近，杨浦队救球，把球踢到中线，前锋得球向前带，四川队中后卫宋继尧向前阻抢，被挑过，守门员陈秀龙弃门冲出救球，一脚踢在对方身上，杨浦前锋挡球过了守门员，稳稳将球推进四川队大门。0∶1，四川队一直落后到终场。杭州一役，沈阳部队队保级成功，上海杨浦队升级成功。四川队从甲级队降为乙级队。省体委副主任王廷弼来电中指出："你们为四川足球留下可耻的一页。"

四川队降为乙级队，大家压力都很大，心情也十分糟糕，在回成都的火车上，有队员与几个河南老乡吵架，最后还动了手。

回到成都，批斗资产阶级思想的会开始了，三位原西南青年队队员，宋继尧、龙武华、宣世昌，是批斗的活靶子。什么剥削阶级的孝子贤孙、资产阶级的阴魂不散……一个个大帽子戴在他们头上，其实是批起来好笑，听起来更好笑。他们都是为四川足球立下功劳的英雄，只因降级，不拉几个人来"陪杀场"，是过不了关的。其实，领导、教练和老运动员都知道这是一个过场，对老队员不起任何作用。他们已经见惯不惊。

批斗会每天都在进行，对年轻队员真起到了杀鸡儆猴的作用。由此警示他们将来如何去对待自己的工作，为他们敲响了警钟。

八、繁荣的四川足球

1964年以前,，尽管国内经济还不是十分好，四川地区还有好多人吃不饱肚皮，但四川专业足球队有六支之多。它们是四川足球一、二队，重庆队、重庆青年队，成都队和自贡队。1960年底，原上海队戴麟经来成都部队带队，准备成立一支部队专业足球队，搞了几个月便解散。

四川六支队除四川队参加全国甲级联赛外，重庆队和成都队都参加全国乙级队比赛。1961 年甲级队由 12 支扩大为 24 支，原四川青年队 1959 年获全国冠军，属扩容之列，这个扩容名额拿给了重庆队，从此重庆队便参加全国甲级队比赛。以后成都队和自贡队专为四川队和重庆队培养人才、输送人才。

1964 年以前，四川境内的球队，每年组织起来都可以打一次小联赛，而且每一次都打得很激烈。如果想多打几场比赛，便邀请云南、贵州、西藏、天津南开等队加入，比赛打得更激烈。回想起那个年代有无穷的回味。

1963 年四川一、二队进行了大调整，很多同窗战友都离队走了。他们中大多数人去了国防工厂，也有很多人回到自己的家乡。赵启义、张志铁回北京，余景德、许义德回青岛，叶志诚回石家庄，袁世禄到西安。值得一提的是，张志铁带着媳妇——四川女子篮球队的小魏回北京。王家训指导先去搞“四清”，然后到体委五系当领导，赵盛洪指导和邓述诚到成都一个工厂，原四川二队的人，基本上都去了工厂……1964 年以后，四川仅保留了一支队。当时的人员组成如下。

领队：郑永修。主教练：王寿先。助理教练：熊天琪、殷树柏。

运动员：崔方、陈秀龙、宋继尧、龙武华、王凤珠、余盛达、申廷举、黄映实、程严生、徐重庆、雷介平、张兆斌、于福弟、刘孙其、兰钟仪、李国民、李英璜、黄绍勤等。

其中王凤珠是运动员兼教练。另外，岑福友患肝炎做治疗，宣世昌筹备二队招生工作，周尚云到系后勤工作。

九、王廷弼眼中的四川足球

王廷弼，山西人，在山西大学读书时参加革命。新中国成立后任四川省（川西）商业厅厅长。大区撤销，贺龙元帅任国家体委主任，作为贺龙的老部下，王廷弼于 1956 年到四川省体委任副主任。

1960 年起连续三年灾荒年，为了保证运动员的供应，王主任为运动员争来了，如下待遇：每人每天供应半斤肉，三两鸡鸭，鸡蛋和鱼无限量供给。更重要的是，运动员吃饭不限量。因保证了物质供应，运动员训练也非常投入，足球整体水平比现在差不到哪儿去。那时中国队在亚洲排在前三位，中国队与世界排名靠前的苏联队、匈牙利队还能抗衡。四川队是全国十二支甲级队的中下游水平。

每一支队，无论技术特征还是战术成型都与主教练有密切的关系。王寿先指导重防守轻进攻。防守可以破坏，进攻只能建设。要建设必须要有技术作保证，四川队的技术比较粗糙，所以，四川队历年来缺的就是流畅的配合。

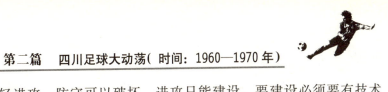

王廷弼主任长期观察四川队，对四川队提出颇可玩味的技术特点要求：“水晶猴儿，多宝道人。”王主任要求四川队队员身体素质像水晶猴儿一样灵巧，反应像水晶猴儿一样敏捷。所掌握的技术要像多宝道人一样过硬。传说多宝道人是通天教主四大弟子之首。广成子三闯碧游宫，面对十二弟子中最强大的法宝——翻天印，多宝道人也仅仅被打了一个跟头。如果是一般的仙人被翻天印击中，必死无疑。

用足球术语解释，这就是要求四川队的球员应掌握高超的技术，对再强的球队都能抗衡。四川队只能在国家队之下，对其他各队都可比拼。

然而，现实中的四川队，王主任说：勇猛顽强头碰脚，积极主动零比零。也就是说，四川队在比赛中拼不到点子上。勇猛顽强是用自己的头去碰别人的脚，这叫找死找伤。积极主动去拼抢，终场也只能是零比零。这就是王主任眼中现实的四川队。

就是因四川队技战术差，王主任才提出四川队应像“水晶猴儿，多宝道人”一样灵活强大。这就是王主任构想的四川足球队。可惜他没有等到这一天。

十、先农坛偶遇刘仁副市长

1963年，四川队在杭州从甲级队降为乙级队，为了打好1964年上半年的乙级联赛，队上决定先到北京打几场热身赛。1964年4月，四川队到北京，住先农坛体育场的北京市体委招待所。

有一天，四川队上午对北京队，下午又战八一青年队。吃了晚饭，笔者同队友申廷举在先农坛体育场周围散步，刚走到两个足球场中间的路上，看见前面开来一辆“吉姆”小轿车，车离我们10来米停下，我们在想，车上坐的肯定是一个大官。一会，车上下来一个40多岁，个子不高，身穿中式对襟布扣子衣服的男子。紧跟在后是一只手拿雨伞的女青年。男子笑容满面朝我们走来，我和申廷举转身朝足球场里走，他喊道：“四川队的，别走，我们都是家乡人。”（我们穿的衣服印有四川二字）

他走到我们面前，笑眯眯地说：“我姓刘。”又问道：“来北京几天了？”

“三四天了”。笔者有礼貌地回答。

“住在哪里?生活习惯吗?”我们一一回答了领导的问话。

就在当天晚上，由北京市足球队史万春指导陪同这位领导来看望四川队。这时我才知道，这个关心四川队的人是北京市常务副市长刘仁。刘副市长问长问短，大家非常受鼓励。他转过身高声地说："史指导，好好照顾我家乡来的客人。拜托了。"

刘仁 1909 年生于四川酉阳，土家族。27 岁入党，新中国成立前是北京地下党的主要负责人。新中国成立后任北京市第二书记，华北局书记处书记。"文化大革命"期间，江青在一次大会上点了刘仁的名，他于 1968 年 1 月被打成"反革命敌特分子"。无休止的游斗，使刘仁受尽百般凌辱。自关进秦城监狱，整整 5 年他都得不到家人探望，5 年在狱中戴着手铐。1973 年 10 月 26 日在押期间，他因肺结核病逝于北京第六医院"专门监护病房"，享年 64 岁。

"文化大革命"中，江青等人诬陷刘仁、荣高棠是所谓"贺龙反革命集团"的死党，先农坛体育场是他们搞"反革命暴动"的集聚地。欲加之罪，何患无辞。丧心病狂的江青一伙，不知冤枉了多少老革命，刘仁同志是其中一人。

刘仁同志，安息吧。四川足球队的老队员们怀念你。

十一、西安事件

1963 年四川队在杭州从甲级队降为乙级队。重庆队在南京本是保住了甲级，但中国足协宣布从 1964 年起将甲级队缩编，仍恢复 12 支甲级队，重庆队也自然降为乙级队。

1964 年四五月，四川队到西安住西安人民大厦，参加乙级联赛的上半年比赛。参加队有陕西队、重庆队、新疆队、内蒙古队、甘肃队、西藏队等。规则规定以西安赛区和第二阶段成都赛区两次比赛成绩加在一起的总和，取一名参加下半年与其他赛区第一名的决赛，争夺乙级队前两名，1965 年升甲级队。

四川队和重庆队都很清楚，两队除了争夺出线权外，还要争夺 1965 年第二届全运会的组队权。因为，赛前省体委发话，西安比赛的胜负，关系到第二届全运会组队参赛的资格。显然西安的比赛对四川队、重庆队都非常重要。

四川省体委副主任王廷弼亲临督战。国民党起义将领刘文辉的侄儿，曾任国民党军队中将，时任四川省体委副主任的刘元暄任领队，省体委运动系副主任王学集任副领队。重庆队的阵营也够强大，重庆市体委党组书记王皓领军。重庆市体委主任潘毅平任领队。强大的领导阵营，可见大家的重视程度。

四川队对重庆队，比赛安排在西安交通大学。上万学生拥挤在看台上，都希望亲眼目睹川渝兄弟俩的抗争。特别是那些川籍学生，用四川话不停地高喊：四川队加油，重庆队不要腿杆软……

比赛一开始，双方拼抢很积极，真有寸土必争，寸土不让之势。四川队后卫线老队员宋继尧领军，表现四平八稳，重庆队找不到可乘之机。重庆队大兵压上，想在开局打开局面，整条防守线向前移，给四川队打反击留下了可乘之机。说时迟，那时快，四川队左路突破下底传中，刘孙其快速插上，一头把球砸入网窝。重庆队失球后有些急躁，裁判薛吉祖连续鸣哨，让重庆队个别队员更是沉不住气，犯规动作更大了一些。上半场四川队以 1∶0 暂时领先。

下半场一开始，重庆队组织了有效的进攻，右边锋李叔君多次突破四川队左后卫龙武华，在场下指挥的教练看情况不对，立马把右后卫余盛达换过去防李叔君。正在这时，四川队前锋刘孙其在禁区内获球，一脚劲射又入网窝，当球从球网弹出，刘又补射了一脚。这一脚引起了重庆队员的不满，场上火药味更浓了。离终场还有 15 分钟，重庆队向右传来一个过顶球，余盛达迅速转身把李叔君挡在身后，李叔君顺势一脚踢在余盛达小腿上，余盛达向前追了两步，想报复这一脚，可是李叔君已经跑到了跑道上，裁判鸣哨判余盛达报复犯规……他们的犯规，引来了观众的强烈不满，纷纷写信给国家体委。其中有一封信写道："我们今天是停了政治课来看这场球，没想到川渝两队给我们上了一堂资本主义的政治课。"

比赛完毕，四川队、重庆队，包括在成都的成都队，全部到北京，住工人体育场整风，顺便看巴西马杜雷拉队对国家队的比赛。

经过西安和成都赛区的比赛，四川队夺得第一，年底在重庆参加决赛。参加决赛的有吉林队、南京部队队、上海杨浦队、广州队、八一青年队、湖北队等。比赛结果，南京部队队夺冠，吉林队获亚军升为甲级队。

1965 年甲级联赛，升班马吉林队夺冠，南京部队队获第二名。

十二、四川队迁移重庆

1963 年，四川队在杭州降级，1964 年四川队在重庆参加乙级联赛决赛，也未升上甲级队。在体工队大院里，面对其他队，眼看这个队是冠军，那个队又出国参赛，足球队的小伙确实脸上无光。难怪有领导说，足球队都不敢白天回来，每次回来总是晚上。

那时有个规矩，凡在外地参赛的队，体工队大院里要贴一张某某球队参赛日程表，输赢一目了然。足球队的小伙子，不但晚上回大院，连第二天早上到食堂用餐的人也不会多。

足球队战绩不佳，但在大院里人缘很好。女篮、女排、田径队的姑娘最爱憨厚的足球队小伙子，就连女子体操队的美女们也投来情书，一时间足球队小伙子成了香饽饽。食堂里的师傅也喜欢足球队，因为，足球队从不挑肥拣瘦。烧洗澡水的蔡大妈更是喜欢足球队，因为足球队的小伙子爱劳动，搬煤随喊随到，水没烧热，等会就等会，从不给蔡大妈出难题。有时就是提水洗澡，小伙子也没有怨言，在那个年代就喊出“理解万岁”。平静的生活，辛劳的训练，繁忙而郁闷的比赛忽然有一天被打破了，这是体工队里所有人都没有想到的——四川足球队要交给重庆市体委代管。

1965 年 1 月的一天，大家都掰着手指盼过年，领导通知足球队所有的人都到大会议室，由省体委副主任张希英代表体委党组宣布，四川足球队三天内迁移重庆，由重庆市体委代管。至于什么时间回成都，是没有期限的。有人私下悄悄说，这是判的“无期徒刑”。一个个队员的春节团圆梦，一对对情侣的幸福梦，一丝丝在成都的等待梦，不知何时才能圆了。

离别那天是一个上午，队员们心情都十分沉重，就要离开这座古老而情深的城市——成都。随着岁月的流逝，甜蜜的、辛酸的，还有很多很多流金的往事还来不及回忆……笔者看见有人在笑，其实，这不是发自内心的喜悦，是皮笑肉不笑。分明是黄连树下弹琵琶——苦中作乐，却又要表现出男子汉的大度。他们肚子里是满腹的苦水，因为马上就要同刚相爱不久的女友分离。

大家把行李搬上了汽车，站在汽车不远处的蔡大妈、杨二姐早早地在擦眼泪。就连铁骨铮铮，憨厚不善言谈的炒菜张师傅也躲着抹泪。一会，篮球队、排球队、田径队、体操队……都拥了出来，大家无心说再见，因为，大家不知道什么时间才相见。大家只想多看对方几眼，这将成为永恒的回忆。特别是那一对对热恋的人，泪水挂在脸上，心里在说保重，多保重，我永远等着你……

汽车启动了，大家都在挥手，此时无声胜有声，车厢里是一片寂静……

我们刚到重庆，成都足球队的梁学贵、罗世源、柯昌荣、余德徽、陈铭林、赵利泉、袁邦煜也来到重庆了。从此成都足球队撤销。

四川足球队到了重庆，重庆男女篮球队，男女排球队的尖子队员去补充四川各队。现在想来，四川足球队到重庆，也算一笔挺好的“交易”。

四川队去重庆的人员有：领队郑永修，主教练王寿先，助理教练熊天琪、岑福友、王凤珠、宣世昌，运动员崔方、陈秀龙、黄映实、余盛达、申廷举、宋继尧、龙武华、程严生、张兆斌、徐重庆、刘孙其、于福弟、雷介平、李国民、李英璜、兰钟仪、黄绍勤。

四川队、成都队到重庆后与重庆队合成两支队，即四川队和四川青年队。

四川队：领队孙光华，主教练朱德全，助理教练岑福友、王凤珠，运动员崔方、赵渊、钱恒光、宋继尧、龙武华、申廷举、余盛达、姚明福、陈殿美、黄映实、敖安全、秦光樵、陈祖文、徐重庆、兰钟仪、马鼎凯、黄振淳、刘孙其、李英璜、李国民。

四川青年队：领队郑永修，主教练熊天琪，助理教练张济群，运动员陈秀龙、梁学贵、袁邦煜、王承忠、白礼银、赵理权、李尊祥、程严生、陈铭林、费经国、张兆斌、杨华刚、雷介平、唐兴玉、于福弟、罗世源、柯昌荣、余德徽、李叔君、黄绍勤。

此外还有四川少年队，教练付荣忠，运动员朱家富、张昌炎、樊忠麒、王正雁，黄志坚、曾大选、陈仲良、刘亚东、张利生、赵铁军、李友华、徐新民。

以后成立了四川二队，先后又补充了唐兴华、肖鹏、张雨新、廖世能、王嗣产等。

四川原来的六支队，到1965年元月合并成以上两支队，还成立了一支少年队。

十三、长沙联赛哥俩打假球

1965年上半年，四川队和四川青年队都分在长沙赛区参加全国乙级联赛预选赛。参赛队有湖北一队和二队、广东梅县队、湖南队、广州队、广东萌芽队、河南队、四川队和四川青年队。有趣的是，大会组委会组织各队抽签，四川队和四川青年队抽到前后签，凡四川队打的队第二场便是四川青年队的对手，四川队成了四川青年队的开路先锋。更奇怪的是，凡四川队输的队，四川青年队就赢回来。四川队输湖北一队和湖南队，平湖北二队、广东梅县队，四川青年队全赢回来。其中以4∶0、3∶1大胜广东梅县队和湖北二队。

大会的压轴戏是四川队对四川青年队。这场球的形势很清楚，四川队赢了就是长沙赛区第一名，下半年在广西南宁参加决赛，输了排名第三，就失去了决赛资格。如果四川青年队赢了老大哥，四川青年队排名第三。所以，领导决定青年队让老大哥。

准备会上，熊指导和郑永修领队再三强调，这场球输要输得很“艺术”，要做到假球真打，因为这场球关系到别队的名次，弄不好要惹事，千万别留后遗症。

比赛还没有开始，看台上已经座无虚席，各队球员和观众都想亲眼目睹兄弟俩的比赛。当天，双方都派出了主力阵容。中场拼抢十分激烈，青年队略占上风，几次突进都险些破门，把场下的教练吓出了一身冷汗。其实场上队员都十分清楚，青年队决不会“开第一枪”，这是假戏真演。上半场以 0∶0 携手言和。

下半场，青年队又是几次突进，造成四川队险情，刚打 20 分钟，青年队熊指导把两个主力前锋罗世源和笔者换下。0∶0 比分让场上场下都十分着急。熊指导也不知怎么打是好，他边喊边比划，让场上队员稳住中场不要进攻。领队郑永修跟后卫做放球手势。一会，左中卫李尊祥“急中生智”，用手在禁区内挡球，为四川队提供了一个绝杀机会——点球。四川队李国民操刀，青年队守门员陈秀龙提前向右倒地，十分紧张的李国民一脚射在守门员的小腿上，球被挡出。

比赛时间已经不多了，最后四川队在混乱中打进一球，总算让大家把这口气泄了下来。四川青年队让老大哥拿了在南宁的决赛权。赛后熊指导对柯昌荣说：“柯二娃，今天好在没有让你上场哦，如果你懵里懵懂射进一个，我咋个交账哦。”

比赛完了，每支队评出三位最佳运动员。四川队：余盛达、兰钟仪、秦光樵。四川青年队：白礼银、余德徽、黄绍勤。

四川队打出这个战绩不奇怪，赛前在重庆与四川青年队作两场热身赛，一场 3∶3 战平，另一场四川队以 2∶3 败下阵来。兄弟俩到了武汉，在武汉医学院小老弟又以 1∶0 取胜。

四川队领队：孙光华。

四川队主教练：朱德全。助理教练：岑福友、王凤珠。

四川队基本阵容：崔方、赵渊、余盛达、宋继尧、王仲凯、陈殿美、姚明福、秦光樵、陈祖文、敖安全、兰钟仪、徐重庆、刘孙其、李英璜、马鼎凯。

四川青年队领队：郑永修。

主教练：熊天琪。

助理教练：张济群。

四川青年队基本阵容：陈秀龙、王承忠、白礼银、李尊祥、袁邦煜、费经国、雷介平、张兆斌、杨华刚、于福弟、罗世源、唐兴玉、柯昌荣、余德徽、黄绍勤。

十四、第二届全运会的思考

长沙比赛回到重庆，放了一周长假，四川队到重庆的球员基本上都回成都了。有的回家尽孝道，有的见女友重温旧梦，一时间四川队的队员都蒸发了。放假一周，准时收假，然后就积极准备第二届全运会。

四川队崔方、陈祖文下到青年队。青年队的陈秀龙、李尊祥、李叔君、余德徽、唐兴玉补充到四川队。

带队参加全运会的主教练是原重庆队的朱德全，从选拔参赛队员来看，原重庆队占了一些优势。他们是赵渊、王仲凯、白礼银、陈殿美、姚明福、秦光樵、敖安全、马鼎凯、李尊祥、李叔君、唐兴玉共11人。原四川队队员有陈秀龙、宋继尧、龙武华、徐重庆、刘孙其、李英璜、余盛达、申廷举、兰钟仪，共9人。原成都队有余德徽1人。显然，这支队是以原重庆队队员为主，这不是四川队的最强阵容。在四川青年队都排不上绝对主力，凭什么参加全运会呢？

自从四川队到了重庆，无论领导、教练及球员心里都十分压抑，总认为重庆不是四川队的家。虽然搭好了第二届全运会参赛班子，私下议论的人也不少，显然这支队从一开始就缺的是凝聚力。

1965年6月，四川队奔赴贵阳参加全运会预选赛，参赛队有上海队、山东队、云南队、湖北队、西藏队、贵州队。四川队输上海队、山东队、云南队，赢湖北队、西藏队和贵州队，在预赛中就惨遭淘汰。

队伍拉到贵阳参加比赛，剩余球员到重庆巴县劳动，熊天琪指导不只一次讲，参加全运会，应当以四川青年队为主体，一队补充一些年轻球员，这样的队才有冲击力，全运会之前，一队已经表现出经不起打的样子了。事实证明，被熊指导言中了。

"超强阵容"的四川队，在贵阳被彻底打趴下了，回到重庆，邓垦副市长参加了在市体育馆地下室里的总结。大家对组队、教练用人以及人心涣散都提了一些看法。特别对原四川队队员、如今的大会裁判赵启义提出了"控诉"，认为四川队败就败在他摇的边旗下。

四川队失去了参加第二届全运会决赛的机会，大家都痛心疾首。很多老队员也失去了信心。有人说，四川随便拉一支队，结果也不会是这样。当然这只是后话，随便说说发泄一点不满情绪而已。在以后的训练中，四川队里好多人已懒心无肠了。这时的四川队不知走向何方？

十五、陈毅元帅陪西哈努克亲王到重庆

1965 年 8 月，四川队接到迎战柬埔寨国家队的通知。柬埔寨国家元首西哈努克亲王由陈毅陪同，将带队来重庆。据说西哈努克亲王最喜欢一支队，一个团，即足球队和芭蕾舞团。这一支队和一个团，直接由柬埔寨王室管理。

为了迎接这场比赛，重庆市政府非常重视，派邓垦、陈荒煤两位副市长作正副领队。赛前两位领导常顶着火红的太阳督察训练。有一天邓副市长站在球场边，室外温度接近 45 度。球场里在做射门练习，看着市长顶着太阳站在球场边，运动员越练越有劲。站在市长旁边的秘书撑起了伞，只见邓副市长指着球场笑眯眯地说什么，秘书立马收起了伞。

比赛是下午三点举行。中午，获得上级指示，这场球不能赢，要体现体育为政治和外交服务。这场球是典型的友谊第一，比赛第二。是呀，一个地方球队赢一个国家队，亲王的脸面往哪儿放？

看台上座无虚席，好客的重庆人热情洋溢欢迎柬埔寨的客人。为了体现体育为政治和外交服务，重庆队只能谦让着打，最终柬埔寨队以 1∶0 胜重庆队。

总结会上，邓副市长说：遗憾的是，当输了一个球后，上面传话下来，要打一个回来，可惜没打回来。算是基本上完成了任务。

比赛前或比赛中，当运动员进攻的弦一旦松弛，突然又要紧张起来，是很难做到的。所以，这次比赛不能让领导十分满意。但是在后 30 来分钟，全队也拼抢起来了，柬埔寨队为了保住来之不易的胜利果实，全部队员都退回后场进行防守，重庆队一次次反击都被瓦解，最终还是以一球失利。尽管这样，运动员们是尽了力的。

十六、四川足球队大调整

四川原来有六支专业足球队，1965 年迁移重庆合并成四川队和四川青年队。经过长沙乙级联赛预赛，年底又到南宁参加决赛，四川队均以冲甲失败

告终。加上第二届全运会在小组赛中惨遭淘汰，确实证明四川足球出了问题。到底是因原四川队到了重庆，球员人心涣散，还是四川队老龄化，或教练用人不当或指挥不灵……总而言之，四川队是出了问题，从而引起领导层的高度重视，经研究认为必须下重药医治，才能挽救四川足球。

1965 年 12 月底，重庆天气非常寒冷，也非常潮湿。大雾铺天盖地，能见度不足 30 米。早餐吃的是油炸春卷、猪肉鲜包、果酱蛋糕……丰富的早餐，谁也没有敢多吃，因上午有训练。吃一块蛋糕，喝半杯牛奶或再加半碗银耳羹，已经足够了。

回到宿舍，大家都在换衣、换鞋，做训练前的准备。过道同往常一样，十分安静。隐隐约约听见梁学贵在高歌："美丽姑娘见过千千万，独有你最可爱……"这时，好像是王凤珠指导在叫："足球队的都到教室开会，天冷大家多穿点，下午训练。"笔者十分懒，没换训练服，披件大衣就到了教室，坐在最后一排等候开会。

一个教室挤了 40 多个人，都披上大衣，显得十分拥挤。一会领导、教练都进教室了。走在最前面的是体委主任潘毅平。他们有的显得很严肃，有的在笑，但脸皮没有动。一会儿工夫，喧闹声一下平静下来。这时笔者有些发冷，这不是天气的原因，而是看着这种气氛有些惶恐不安。

领队孙光华讲话，大概意思是：四川队、成都队的同志们来重庆都快一年了，辛苦了大家。在今年（1965 年）里，我们比赛任务没有完成好，这其中有很多原因，今天停止训练请大家来，就是将队伍进行缩编调整的决定告诉大家。下面请潘主任讲话。

潘主任讲道，运动队年年都要进行调整，对大家来说是司空见惯的事。这次调整把两支队（指四川队和四川青年队）合并成一支队，合并成一支朝气蓬勃的队。同志们都涉及走留的问题，一句话，留的安心，走的高兴。告诉大家，队伍调整后，留下来的和愿意回成都的，过几天回成都过春节。

潘主任的话讲完了，笔者身上有些发抖，留哪些，又走哪些，心中无数呀。能坐在这里的，哪个又没有一段辉煌历史呀？这时笔者忐忑不安。像笔者这种人，既无后台，也不懂人际关系，论实力也一般，现在只能听天由命了。静下心等孙光华领队的宣布吧。

孙领队拿着名单，不知是紧张或是寒冷，他的手微微有些颤抖，这毕竟关系到每个人的走向啊。名单是从守门员开始念，念完崔方紧接着就念后卫线，那么，钱恒光、赵渊、陈秀龙、梁学贵这些优秀守门员就下课了吗？当念到前锋线，徐重庆、刘孙其、李英璜、黄绍勤……一块压在心上的石头终于落地了。那天，从念第一个名字开始，笔者一直埋着头，心里有些害怕，笔者知道坐在这儿的，谁都比笔者强。当念完名单，发现怎么只留 19 人呢？19 人连打一场对抗赛还差 3 人。19 人是怎么研究出来的让人费解。后来才知道，有一个名额是为兰钟仪留的，当时正在做他的留队工作。以后经大家反映，领导研究又补充了两人，即陈秀龙和于福弟。

会开完了，队员们相对无言，同场竞技多年的队友，同舟共济的室友，无话不说的朋友，几天后大家都将分道扬镳，这是一件多么痛苦的事呀！至今不堪回首。

新组队，领队：孙光华。主教练：朱德全。助理教练：岑福友、王凤珠。

运动员：崔方、陈秀龙、申廷举、袁邦煜、余盛达、白礼银、赵理权、雷介平、张兆斌、陈祖文、李叔君、杨华刚、刘孙其、徐重庆、陈铭林、于福弟、马鼎凯、柯昌荣、唐兴玉、李英璜、黄绍勤。

队友姚明福、钱恒光、费经国、黄振淳等留重庆市体委。兰钟仪、梁学贵到成都 107 厂。王承忠到重庆七中任教。李尊祥到青海队当教练。秦光樵到西南师范大学体育系任教。赵渊回兰州，以后带兰州部队队。李国民回石家庄体委当教练。余德徽留四川二队当教练。宋继尧回省体委机关。龙武华到自贡市体委任教。黄映实、罗世源、程严生、敖安全等去了不同的工厂。陈殿美回大连体委带少儿队。

十七、四川队南下广州集训

新组成的四川队，于 1966 年元月初回到久别的成都。自四川队离开重庆，重庆就没有成年足球队了。省体委下达一道通知，重庆不再成立成年队，只成立青年队，培养优秀球员送四川队。

现四川足球队共 21 人。原四川队的有崔方、陈秀龙、申廷举、余盛达、雷介平、张兆斌、刘孙其、徐重庆、于福弟、李英璜、黄绍勤（申廷举、余盛达 1963 年前从成都队调四川队）11 人；原重庆队的有白礼银、陈祖文、李叔君、杨华刚、马鼎凯、唐兴玉 6 人；原成都队的有袁邦煜、赵理权、陈铭林、柯昌荣 4 人。

新组的四川队，平均年龄约 23 岁，平均身高约 1.75 米。最大年龄 25 岁，最小年龄 21 岁。最高 1.82 米，最低 1.70 米。这批球员多数来自各个体校，平均球龄十年以上。这是一支生机勃勃，充满朝气，能看见希望的队伍。

1966 年春节前夕，全队在领队孙光华，主教练朱德全，助理教练岑福友、王凤珠的带领下从成都出发，先到难兄难弟湖北队驻地武汉，稍加休整，打几场比赛再下广州。四川队领队孙光华是湖北人，其亲兄长孙跃华是武汉市副市长。有一天孙副市长请四川队到东湖游玩，吃了中饭，又吃晚饭，大家尽兴享受了资格的武昌烧鱼和清蒸武昌鱼。晚饭后一车又坐到武汉大戏院，观看阿尔巴尼亚军队歌舞团演出。那一天是吃好、玩好、看好了。第二天可把前一天吃的全跑了出来，一节训练课，冲刺、快跑、慢跑达 1.5 万米。约十天后，全队赶赴广州参加冬训。这次冬训是由中国足协指定的 16 支队参加，一是锻炼队伍，二是陪国家队、上海队、北京队练兵，因这三支队有出国比赛任务。

四川队同黑龙江队、吉林队住广州体育学院。冬训期间大会安排打分组循环比赛。比赛分 4 个组，每组 4 个队，小组前 2 名争夺前 8 名，后 2 名争夺 9～16 名。四川队在争夺前 8 名时，与黑龙江队在暴风骤雨中比赛，雨大风疾连眼都睁不开，四川队无法打出地面配合，输掉了这场球。在争夺 9～16 名中，四川队夺得了第 9 名。按实力四川队是前 6 名水平。吉林队是 1965 年甲级联赛冠军，四川队以 4∶0 把他们拿下。1∶1 平实力雄厚的辽宁队，2∶0 和 2∶2 赢、平广东队。上一年在长沙以 0∶1 败在湖南队脚下，这年以 3∶1 报了一箭之仇。值得一提的是，这场球笔者担任前卫，湖南队射空门，笔者快速从禁区赶回，高高腾空一个倒钩救出飞往球门右上角的一个必进球。这是一个经典之作。四川队对国家队，上半场 0∶0。下半场输了一个任意球和一个角球。赛后国家队领队柯轮叫四川队回成都准备，听候国家体委通知，准备出访东南亚国家。

合并后的四川队，年轻、单纯、听指挥，整体水平比较高。朱德全指导讲求整体配合，打法以短传渗透逐渐向前推进为主，充分发挥现有球员的个人特长和能力。21 个球员各有各的特点，除余盛达、徐重庆具有绝对实力外，其他球员差距不大，都有上场机会，只是打多打少而已。除笔者以外，都是四川足球的“极品”。

十八、1966 年在重庆参加乙级联赛

1966 年是四川队合并后第一次参加全国比赛。出发之前笔者看大家都非常轻松。同宿舍的李英璜、唐兴玉，我们三个都是重庆人。笔者问他们带不带啥东西回老家，他们说，不带，等下半年到天津买大麻花带回老家。显然

到重庆是去争第一名，目标是下半年到天津参加决赛。从前这样的事想都不敢去想。出发那天更是夸张，有几个老兄居然让女朋友前来送行，缠绵得依依不舍，恩恩爱爱，让好多光棍眼红。这是盘古王开天地，四川足球第一回。

到了重庆住重庆宾馆，这儿的一切我们都很熟悉。来到这儿的各队，大家也很熟，不是球场上的老冤家，就是球场上的新朋友。广东队的朋友对上一年的输球及牙齿嵌进笔者头骨的事，是刻骨铭心的。那个换了新牙的中后卫，此次对笔者补了一句话——对不起。广东队输球遭来观众扔香蕉皮、西红柿的情景，更是难忘。大家都认为四川队这帮人不太好对付。

参加比赛的队，有东道主四川队以及新疆队、北京体院队、广东队、西藏队、武汉肉联厂队（老湖北队原班人马）和不记名次的四川二队等。

新疆队是当年的一匹黑马，四川队首场就被他们以 0∶0 逼平。接下来四川队以 1∶0 胜北京体院队，2∶0 胜广东队。当时广东队前锋张均浪是两年前的全国优秀射手，他和梁德成都是现役国家队主力球员。尽管广东队实力雄厚，哪顶得住四川队的冲击，上半场踢成 0：0 已经是广东队的万幸。

下半场，四川队稳扎稳打，广东队的门楣门柱成了他们的保护神。20 分钟左右，李英璜右路再传中，柯昌荣左路插上，一脚凌空送了广东队一个死上角。守门员去拣球直摇头，意思是射得太刁了，只能望球兴叹。紧接着四川队前卫一个直传球，柯昌荣甩掉后卫，带球突进，面对守门员。两人好似在做斗鸡游戏，心理都有些慌张，正当守门员起动出来扑脚下球，柯昌荣打了个时间差，趁守门员没站稳，用脚尖一捅，球又滚入网窝。柯昌荣玩了一次梅开二度。

新组成的四川队，凭实力夺得重庆赛区第一名（只取一名参加决赛），当年底在天津参加决赛争夺甲级队名额。那时再买天津特产大麻花，带回老家重庆去孝敬老人。

十九、“文化大革命”初期的四川足球队

从重庆比赛回成都，已经是 1966 年 5 月，刚进体工队大院，看见墙上已经贴了一些大字报，一堆一堆人在讨论什么，一股股火药味已扑面而来。足球队按惯例，先放三天假，然后回队听从安排。

笔者在这以前，已经听北京朋友说“彭、罗、陆、杨是反党集团”。此话莫非是真？笔者心中不停地在打鼓：彭真是北京市市长，罗瑞卿是公安部部

长，陆定一是文化部部长，杨尚昆是中央办公厅主任，他们怎么会反党呢？由此看来北京朋友说的话是真的。而今，捍卫毛主席的革命路线的任务摆在每个人面前。

因为足球队下半年还有冲甲的重担，而且随时还要听从国家体委的通知赴东南亚访问，所以在“文化大革命”初期，一直坚持着训练。

没有训练多久，北京很多红卫兵小将来成都点火。一时间各级管理机构近似于瘫痪。当全国大串联，火车、汽车人满为患，四川足球队的球员们，这时才认识到只会埋头拉车，不抬头看路是要出问题的。训练停了，有的人也去抢乘火车到全国串联，也有的徒步长征去宣传毛泽东思想……当然，足球队的球员更多还是留在体工队，每天到篮球馆打篮球，到健身房里练肌肉。还有，大家在一起分队打小比赛。

训练停了，下半年到天津的比赛和到东南亚的访问也取消了。一贯辛苦忙碌的运动员，忽然轻松下来真还有些不习惯。余下时间多了，谈恋爱是最好打发时光的，一时间一对对恋人挽着手臂在大街上走开了，大家都沾了“文化大革命”的光，准备结婚的人也多了起来。经过三四年的热恋，四川足球一队的队员基本上都成家了。在这之前这批球员中，一个结婚的也没有。这算是在“文化大革命”中的一大收获。当然，也是四川足球致命的毁灭。一支本有无限前途的队，因长时间停训，大家伙无所适从，也无所事事，从谈恋爱，到结婚生儿育女，然后等着就是转业。一支好端端的球队，看着它一天天走向衰败，走上没落。一批精挑细选的球员，面临夭折。世界在向前冲，中国在向后退，中国各行各业与世界拉大距离，中国足球也从此断链。

“文化大革命”初期，省体委成立了一个革命组织叫“井冈山革命兵团”。主要头头是体操队和射摩俱乐部的运动员。因为相互不十分了解，所以，足球队的人基本上都没有参加。为了证明大家不是“逍遥派”，由足球队单独成立了一个组织叫“红色风暴”，这样大家互相了解不易出问题。搞了一段时间，大家都感觉实在没意思，什么早请示，晚汇报，吃饭前还要跳忠字舞，足球队的小伙子对这些一点兴趣也没有，纷纷退出所谓的“革命组织”。为了表白上进，都以寝室或个人名义成立“革命组织”。笔者寝室有李英璜、唐兴玉，成立了“小学生战斗队”；崔方一个人成立了“全无敌战斗团”。一场轰轰烈烈的“大革命”，人们已经把它当成了一场儿戏。

以后，报上发表一篇文章，“工人阶级领导一切”，不久体工队进驻了“工宣队”，搞了没多久，工人阶级领导不了一切，便撤走了。又进驻了“军管会”，自称不是飞鸽牌，而是永久牌。从此，体委实行了军事管制。

自从军事管制后，足球队开始了分化，有的被军管会请去整理材料，还有的负责在大会上喊口号……显然，进步与落后显露出来。军代表要求每个人都要成为“文化大革命中的积极分子”。足球队最后只剩王寿先指导、申廷举、柯昌荣和笔者没有加入积极分子之列。一天我们四人被叫到办公室，军代表叫我们表态，争取早日加入积极分子。老王指导说：“我就不加入了，我是旧社会过来的人，算了，我就老老实实做人吧。”军代表问笔者什么时间加入积极分子，答：“我看加入不加入都没有区别。我这种人最怕加入积极分子。因为我本身就不积极。”结果，我们四个人都表态不加入。这个结果是军代表没有想到的。那天，军代表弄得恼羞成怒。

1968 年，中央文革领导小组称：全国体工队在贺龙、刘仁、荣高棠的长期把持下，脱离党的领寻，脱离无产阶级专政，钻进了不少坏人，成了独立王国……从此，体工队里的大字报，是铺天盖地。而且，每个房间也贴上“坦白从宽，抗拒从严”、“你的问题交代了吗”的标语，一时间，搞得人心惶惶，人人自危，体工队到处布满了恐惧。一天，军代表召集足球队开全体会议，笔者在会上愤怒地对军代表说：“在座的都是十五六岁来运动队的，大家长期生活在一起，哪个反党、反社会主义，你就把他抓出来。”军代表手拿一个有盖的茶杯说：“足球队的阶级斗争盖子刚要揭开，”他把杯子盖往下压，“你黄绍勤就往下面捂……”不是笔者在捂阶级斗争盖子，只是说了几句真话而已。

二十、王寿先指导被关在食堂里挨打

古训：一日之师，终身为父。王寿先是大家公认的最具权威的“四川足球之父”。就个人而言，他的人品、人格都是非常高尚的。他的无私奉献，从不计较个人得失，对工作兢兢业业，是尽人皆知的。王指导生活作风十分严谨，对那些不三不四的人，他是最烦的，在圈内是威信最高，最受尊敬的人。但“文化大革命”把人际关系搞乱了……

据足球队几位老战友回忆，1968 年春，人们脱去冬衣换上春装。一天上午，体工队里的个别人，将王寿先指导从足球队教室拉出去在体工队大院游街。有个人手提铜锣，边敲边在前面开路，高喊：“打倒日伪汉奸王寿先，横扫一切牛鬼蛇神……”从体工队大院游到体委大楼，体委造反派正在同体委副主任王廷弼谈话，王廷弼听见门外在敲锣打鼓，口号声震耳欲聋，他探出头去看，正被敲锣的人发现，便叫道：“狗日的，王廷弼，你还在那儿笑，快拉出来游街。”这一喊，王廷弼和干部谢昭棣全被轰出来同王寿先一起游街。

王寿先从体工队开始游街，足球队的徐重庆一直跟在他身后，如果有人要去打他，徐便于出面进行保护。

王寿先、王廷弼等人受尽了欺辱，当游到体工队服装库房大门，红卫兵把他们全按倒在地，三个人面对体委大楼跪在地上，这时的王寿先、王廷弼都是五十好几的人了。王廷弼是一个老革命，王寿先是中国国家足球队第一任队长，居然受到这般凌辱。就在这时王廷弼肾脏处落下狠狠一拳，他难过地抬起头对打人的苦苦地说："这儿不能打呀，要打死人的。"无辜的谢昭棣被一根铁棍打在头上，顿时血流不止……只有王寿先没有挨打，因为，王寿先左右站了两个足球队的人在保护他，他们是袁邦煜和岑福友。

躲得过初一，躲不过十五。事隔几日，王寿先被几个人关在小食堂里打，路过食堂的徐重庆看到这一幕，赶快去报告岑福友指导，岑指导敲不开门，只好从葡萄架下面翻窗跳进食堂。他看见眼前五六个人，都是其他队的运动员，因他们全戴有墨镜，岑指导认不清是谁，大声喊道："你们是从哪儿来的？你们这样打，是要打死人的。太不像话了，太不像话了。"岑指导训斥了他们，这帮打手才跑了。

岑指导看着眼前的老王指导，泪水朝肚里流：一个由贺龙请来的教练，怎么会落到这个地步呢？怎么会对他痛下毒手呢？

为了王指导的安全，岑指导送他回到家。王指导回到家中，伤心地说："我有错误，可他们打得也太狠了一点。"说完他轻轻地摸了一下腰。

二十一、一个破坏性决定——炸皇城

"文化大革命"中，成都市中心的明代皇城被炸毁，去建造万岁展览馆。

"文化大革命"以前的皇城，无论正宫、侧殿都非常华丽，特别是宣华苑以及宫殿中的亭阁，可用精美绝伦，妙不可言来形容。明太祖朱元璋第十一子朱椿在蜀称王，在前后蜀遗留的"子城"旧址上修建皇城，其子子孙孙就在这座皇城里繁衍生息。到清朝，皇城作为贡院，最大规模可容纳 13 900 人同时进入考场，进行科举考试。虽说，以后云南督军蔡锷率护国军进驻皇城，引起与川军多场激战；再以后，国民党 24 军军长刘文辉与 29 军军长田颂尧，为争夺权力兵戎相见，把皇城打成断垣残壁，但皇城内的建筑还基本保留，皇城四周的衔河还能行舟。1951 年，人民政府重新改造了皇城，基本上恢复了它的壮观和雄伟。

恢复的皇城城楼，气势磅礴、典雅、秀美，素有“小天安门”之称，它坐落在如今主席像的位置。新中国十年大庆，以及每逢“十一”游行，皇城城楼上总会站着检阅游行队伍的领导。巍峨的皇城可谓成都的标志，让成都市人民感到无限的自豪。

1968 年，省革命委员会一声令下，成都市的民众人人为建万岁展览馆去“献忠心”。当然，四川体工队也不例外。体工队的运动员、教练员按三班倒去参加“献忠心”。有一天夜里，被炸倒的皇城，一片废墟，机器的轰鸣声、倒塌的瓦砾声响成一片，灯光若隐若现，人声鼎沸。那天，足球队分配运建筑砖块，笔者同马鼎凯抬筐运输。当抬到目的地，笔者正弯腰倒砖块，忽然，旁边的打夯机无情地把笔者打趴在地，笔者迅速向旁边滚去。如果不滚开，第二锤无论打在身上任何部位，都将是一场大灾难。过后脱掉裤子一看，被打的臀部紫了一大块。运完渣，足球队的任务是做浇塑巨型主席像的模型……

从此，成都的标志性建筑物皇城消失在人们的视线中。历史的轮转，腥风血雨的洗礼，都没有把皇城摧毁，但“文化大革命”居然把皇城夷为平地。

第三篇

四川队兵分两路

（时间：1970—1980年）

1970年中国足球开始复苏。虽然“文化大革命”还没有结束，但足球热风已经轻轻吹来。荒废4年多的四川队，一些队员或因家庭的拖累，或与军管会有矛盾，或自己失去了信心，纷纷在寻找出路。有的去了工厂，有的到了学校。恰巧成都军区要组队参加全军足球比赛，一批刚离队的川足老将，穿上军装，成了解放军战士。

四川队兵分两路，即四川队和成都部队队，实力球员几乎各占一半，两支队的水平半斤八两。从那时起，四川足球二队迅速崛起填补四川一队留下的空白。成都部队足球队则在全国招兵买马，组合成一支有实力的球队。

一、1970年四川队广州冬训

“文化大革命”带来的阴霾，血腥的空气在慢慢散发，武斗中送命的人，早已被历史遗忘。乘坐在火车上，让人轻松，也让人回忆。不管怎么说，我们还活着。总比那些因派性去冲锋陷阵而倒在血泊中的人不知要幸运多少？活着的人总是幸福而欢乐的。

1971年12月，在“文化大革命”中，由中国足球协会组织的第一次全国性集训开始。这意味着国家开始抓革命，促生产了。四川队老队员去了一半，二队顶上来很多。这次四川队住进广州二沙头，这是一个小岛，四面环水，以前要进二沙头，得乘船，如今搭了一座晃悠悠的铁索桥。这儿风景如画，茂密的树林，深处一栋栋别墅，躲在云海之间。这是广东体工大队的训练大本营。广东足球队就住在这儿。

参加这次集训的队来自全国，凡在“文化大革命”生存下来的队，基本上都来了。当然，国家队、北京队、上海队、广东队、辽宁队、天津队等是少不了的。四川队在“文化大革命”中受冲击，又有一半老队员未来参赛，实力确实不济。在对辽宁队比赛中，四川队前卫张兆斌在混乱中打进一球，当辽宁队中线开球，张兆斌对裁判说：“刚才那个球先手球。”裁判马上改判进球无效。四川队虽以0∶1失败，但口碑很得人心。

广东集训完毕，国家二队、四川队、陕西队、河南队等，应当时河南省委书记刘建勋的邀请，到河南郑州住中州宾馆，在那儿又打了几场表演赛。

这次比赛四川队由陈湘岚带队，军管会军代表督战。主教练王凤珠，助理教练岑福友。

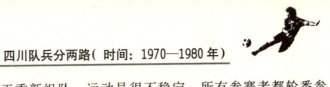

据张兆斌回忆，由于重新组队，运动员很不稳定。所有参赛者都轮番参赛。从1970年到1972年，按军代表的要求，队上制定了一张大表格，看每个人上场时间有多少，尽量做到平均。毛泽东主席说的平均主义，是不是这样来的？上场多少搞平均主义，同定量分配制如出一辙。

从广东回成都后，没有去广东参赛的老队员，依然回队，二队的小队员回二队。

要说这次冬训有什么收获，真说不上。但，这是一个信号：中国不能没有足球。

二、四川青训队

1970年8月，四川队熊天琪指导和老队员宣世昌分别在重庆和成都考察一批小球员。这是自1965年后第一次去选拔少年选手，时隔足有五年。成渝两地经选拔，共挑选出9人，于1971年元旦后进入集训。重庆有文良庆、伍玉洲、廖亚非、吴渝庆，成都有高建基、陈蓉生。刚集训两个多月，文良庆和陈蓉生被国家青年集训队挑走，文良庆到北京后，进入了张宏根指导带的青年一队。

以后一年多陆续参加集训的还有李日新、廖世杰、秦子辉、张维佳、李志宪、陈高原、陈代平、贺聪等。参加集训的教练有殷树柏、周尚云、宋继尧。

经过一年多集训，文良庆、武玉洲、李日新、李志宪、廖世杰、陈高原、秦子辉留在四川队。条件最好的高建基，因大伯在“文化大革命”中被造反派打成“历史反革命”，政审不合格被退回，以后进了工厂。其余队员回学校上课。秦子辉只待了不到一年，也因家庭问题回学校读书。

1973年4月，文良庆和陈蓉生从国家青训队回四川队。

这次青训队所集训的球员，对四川足球的发展具有很重要的影响。在“文化大革命”的五年中，四川队已经是青黄不接了，如果再不选拔小球员，四川队更是后继无人。这一次挑选的小队员，文良庆、李日新、廖世杰、伍玉洲、陈蓉生、李志宪、陈高原都是日后四川一队“顶杆杆”的队员。

搞四川青训队，是谁出的点子？肯定是内行，而且是有远见的人。如果，没有文良庆、李日新这批有实力的球员，就没有日后四川队的辉煌。

三、为四川少年足球比赛作表演

1971 年寒假，四川少年足球比赛在宜宾开赛。大会组委会请四川足球队到赛区进行指导和表演。接受这个任务后，军代表作了动员报告。但有的老队员家中确实有困难，如带小孩的保姆没有请好，小孩生病住院等。笔者对军代表形左实右的做法是牢骚满腹，一次出早操，运动系各个队都在，笔者与一个姓王的军代表吵开了……那时，笔者对踢球早已没有兴趣了，一心只想早日转业，免受歧视。长安虽好，并非久留之地。

想当初，笔者常向王凤珠指导，队友马鼎凯吐露心中苦水，为策划离队创造条件。为了躲避到宜宾作表演，笔者大冬天到澡堂用冷水冲洗，让自己感冒发烧。其实，这是无声的，又是无助的反抗。结果是偷鸡不着，倒蚀一把米。军代表每天陪笔者到医务室查体温，烧刚退便启程赴宜宾，弄得笔者狼狈不堪。

大家按教练要求，两人一组分到每个少年队进行辅导。笔者同申廷举分到涪凌少年队，该队中后卫李建国在比赛中非常冷静，勇猛有度，起动速度也很快，补位意识也很好，表现非常突出。由此，我们将他推荐给教练组，不久小李调入四川二队。以后他成为四川队最优秀的球员之一，也是战斗在四川足球赛场时间最长久的球员之一。

比赛期间，四川队的球员都非常低调，当然没有表现出整体水平。回顾前一年，四川队到自贡打了一场友谊赛。是在蜀光中学对该校校队。自贡阴雨绵绵，球场积水，长满青苔，十分滑，站在上面行走都要摔跤。四川队穿的全是平底胶鞋，简直无法跑动。而中学生队，有的穿带钉的胶鞋，有的穿比赛足球鞋，在球场上跑跳如燕。他们压着四川队打，我们连半场都难过一次。观众抱怨：这就是四川队？

一直被对方压着打，柯昌荣、余盛达和笔者等，把竹林中的竹子撕开捆在脚下，这时才把球踢过中场，造成一个任意球和一个角球，为了掌握难得的机会，连守门员都冲到禁区里去了，最终以 2∶0 取胜了中学生队。

这次少年比赛，大会的组织者，将自贡、宜宾球踢得最好的都叫来了，说的是来向四川队学习，让参赛球员见世面，实际上是想拿四川队开刀，决一雌雄。当然，四川队的球员是理解他们的，也没当回事。不管怎么说，一个人一年要吃几条猪，几百只鸡鸭，能白吃吗？比赛结果 12∶0。这 12 个球在比赛到 70 分钟以前就完成了。

从宜宾回成都，每个人发了一大包特产，拿回家足足吃了好几个月。

四、四川队参加全国五项球类运动会

1972年，全国五项球类运动会，是“文化大革命”后期，由国家体委第一次组织的全国性正式比赛。经过几年的“文化大革命”，各项运动已经十分落后。那时根本不敢组织田径比赛，因为各项成绩都很差，如果比赛成绩公布会丢丑的。所以才组织五项球类运动会。参赛项目：男女篮球、男女排球、足球、乒乓球和羽毛球。

四川代表团团长：李铁民。足球队领队的是军代表。主教练：王凤珠。助理教练：岑福友。运动员：陈秀龙、林黎、余盛达、袁邦煜、陈铭林、申廷举、白礼银、唐兴华、赵利泉、陈仲良、肖鹏、曾大选、张兆斌、雷介平、樊忠麒、李叔君、徐重庆、刘孙其、李英璜、唐兴玉、王正燕、刘亚东、黄志坚、张昌炎等。

1972年4月，四川队赴北京，住工人体育场招待所。参加这次比赛的是来自全国的所有专业足球队。四川队对江苏队，四川队前卫传出一个平高球，江苏队2号右边后卫用头接球，把球接在身后，四川队前锋黄志坚直奔球跑去，与守门员形成一对一，带了一步快速起脚，球飞过守门员从空中吊入门里，四川队以1∶0赢了这场球。第二天听江苏队讲，前一天犯错的2号队员，因自己丢了球，造成了不可挽回的后果，思想压力太大，精神失常了。这是一个多么不幸的消息。

对广东队加时赛以2∶2踢平，最后以点球决定胜负，四川队雷介平、曾大选两人罚球失误，最后四川队含恨以3∶4败下阵来。

五项球类运动会足球比赛，四川队的难兄难弟湖北队夺取冠军，四川队获第六名。

湖北队夺冠，是国家体委没有想到的，所以之前也没有录湖北队的像。为了便于宣传，通知四川队与湖北队在工人体育场比赛，补录一些镜头。组委会要求，上半时要完成3∶1比分，结果打成5∶2，湖北队胜，这样便于剪接。

组委会说，下半时双方都认真打，要对得起看台上9万多名观众。结果四川队以1∶0获胜。

应该说，四川队在五项球类运动会上，表现应当还会好一些，由于军代表搞上场平均主义，每场比赛都在大表格中登记，主力和替补队员都要轮番上场，导致比赛结果不如人意。

五、“工人阶级领导一切”的召唤

大约是 1968 年，《人民日报》发表社论，“工人阶级领导一切”。足球队队员中，单纯的、出身不好的、家庭有重重困难的、与军代表关系搞僵的、不愿继续打球的，对“工人阶级领导一切”十分有兴趣。从 1971 年到 1973 年，一大批老队员先后离队。宋继尧、宣世昌、于福弟、余盛达、佘德徽、柯昌荣、崔方、陈祖文、黄绍勤，因出身不好，离队时为找工作可费了一番周折。

就拿笔者为例吧。因少年比赛在宜宾，四川队到宜宾进行辅导，宜宾体委对笔者有点好印象，从体工队把笔者档案提走，又因出身不好而退回。以后笔者的档案又送到 420 厂、253 信箱、成都热电厂等，都因出身问题别人不敢要。最奇怪是成都热电厂不要的理由，竟然是害怕哪一天笔者放一颗定时炸弹，把发电机炸了，成都将是一片漆黑。其实笔者出身就是“工商兼地主”，家里有个国民党的大文职官。笔者虽生在旧社会，却长在红旗下，不至于投放定时炸弹啊！成都热电厂过高估计笔者了。

正在这时吉林队来成都，成都 69 信箱代表四川工人同他们打一场公开比赛，四川队老队员程严生先到该厂，为了让出身不好的队友亮相，多一些择职机会，程严生叫余盛达、崔方、宋继尧、宣世昌、陈祖文、佘德徽、柯昌荣、于福弟和笔者助战。69 信箱的厂长、军管会主任大小官员通通到场观战。还有 420 厂、102 厂等单位的官员也到场。比赛结果，四川工人队以 1：2 输给吉林队。但四川工人队打得很好。上场的队员全部被这些单位分光。柯昌荣和笔者到了 69 信箱，崔方、余盛达到了 420 厂，宋继尧、宣世昌、于福弟、陈祖文和殷树柏指导到 102 厂报到，佘德徽到 107 信箱。这时不讲出身了，只讲需要。只要需要一切都可以宽大。不仅宽大，柯昌荣和笔者到 69 信箱，体委和体工队还搭了 6 个分不出去的干部和运动员。

1972 年以后，马鼎凯、张兆斌、杨华刚、陈秀龙、李叔君、赵利泉、白礼银，他们也离队了，都有较好归宿。其中白礼银、张兆斌留队执教。李叔君留下当领队。杨华刚留队当裁判。马鼎凯、赵利泉到工厂。1973 年后，留在队上继续打球的，有徐重庆、申廷举、陈铭林、刘孙其、雷介平、李英璜、唐兴玉、袁邦煜等。

1973 年底这批人都陆续离队，徐重庆、李英璜、唐兴玉留队执教，刘孙其到工厂、陈铭林到成都市体委执教，雷介平参军到成都部队足球队。

1975 年初，四川少年比赛在开江进行。李英璜、袁邦煜、张兆斌一同前往四川开江，选拔参加全运会的少年队。余东风、张礼龙、王承江、米东洪等，都在选拔之列。以后袁邦煜调成都市体委当教练。张兆斌调四川师范大学任教。陈秀龙调电子科技大学任教。

1973 年 3 月，中国人民解放军组织全军足球比赛，成都军区借了原四川足球队 11 个下队不久的队员到沈阳参赛。他们是：崔方、余盛达、程严生、张雨新、张利生、陈祖文、宣世昌、兰钟仪、马鼎凯、于福弟和笔者。教练朱德全，领队是成都军区话剧团团长刘健和彭积远参谋。

六、全国联赛在成都拉开帷幕

1973 年 4 月，全国联赛成都分区赛打响。来自北京、黑龙江、湖南、江西、广州军区和东道主四川以及成都等地的球队参加，运动员都住进了四川宾馆。

参加这次比赛的四川队队员，有陈秀龙、李日新、陈仲良、余盛达、申廷举、白礼银、曾大选、肖鹏、唐兴华、袁邦煜、雷介平、王嗣产、唐兴玉、樊宗麒、王正雁、黄志坚、张昌炎、刘亚东、李英璜、刘孙其、陈铭林等。主教练王凤珠，助理教练岑福友，领队陈湘岚。

参加这次比赛的成都队，主要以原四川队、成都队退役的老队员为主，他们是：崔方、梁学贵、黄映实、宋继尧、程严生、于福弟、高建基、张利生、文仲、张雨新、吴成轩、陈祖文、兰钟仪、宣世昌、罗世源、柯昌荣、马鼎凯和笔者。这帮球员上年底刚代表各系统打完市运会。主教练关鸿飞，领队张绍辉。

参加这次比赛的四川队，因“文化大革命”的影响，新老交替没有很好完成，小队员中能挑大梁的球员只有几人。老队员与新队员之间还没有形成良好默契。所以，整体实力受到一些影响，以 0∶0 平北京队、以 1∶0 胜湖南队……取得赛区第三名成绩。北京队、黑龙江队分获一、二名。

四川队基本阵容：陈秀龙、余盛达、申廷举、白礼银、肖鹏、袁邦煜、雷介平、王嗣产、樊宗麒、李英璜、刘孙其、陈仲良、王正雁、唐兴玉、黄志坚等。

成都队是临时组成的队，集训时间不足两个月，在这次比赛中只赢了江西队、打平了湖南队。对广州军区队，离终场 10 分钟，成都队以 2∶0 领先，关指导以为这场比赛赢定了，他换下宣世昌和笔者，一会儿场上有些混乱。紧接着守门员梁学贵开始“表演”，广州军区队一个远距离射门，本该移动过去接住球，守门员来了一个空中揽月，把球戳进了门。顿时广州军区队情绪大涨。丢球的门将有些不知所措，技术动作已经变形，紧接着又出现几次险情。离终场一分钟，广州军区队罚角球再进一球。把比分扳成 2∶2。加时赛广州军区队又下一城，成都队吃进嘴里的烧鸡居然飞了，终场以 2∶3 败下阵来。

赛后，广州军区陈复莱指导用广州话开玩笑说：谢谢了，东道主太大公无私了。

在总结会上，关指导对大家说：“昨天是我犯的错。不过嘛，你梁老二（指守门员）比我错得更多。哪个晓得你会去做表演？你不是在打比赛，是在‘卖球’。”

七、成都部队足球队成立的前后

1973 年 4 月，全军足球比赛在沈阳举行，成都部队没有足球队，若要参加比赛只能借人。朱德全指导先从省体工队借调到部队，由他领头组队。一天他到笔者家，问道：“成都军区要组队参加全军足球比赛，你能不能抽调出来？”

“多长时间？”“三个月到半年。”显然，借这么长的时间，笔者是不能作主的。前次借出去参加全国联赛和市运会，也是好几个月，到厂里没上几天班。况且还涉及其他人。好在运动员到工厂，厂里从来没有把我们当生产骨干，在职工眼里就是一件摆设。

以后同朱指导研究组队参赛一事。朱指导说：“这次参赛有 30 来支队，搞了几年文化革命，在全国哪去找这么多比赛运动员哦？”

紧接着他又补充道：“这又不是种大白菜，几个月就可以收成。我估计参赛队员都是各省队的队员，就像你们一样，脱掉便装，穿上军装，参赛队员整体水平差不到哪儿去。”听完朱指导的分析，猛然感觉朱指导洞察全局的能力，是要比笔者强得多。然后，我们分析四川足球队员的分布情况，大目标锁定，成都部队足球队的参赛队员，以原四川队退役的老队员为筛选对象。因时间紧迫，应尽快把队伍拉起来。办好笔者借调手续后，第三个借进部队的是老战友兰钟仪。三个臭皮匠，当个诸葛亮。在朱指导的指挥下，在成都军区体育办公室的直接参与下，大家忙碌了十来天，终于把基本队伍拉起来了。以后马鼎凯、宣世昌、余盛达、崔方、张雨新、张利生、于福弟、程严生、陈祖文陆续入队。加上十三军和其他部队选手20多人，成都军区30多人的足球队组成了。

借调的原四川队老队员11人，正好安排一个基本阵容。还有20多名战士球员，军区体办领导说，这些业余球员能打则打，不能上场比赛，带出去学习，见见世面，为部队培养体育骨干，同时也为参赛球员搞好后勤服务。在业余球员中，宋换达、谷志达是可以派上用场的。

队伍拉起来了，军区体办安排足球队住成都军区第二招待所，即球员三洞桥原民委招待所。这儿住宿条件，生活水平都非常好。训练在成都市西城区体育场或成都军区大院足球场。老队员们的技术是定型了的，训练主要内容是恢复体能，做一些必要的战术配合。经过一两个月的强化训练，老队员们基本上恢复到较佳状态。

出发前几天，大家脱掉便装，穿上军装，你看着我，我看着你，一阵爆笑。一个小时前还是老百姓，现在成了军人，虽然是临时的，但大家从这一刻开始，已经知道自已肩上的责任。

八、沈阳揭幕赛

刚到沈阳，大会还没有开始接待，成都部队足球队住进沈阳军区装甲兵部队驻地。在朱德全指导的带领下，新老队员认真投入比赛前的训练。一天，宣世昌右脚大脚趾头红肿得厉害，说是无名中毒，估计还是伤口感染所致，连足球鞋都穿不进。这下可把大家急坏了，能打比赛就十一个人，少个宣世昌就等于缺了一杆枪，少了一堵厚厚的墙。随队王医生也十分焦急，希望他早日治好。

离开装甲兵部队到大会报到那天，食堂专门为我们包了一顿虾饺。这哪是饺子哦！皮薄馅多，鼓丁暴涨像小包子一样大。不知是谁提议，看谁吃的多，比比看谁的胃最大。大家都不示弱，当吃到28个时，好多人都甘拜下风了。最后达子吃了36个，漏罐吃了34个，分获冠亚军。本以为这就是最高纪录，一个厨房师傅笑哈哈地说：“你们太不能吃了。俺这儿能吃40个的人，大有人在。”看来我们是小巫见大巫了。

当我们住进大会安排的部队招待所，这儿到处都是熟面孔，原北京队、天津队、八一队、湖北队、湖南队、上海队、辽宁队……的运动员都来了，大家心照不宣，真被朱指导说准了，穿军装的都来自各省的足球队。见面时没有一个敬军礼，握手是最简要的礼节，都知道是“冒牌货”。湖北队几个老朋友跟笔者开玩笑：“冒牌货，冒牌货，三分钱买两个。”

到沈阳参赛的队有来自北京部队、广州部队、沈阳部队、南京部队、昆明部队、兰川部队、新疆部队、空军部队、海军部队、总后勤部、武汉部队、福州部队、济南部队、机械工程兵、防化兵部队、军委直属部队、装甲兵部队、炮兵部队、坦克兵部队、成都部队等的队近30支。

开幕式在沈阳体育场进行。这个体育场是日本人修建的。体育场看台的四周，竖了很多像烟囱一样的通气孔。当天，参加开幕式坐在主席台上的有朱德、叶剑英、徐向前、聂荣臻和纪登奎、汪东兴，以及邱会作、黄永胜、吴法宪、毛远新等。

一个个方块，整齐、漂亮，井然有序。在军乐声中运动员依次出场，五颜六色的运动服，壮观而美丽。主席台上的首长个个喜笑颜开，频频向运动员挥手。一个多小时的出场式快结束之前，明朗的天空忽然黑压压一片。这时，已经有零星雨点打在脸上。当出场式一结束，一个个惊雷已在头上炸开，雨水越下越密。各个队本应按指定位置就座，然后观看沈阳军区队对济南军区队的揭幕赛。为了避雷雨，笔者同马鼎凯沿主席台往后走，站在一个能躲雨的地方。

开赛的哨声吹响了，双方球员冒着雷雨开始了比赛。闪电、雷击一串接着一串。比赛刚打10来分钟，一道刺眼的强光从眼前闪过，紧接着一个清脆而恐怖的惊雷离我们30来米落下，当场就击翻两人，还把看台上的通风墙击着，落下的水泥块打在观众头上。第二天听说，这个雷劈死两人，击伤一人。听后让人生畏，毛骨悚然。

足球比赛，本是风雨无阻的运动，当天这个雷终于把比赛打停了。

九、成都部队足球队小组赛获第一名

成都部队足球队小组赛分在第二组，同组还有海军队、广州部队队、军委直属部队队和新疆部队队。每支队实力都很雄厚，特别是广州部队队，是一支老牌专业足球队，而且在甲级队里也呆过一些日子。军委直属部队队，由中国国家青年队代表，该队主教练是著名球员、足球圈内崇拜的偶像张宏根。该队实力很强。海军队的球员，多数是原山东队青岛籍的球员。新疆部队足球队，是原新疆队的原班人马，从教练到队员都是熟面孔。几年前就多次打过交道，大家关系都非常好。强大的对手，小组只出线一名参加前六名决赛。

第一场我们对海军队，海军队拼抢异常凶猛，比赛快结束，眼看就要以平球收场，由我方发角球，当陈祖文按指定方向发出，笔者抢点把球砸进了门。终场以 1∶0 获胜。球虽胜了，这场球付出的代价是昂贵的。宣世昌，我们尊称的宣哥，脚趾头更红肿了，足球鞋的挤压，钻心的痛，全场打下来走路都瘸了；张利生被对方踢伤了脚踝，下一场球可能上不了场了；笔者臀部擦伤，暴露在外的嫩肉一大块，随时都有感染的可能。

接下来对广州部队队，兰钟仪在中场传一个直线球，马鼎凯由左向右插入，向前带了一步，拔腿劲射，球应声入网，老马射进全场唯一一球。对军委直属部队队，宣哥强忍脚痛从右路突进，甩掉边卫、过了中卫，面对门将巧射得分，我们以 1∶0 险胜对方。

最后一场对新疆部队队。比赛前一天的晚上，该队几个队员来我们宿舍，其中有队长和主力门将。他们叫我们明天放开打，他们绝不同我们拼。我们问他们为什么不与我们拼，他们说友谊第一，比赛第二。还说 1964 年在成都参赛时，笔者陪他们在三洞桥吃鲢鱼，终生难忘。其实，他们的真实想法，是不希望小组第一名落到其他队。临走时他们队长半开玩笑说："真打我们也打不赢，输赢对我们毫无意义，明天的比赛是友谊赛。"

这场球大会安排在一块较烂的泥土场地中进行。由于比赛前已经有约，我们的队员一上场都不知道该怎么踢了。拼也不敢使劲拼，叫也不好大声喊。烂泥的球场，几乎成了麦地。球传不起，无法组织有效进攻，要赢球得射进门呀，眼看时间一分一秒过去，越打心里越是着急。上半场快结束前，我方后卫在禁区内手球犯规，裁判判罚点球。这时场上的，场下的都十分紧张，万一对方反戈，我方一旦输掉这场球，便进入不了前六名决赛。

球摆放在点球点上，大家忽然觉得假球是如此难打呀，论实力我方在对方之上，万一这场球不明不白输掉了，肯定会后悔一辈子呀。主罚点球的是队长，头天晚上也来到我们宿舍。他们队员怕他把球罚进，用维语提醒他。队长胸有成竹跑上去，一脚把球踢到了天山脚下。由此，让笔者懂得了什么叫义气，什么叫踢假球。

比赛打完了，成都部队足球队以 3∶1 获胜，夺得小组赛第一名，顺利进入前六强争夺战。

在小组赛中成都部队足球队没有失一个球。成功秘诀，是朱德全指导采用了一套崭新的四三三战术。即，用活了双中卫和后腰的互动关系，边锋拉回防守与边前卫和边后卫的大换位关系……大家拧成一股绳，用高度责任心去对待每一场比赛。那时打四三三战术的队还不普遍。这就是朱指导的高明之处。

十来天过去了，宣哥的脚趾依然红肿疼痛。防守线上的核心余盛达，右脚后跟受伤，连出门散步也只能行走 100 来米。左边后卫张利生受伤早已停止比赛，由业余球员谷志达顶上。笔者臀部擦伤，每天化脓，已经感染了，一直低烧不退，无论睡觉、比赛都十分痛苦。

成都部队足球队，主教练：朱德全。领队：成都军区话剧团刘健团长、军区体办参谋彭积远。

基本阵容：崔方、余盛达、张利生、张雨新、程严生、谷志达、兰钟仪、宣世昌、陈祖文、于福弟、马鼎凯、储友生、宋换达、李龙根、黄绍勤。

十、前六名争夺赛

成都部队足球队以 4 场完胜夺得小组第一名，远在成都的大本营——军区文化部、体育办公室都打来祝贺电话，鼓励足球健儿们再接再厉，为全区指战员争光。

进入决赛共有六支队，即，北京部队、沈阳部队、昆明部队、空军、南京部队和成都部队等足球队。六支队中，除成都部队外，其他五支，在“文化大革命”前都是专业队。而北京部队队、沈阳部队队在甲级队中排列居前。

成都部队足球队在小组赛中就十一二个球员顶着打，有的受伤，有的非常疲惫。如果像小组赛场场去拼，估计最后五场球打不下来。为了保存实力，在决赛中把名次尽量往前移，朱德全指导作了一个大胆决定，舍车马保将帅。即，放过北京部队队、沈阳部队队、昆明部队队，孤注一掷集中兵力，全力以赴去战胜空军队和南京部队队。

论实力，北京部队队、沈阳部队队、昆明部队队整体水平都在我们之上。如果拉开对攻硬拼，我们上场队员必然会捉襟见肘，输球的几率大于赢球。要想打好以后的比赛，千万不能搞得弹尽粮绝。只能集中所有力量，拼凑起来用在刀刃上，拿下空军队和南京部队队进入前四名。如果不讲策略去硬拼，只能打得很难看，输得更惨烈。当朱指导把他的想法告诉大家，得到所有人的支持。

第一场对昆明部队队，我方主力队员除守门员外只上了 5 人，另外 5 名主力球员养精蓄锐。昆明部队队主教练唐立功和球员都心知肚明，比赛中他们赢了 3 个球，便停止射门了。在这种情况下，赢多赢少已经不重要了，重要的是赛后还得见面，日后还得互帮互助。都知道成都部队队缺兵短将，千万别去欺负他们。

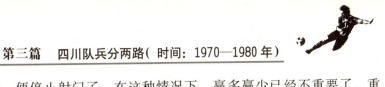

第二场对沈阳部队队，我们的战略方针是如法炮制，前一场休息的 5 名主力队员，上场参加比赛。上场参赛的 5 名主力球员，坐镇观战。比赛一开始，对方拼抢很凶，压着我们队半场打，30 分钟就以 3 球领先，上半场结束已 4 球紧握。显然，对方没有在乎成都部队队的脸面。

下半时开赛 20 来分钟，对方换上队长常万诚。常一上场便提醒他们的队员，高喊抓紧时间，扩大比分。当我方队员听到这一喊声，十分心痛。这不是在欺负人吗？紧接着他们又下一城。已经打了 5 个球了，常队长并没有鸣锣收兵之意，他们要在我们身上拿净胜球，为夺冠作准备。

正在这时对方右边传中，球落在我方小禁区处，笔者同常队长同时向球冲去，笔者倒钩救球，先踢在常队长手上，然后将球救出。紧接着常队长因手受伤被换下了场。后来听说，常队长手被踢断两根骨头，住进了医院。全军比赛打完，康复后的常队长，调入国家队，成为中国队主力中锋。

第三场对南京部队队，这场球我们是全力以赴，决心要拿下。比赛中成都部队队占了上风，几次射门都擦门而过，最可惜是宣哥一个插入射门，近在咫尺打在横梁上。运气不站在我们一边，得势不得分，最终以 0∶0 言和。能否进入前四名，就看对空军队的结果了。

对空军这场球，大会安排在沈阳空军司令部大院内进行。成都部队队除教练、领队、运动员等 30 多人，多一个观众也没有。可是，空军队的观众是里三层，外三层，至少也有一万来人，坐在主席台上的首长也有一二十人。孤孤单单的我方队员，倍感无奈。大家都知道这场球难打了，就是震耳欲聋的声浪也要把我们刮倒。笔者看大家十分冷静，虽寡不敌众，但不惊不愕。朱指导用坚定的声音对大家说：“大家不要受影响，球是打赢的，不是吼赢的。”

比赛开始了，我们一直压着对方打。10 多分钟时，宣哥高高跳起，对方中卫用膝盖狠狠地顶在他肋上，他艰难地从地上站起，又继续投入紧张激烈的比赛。28 分钟左右，陈祖文发出角球，笔者高高跳起攻门，在空中遭撞击，只好把球摆向站在侧后方的兰钟仪，他抢点打了一个反弹球，球像炮弹钻进了死上角。顿时观众的呐喊声突然卡壳了。紧接着又是一个头球摆渡，球落在马鼎凯脚下，他猛力抽射，球打在门柱上。这一下彻底把呐喊声打灭了。

下半时，马鼎凯从右路下底传中，宣哥从左路切入，在小禁区处得球，过了中卫一对一面对守门员，如果他右脚没伤，这个球十拿九稳了。由于右脚不能踢球，换左脚射门，被对方守门员接住。否则这场球我们肯定拿下了。

眼看比赛就快结束，空军队连罚三个角球，因地太滑，守门员崔方没有站稳，被对方用大腿撞进一球。终场以 1∶1 踢平。

比赛完了，大家都很辛苦，面无表情坐在凳上喝水。这时，宣哥对笔者说："小黄，我就不洗澡了，你回来时把足球鞋给我带回。"宣哥确实没有力气了。

出发前，王队医给笔者量体温是 38.6 度，现在连眼都不愿睁，笔者对宣哥说："我也不洗澡了。走，一齐先回去。"

宣哥弯腰去拿足球鞋，他小声地叫道："完了，完了！"大家隐隐约约看见他背上有块骨头往上顶，住进医院，方知他肋骨被撞断了两根。医生说："这是奇迹呀！10 多分钟就把肋骨撞断，还能坚持 70 多分钟比赛，居然没有把肺叶刺穿，真是奇迹呀！"可以想象因为超乎寻常的责任心，在这 70 多分钟里，宣哥忍受了多少痛苦！现在想起也十分后怕。

最后一场对北京部队队。如果我们赢球便可获第三名，平球获第四，输球排名第五。大家对摆在面前的形势都很清楚，为荣誉而战。领队、教练都没有给大家做更多的工作，齐心要把这场球拿下。这时笔者心中在想，臀部擦伤已经感染近一个月了，现在的体温已近 39 度。为了不影响大家的情绪，笔者发高烧只有队医、领队和朱指导知道。两天后才比赛，能坚持吗？笔者心中一点数也没有。王医生为笔者换药、打针时也劝别再上场了。他害怕因严重感染出大问题。

赛前笔者体温是 38.9 度。比赛进行到 78 分钟，比分还是 1∶1。当对方又打进一球，笔者看大势已定，没有指望能战赢战平了，顿时精神依托被瓦解，在跳起拼争一个头球时倒下了，当抬下场送到沈阳 202 医院，体温已高达 39.6 度（宣哥也住这医院）。医生抽完血，笔者昏昏沉沉回到宿舍，躺在床上就睡了。深夜，朱指导和队医通知笔者入院治疗，当时，笔者还不愿意，因第二天一个朝鲜族教练约请笔者吃冷面。朱指导急了，说："快起来，医院来电话怀疑你是败血症。"送进医院已经烧到 40.5 度。果真，诊断为"化脓性败血症"。然后就是急救，笔者险些在沈阳丢命。在此，要感谢沈阳 202 医院的医护人员给笔者拣来第二次生命。

我们以 1∶3 输给北京部队队。最后北京部队、沈阳部队、昆明部队分获一、二、三名。空军、成都部队部、南京部队获四、五、六名。

有意思的是，1974 年在昆明冬训，在昆明部队足球场看台上，阴差阳错同常万诚坐在一起，他伸出手背，指着手背上突出的骨头对笔者说："小黄，看，这是你给我留的纪念。你下脚也太狠了点。"

"不是下脚太狠。要不，你照我手背来一下？"大家都开心笑了笑，各自都在笑声中去总结过去。

十一、成都部队足球队招兵买马

全军足球赛已经结束，各参赛队早已离开沈阳。宣哥和笔者在沈阳202医院住院，全队人马在沈阳待命。因这次比赛全队上下表现突出，比赛成绩又优于成都部队体育代表团各参赛队，因而决定成立成都部队专业足球队。全队人马在沈阳等待军区首长审批。顺便等我们出院。20多天后，宣哥的肋伤已好转，笔者体温已稳定。这时，队上已宣布成都部队已批准成立专业足球队。

既然成立了专业队，到底哪些人留队作“茶母子”？谁也不知道。后经朱指导与有关部门研究，只留下崔方、余盛达、陈祖文、兰钟仪和笔者作为足球队的基础力量。其他兄弟返回成都回各自单位。留下的陈祖文有事先回成都。崔方因是沈阳人，留在家里陪陪长辈。其余的分别到各地选拔球员。余盛达到张家口调回在那儿放羊的毕青。副领队彭积远、教练朱德全和队员兰钟仪同笔者奔赴大连选拔球员。

去大连之前，在沈阳一个中学选到守门员赵明。他是第一个选定入队的球员。

到大连看了大连青年队对多哥队一场比赛，然后分别又测试一番，决定要守门员李富胜。但他的身高只有1.785米，还不足1.80米高，领导能通得过吗？为了要李富胜，在汇报时，已经将他身高加到了1.80米。以后又挑选了张涛、孙成跃、孙大则、赵文君、盖增君、余善礼、张成敏、张成举、杨宝华、王福春、曹安山、于洪罗等。

值得一提的是，我们调走了本不该调的邓立军和张斌，他俩均是大连少年队的注册球员，是为本省球队培养的对象。为了避开麻烦，决定由笔者带他俩悄悄从海上离开。带两个十三四岁的孩子从大连，经渤海湾到天津，从天津港码头乘马车到天津火车站，再到北京。在北京小住了两天，缓过劲来又回成都。孩子小，行李多，沿途真把笔者焦透了心。特别是在海船上那两天，怕他俩出问题，成天与他们寸步不离。就是在晕船反应中，边呕吐边还在找他俩。眨眼工夫，又不知两个小家伙到哪儿去了。

听说，朱指导、兰钟仪带另外的球员上了火车，风声走漏，很多单位的人追到大连火车站，吓得这帮球员全躲到餐车的桌子下面。

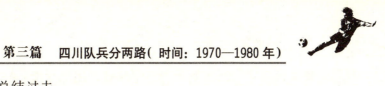

兰钟仪送走这帮球员，又独自到西安，调来了王家振和姜秀里。大热天也够辛苦兰兄了。

第二年，兰钟仪上天津招回黄长根和李国建。笔者到济南招来曲林，青岛招来王垂举和郑义。不久辽宁队的王瑞林和毕进义，四川队的雷介平也相继到队。

成都部队足球队领队：彭积远。主教练：朱德全。

基本阵容：崔方、李富胜、余盛达、孙大则、曹安山、王福春、陈祖文、兰钟仪、盖增君、王瑞林、毕进义、雷介平、赵文君、张成敏、黄长根、李国建、黄绍勤。

十二、1974 年参加全国联赛

1974 年 3 月全国足球联赛分别在南昌、重庆、南宁、广州举行第一阶段比赛。成都部队足球队和四川队都分在重庆赛区。参加比赛的队还有辽宁队、吉林队、南京部队队、昆明部队队、广西队、河北队、湖北队等。每个赛区取前两名参加北京的决赛。

有趣的是，湖北队参赛前到非洲四国访问，因出国与军管会出了一些问题，湖北队乘船已到沙市，又返回住地，在省政府的干预下进行整顿。然而，重庆比赛如期进行。比赛抽签，开幕式举牌等都由大会组委会代劳。抽签结果，第一场湖北队对成都部队队。实际上，这时的湖北队已经放弃了比赛。这下害苦了成都部队足球队，第一场轮空，先前的准备一点用也没有了。这叫步还没有走就闪了一下腰。我们接着对四川队，四川队打了开局，已经进入了比赛状态，而成都部队足球队还在坐山观虎斗。最后成都部队足球队以 1∶2 输给了四川队。

参加这次比赛，成都部队足球队出师不利，一连串的烦心事接踵而来。赛前守门员李富胜发烧住院，昏昏沉沉坚持比赛，刚打三场，对辽宁队为扑救一个球，他的额头撞上门柱，顿时鲜血长流，可球还是活球，富胜爬起来继续比赛。笔者看见他满头是血，在混乱中把球踢出了底线。

第四场球对南京部队，由老将守门员崔方出马，上半场战成 0：0。下半场开赛不久，对方发一个战术性角球，球转移至中路，我方中卫快速向前封阻，不料，对方又把球转移至左中路插入的前锋，我方中卫张涛先抢断到球，他回传给守门员崔方，这球回传力量大，角度很刁，球直奔左门柱，崔方迅速飞起扑救，球救出了，笔者又听见一声闷响，崔方的头撞上门柱，当笔者转过身，血已经从他脸上流过……

两个守门员都受伤了，而且都伤得不轻，以后的比赛就可想而知了。这时的四川队防守胜过进攻，为了增加进攻力量，把踢后卫的肖鹏调到锋线上，用他的英勇奋战和献身精神，撞得对方人仰马翻，为四川队拼出了一条活路。在强队如林的重庆赛区，辽宁队和四川队进入了北京决赛。

秋高气爽的北京，天津、辽宁、广东、八一、上海、吉林、四川和东道主北京队都汇集在工人体育场，展示中国足球的最高水平。四川队对吉林队，是晚上在先农坛体育场进行比赛，这一天天气特别好，比赛刚开始，主席台上传来惊叫的声音，一阵阵热烈的掌声，大家亲切地叫道："小平好！"这是邓小平同志自"文化大革命"被打倒又复出后，第一次在公共场所露面。坐在小平旁边的是四川省体委副主任王廷弼，他在那儿为小平同志介绍情况。比赛结果双方打成1∶1。据说，看完比赛小平同志说，看来足球还得从娃娃抓起呀。

四川队主教练：王凤珠。助理教练：岑福友。领队：刘正国。

基本阵容：李日新、申廷举、袁帮煜、李建国、刘亚东、文良庆、樊宗麒、李英璜、肖鹏、王正雁、黎大果、黄志坚、廖世杰等。

成都部队队，主教练：朱德全。助理教练：兰钟仪、黄绍勤。领队：彭积远。

基本阵容：崔方、李富胜、余盛达、孙大则、王福春、曹安山、张涛、兰钟仪、盖增君、陈祖文、王瑞林、毕进义、雷介平、张成敏、赵文君、于善礼、黄绍勤等。

十三、成都部队足球队参加第二届全军运动会

1975年秋，第二届全军运动会在北京召开。这是一届综合运动会。参赛项目有田径、球类、游泳等。成都部队体育代表团除男子足球队、男女篮球队、男子排球队是专业队外，其余参赛队都是临时组成的业余队。但，很多参赛队员是以前四川体育代表队转业的，都具备较强的夺牌实力。

临赛之前，成都部队足球队作了较大的内部调整，老队员黄绍勤借给新疆部队足球队担任主教练，雷介平到大会做裁判工作，兰钟仪作为教练兼运动员。

刚接手的新疆部队足球队，是一支不堪一击的球队。最高比分输给成都部队足球队是12个球，输给四川队13个球。那时对方让球都让不进。八个

月后，离开成都赴北京参赛之前，这支队与成都部队足球队踢成 1∶2，输给四川队也是一个球。

成都部队足球队经两年多的磨炼，从大连青年队招来的球员已经成长起来，李富胜、盖增君、张成敏、黄长根、李国建，从辽宁队挖来的毕进义和王瑞林，加上老队员余盛达、陈祖文、兰钟仪等，是一支实力非常雄厚的球队。

参加第二届全军比赛的足球队近 30 支。巧合的是成都部队足球队和新疆部队足球队分在同一个小组。同一小组还有广州部队足球队、兰州部队足球队、机械工程兵队。比赛分六个小组，每个小组取第一名参加前六名决赛。成都部队足球队对新疆部队足球队在北京军区大院里进行。成都部队代表团团长韦杰副司令员和新疆部队代表团团长曹大诺夫副政委都坐在主席台上。比赛打得异常激烈，上半场以 0∶0 收场。下半时成都部队足球队投入了大量兵力，压着对方打，但只见声势，不见成果。时间一分一秒过去，主席台上的两个团长各自都到教练席就坐，曹大诺夫急着问笔者："黄教练，就像这样打下去了吗？"

笔者看了一下手表，说："还有 18 分钟。"正在这时成都部队足球队连续发第三个角球，当陈祖文把角球发出，张成敏躲在后门柱，将球砸进了大门。成都部队队以 1∶0 获胜。比赛完了，曹大诺夫叫笔者一定要坐他的小车，将笔者送回驻地。

经过十多天激烈的比赛，成都部队足球队获得小组第一名。参加前六名决赛有北京、沈阳、昆明、空军、南京等部队足球队，他们都是专业队。在六支队伍决赛中，成都部队足球队取得第六名。赛后守门员李富胜，前锋张成敏、黄长根调八一足球队。三个月后李富胜调国家足球队，成为国家队主力守门员。他后来曾被评为"亚洲第一防守者"。

成都部队足球队，主教练：朱德全。助理教练：兰钟仪（兼）。领队：彭积远。

基本阵容：李富胜、余盛达、孙大则、曹安山、王福春、张涛、陈祖文、盖增君、兰钟仪、毕进义、王瑞林、张成敏、黄长根、李国建、赵文君、余善礼等。

十四、秦基伟司令员关心足球队

秦基伟于 1914 年 11 月，出生在湖北省黄冈市红安县。1927 年，13 岁的秦基伟参加了黄麻起义。1931年11月，秦基伟任红四方面军总部手枪营二连连长，参加了鄂豫皖苏区历次反“围剿”斗争，随后参加了长征和西路军行动，任总部四局局长。新中国成立后，于1955年被授予中将军衔。

秦基伟曾任昆明军区司令员，1973年任成都军区司令员。1973年5月，成都部队成立了足球队，因运动员宿舍紧张，除领队、教练住在内一招待所外，全体运动员都住军区大礼堂。早上秦司令员总要爬上二楼，到运动员宿舍叫大家起床。有一天，笔者害怕司令员又去叫起床，便提前15分钟到大礼堂门口，等六点半时上楼。快走到大礼堂门口，远远看见司令员早已站在那儿。秘书告诉笔者：“黄教练，还差一刻钟。你回吧，待会我们上楼去叫。”顿时我不知该说什么。

司令员不但喊运动员起床，还经常到球场观看训练。1973年冬天，司令员顶着稀疏的雨雪，站在内一所门口，指着球场上的运动员，同韦杰副司令员在说什么。后来才知道，司令员在询问足球队的洗澡问题。那时体工队没有洗澡堂，足球队洗澡要到3公里以外的成都旅馆，来回走路需要一个来小时。不久体工队建起了洗澡堂，解决了长期以来足球队和其他队洗澡难的问题。

1974年的初夏，吃完晚饭一个小时，足球队的全体运动员到足球场上做熟悉球性的练习。这种训练主教练是可以不参加的，训练由助理教练执行。那天，笔者只穿了一条短裤，脖子上挂着口哨。刚训练20来分钟，坐在简易看台上看训练的秦司令员出现在眼前，笔者因是赤膊上阵，心里忐忑不安，想上楼去穿件衣服，站在旁边的老队员陈祖文提醒说：“别走，错就错了……”正在这时，司令员的秘书已经向笔者走来，他笑笑说：“黄教练，司令员请你过去一下。”

笔者一边走一边在想，这下被抓了一个不文明的正着。该受多大批评，只得听天由命了。刚走到司令员面前，没等笔者开口，司令员便问道：“篮球队、排球队他们晚上也要训练吗？”

“要训练。他们在室内比我们练的时间还要长。”

“听说昨天你们以2∶1胜了四川队？”

“昨天打了三节比赛，是四川队陪我们练兵，都不会去计较输赢。”

司令员想了想问道：“原昆明军区足球队贾队长的信转给你们看了吗？”

“大家研究了，贾队长年纪大了，我们已经见了他，他腿上有伤，现在在家里休息……”

笔者话还没有说完，司令员说：“那就别考虑进队的事了。”接着问道：“昨天我讲潘多的三多，你们队讨论过了没有？”

“讨论过一次，明天上午继续讨论。”

笔者如实回答了司令员的提问，临走时他关切地说：“告诉厨房，天热，熬点绿豆汤喝。”

1975 年，笔者膝盖伤复发，住进成都军区总医院。一天，秦司令员的秘书带来四个苹果，他说：“秦司令从欧洲回来，听说你也在这儿住院，叫我送几个苹果来。”回想当初的情景，秦司令员对足球队的关心历历在目。

十五、早操紧急集合

军区大院，每天清晨天蒙蒙亮，起床的军号声嗒嗒吹响，紧张的军营生活开始了。每个部门喊早操的高昂口号声、铿锵的步伐声，响彻了军区大院。军区首长和各部门的领导通通到场。军区大院的早晨是一个充满生机，春意盎然的练兵场。

1974 年初夏的早晨，笔者带队在足球场上跑步。军区男女篮球队、男子排球队，还有许多单位都在出早操。足球场上喊声如雷，气氛严肃、紧张。认认真真出早操的队伍，像是在接受秦司令员的检阅。

突然有人紧张急速地在叫：快整队，司令员有话要讲。笔者整好队，跑步到了看台前，这时，篮球队、排球队早已席坐在地上，足球队紧靠女子篮球队左边坐下。笔者坐在最后一排靠右边最后一个。站在笔者旁边的有王诚汉、韦杰副司令员和郝参谋长，他们个个站得端庄、挺拔。

司令员表情严肃，他讲的大概意思是：体工队要加油才行了。除足球队可以与省队抗衡外，篮球、排球就输得稀里哗啦了。大家都要好好学习中国登山队的女队员潘多，她一天要完成“三个多”，每天要背 30 多斤，每次要攀登 3 000 多米，每天要反复登 3 次。一个女同志，每天要完成这么大的训练负荷，是多么不容易啊。由于她长期坚持训练，终于登上了世界最高峰——珠穆朗玛峰。大家要学习她艰苦训练的精神，早日为祖国争光。

第三天，刚出早操一会，又一次紧急集合，大家静静地同样坐在地上，听秦司令员讲话。司令员问大家：我前天讲潘多的事迹你们讨论过没有？坐在下面的人没有人回应。（笔者两天前就汇报讨论过一次）司令员问女篮一个队员：“我前天讲学潘多的事，你们队讨论过了吗？”

“报告司令员，因训练时间紧，还没有抽时间讨论。”

司令员的脸已经沉下来了，他指出：“难怪，你们怎么能打好球哦？大是大非，艰苦训练都分不清楚，怎么能把球打好？”

正在这时，急匆匆赶来的文化部某领导，撞上了枪口。司令员指向他严肃地吼道："你一天到黑，忙这忙那，不知你忙了个啥名堂？你打个报告，我批准你休息了嘛！"

其实，没有及时讨论首长的讲话，责任应该归在各队教练身上。当然，如果文化部及时指示体工队领导安排各队讨论，也不会引来司令员的怒吼。

这次讲话，副司令员级的首长们个个笔直地站在队伍旁边。笔者听见陈明义副司令员对来晚的首长轻轻地叫道："立定，稍息。"

这就是中国军人严密的组织性、纪律性。

十六、成都部队足球队走下坡路

1976年6月，大约前后三个月，原四川队到成都部队足球队的朱德全指导，队员黄绍勤、兰钟仪、余盛达、陈祖文、雷介平、崔方都先后离队了。朱指导到成都南光厂子弟校任教；兰钟仪到市体校足球队任教；陈祖文、崔方回省体工队；雷介平到成都水电学院任教，余盛达到420厂开车，笔者到西南民族学院任教。

该走的没有走，不该走的被某领队排挤走了。成都部队足球队在某领队的策划下，清除了"异己"，他一手遮天。为了维持现状，从队员中提拔了王瑞林、毕进义做教练工作。因两人从未搞过教练工作，众将士难服，没执教多久便下台。1977年10月后，从八一队请来了王新生指导和李宙哲，为期半年时间。

1978年10月，当他们执教期满回北京后，笔者正好代表成都市打完省运会。一天，军区体工队队长任贵川来到笔者家，并带来两条劲松香烟，邀请笔者重组一个教练班子回部队执教。当时笔者表态，某领队在队一天，绝不会回队。别人说，好马不吃回头草。我这匹瘟马更不会吃回头草。任队长说，某领队快搞垮足球队了，现在已经没有担任任何职务了，不久就要转业到地方……

笔者与任队长研究，提出先请朱德全指导回队领衔，然后又提出兰钟仪、余盛达、马鼎凯三人让他挑选。因为，这些球员为建立军区足球队做过重大贡献，而且他们为人正直，对工作兢兢业业，任劳任怨。

任队长说，兰钟仪在市体委不好调，现在是急需买米下锅，等不起啊。余盛达、马鼎凯都在工厂可能好调一些。至于朱德全指导，他说年龄不饶人啊。最后定下来，叫我通知余盛达和马鼎凯。他补充说：“黄教练你一定要先回来呀，现在是等米下锅呀！争取早一天回队。”

没几天笔者告诉任队长，余盛达现在走不了，笔者正在成都体院上学，至少还需三个月才能到位，先让马鼎凯到队工作。以后马与任队长接触过两次，只因笔者迟迟到不了位而搁浅。以后体工队只能再向八一足球队求援，由八一队派来郑胜国任主教练。

自 1976 年后，成都部队足球队战绩一年不如一年。1980 年七支部队足球队在广州集训，成都部队足球队打最后一名。1981 年在兰州参加全国乙级联赛，打了倒数第二名。1982 年到 1983 年总政治部宣布撤销成都部队队。同时被撤销的队还有空军队、广州部队队、兰州部队队。

成都部队足球队建队近十年间，培养了一批有用之才。李富胜先调八一队，不到半年调国家足球队担任主力守门员，在十多年的足球生涯中，为国家队把好了大门。1986 年退役回八一体工大队，先后任八一足球队领队，八一体工大队副大队长、大队长，中国军事博物馆副馆长。

朱德全退役后，建立了少儿足球训练基地，他是国家女足温利蓉的启蒙教练。

兰钟仪到市体校，培养有何斌、孙博伟多名优秀球员。

成都部队足球队，还先后培养了原大连实德队主帅、中国足协技术委员会成员盖增君，中国国奥队教练孙成跃，八一青年队教练张成敏，成都军区体工队副队长王福春，成都军区某局二处处长王家振，青岛市电业局副局长马颖，大连市商品检验检疫局副局长杨宝华，成都军区某局副参谋长赵明，西南民族大学副教授黄绍勤。他们在不同领域为国家和国家的体育事业做出了贡献。

十七、第三届全运会的思考

1975 年第三届全运会规则规定，参赛队员，23 岁及以上的老队员占 30%，23 岁以下青年队员占 70%，即三七开。国家体委出新招，对四川足球就是雪上加霜。1974 年四川队还打了全国第十名，应当说还是有一定实力的。但，老队员好多都被限制不能参赛了。宣世昌指导说，四川足球队因“文化大革命”的影响，长期缺乏系统训练，后备力量是比较薄弱的。全运会预赛可报 22 人，决赛只能报 18 人。四川队缺人，预赛也只报了 18 人。实际上参赛的

25岁以上老队员只能限制在5～6人之间，剩余的则是青年球员了。“文化大革命”中，不但训练不正常，对外比赛更是难寻一场。更严重的是，队上有三分之一队员进队才两年多，他们既缺技术、缺经验，更缺战术意识，严格说是不能参加这种大赛的。

据宣世昌指导回忆，组织第三届全运会，那时军管会还没有撤，但不管事，好多地方干部还没有“解放”，运动系由王学集主任抓工作，有军管会在，还有更高级别的领导在看，抓工作也只能是应付。体工队状况是“三不管”地带。一个和尚挑水吃，两个和尚抬水吃，三个和尚屙尿吃。那时的四川足球队正验证了这一古训。

参赛球员由党支部研究决定。看着这批队员，谁都不愿接手。最后只能将宣世昌推上马，因为他没有任何后台帮他说话。这叫抓壮丁，服兵役。明知山有虎，既无刀，又无叉，硬着头皮偏要向虎山行。苦了宣世昌做了巧妇却缺米缺油。

为了检验这支队伍，由宣世昌任主教练，岑福友任助理教练，王凤珠任领队，将队伍拉到广州。用宣指导的话讲，四川队简直经不起打，输广东两场球，一场0：2，一场0：3……为了解决防守问题，回成都后拉下两个后卫，顶上了老队员申廷举和袁邦煜。

由于队上水平悬殊较大，队员之间又没有长期相处，感情淡薄，全队缺乏坚实的凝聚力。1975年5月全运会预赛在河南郑州开赛，四川足球队输给了广西队、八一队，平吉林，胜浙江……四川队在预赛中就被“击毙”。

参赛运动员：李日新、张阮铭、唐兴华、李建国、刘亚东、袁邦煜、申廷举、樊宗麒、文良庆、肖鹏、孙绍波、廖世杰、刘践、曹庆华、李治宪、王福元、罗晓维、黎大果、马东湘等。

十八、1976年四川队战上海队

1976年春，全国联赛成都赛区，来自全国各省、市和部队的足球队，住进了美丽的锦江畔的滨江宾馆。他们是上海队、陕西队、八一队、广州部队队……

参加这届比赛，正处“文化大革命”后期，邓小平复出工作，四川老乡无处不为小平呐喊，对在“文化大革命”起家，大红大紫的张春桥，没有好印象。

当四川队对上海队时，看台上万名观众喊出“邓小平打张春桥”。由此，证明四川人对疯狂“四人帮”的反感，政治嗅觉的敏锐。那时，张春桥担任国务院副总理、解放军总政治部主任，是党和国家的领导人，是所谓的实权派。四川人敢喊“邓小平打张春桥”确实是先知先觉，有先见之明。虽说那场球四川队输了一个球，看台上的观众着着实实发泄了一番。

1976 年 10 月本应在北京参加第二阶段比赛，7 月初四川队接到天津塘沽体委邀请，邀请四川队参加塘沽体育场落成，暨塘沽海员俱乐部成立典礼，与天津队打一场表演比赛。经领导决定，让队伍提前到哈尔滨、长春边训练，边比赛，为 10 月比赛备战。

经过近一个月的拉练式训练，于 1976 年 7 月 25 日赶到天津，住进和平区“天津和平饭店”。这个饭店是苏式建筑，是俄国人留下的纪念品，外形壮观而结实。

休息了一天，27 日紧接着就是表演赛。当日的阳光被遮盖了，天有些阴沉，特别闷热。好客的天津人，三五一群拥入了看台，观众们为双方摇旗呐喊。由于是表演赛，双方都没有精神压力，大家都很放松，每出现一次有效的进攻，一次精准的传递，天津观众都报以热烈的掌声。最后双方战成 3：3，大大满足了球迷朋友们的期望。

晚上，塘沽海员俱乐部设宴庆祝，四川队与大家欢聚一堂，德国原装黑啤尽力喝，大家频频举杯祝福。欢快的乐曲，愉快的笑脸，个个洋溢着欢乐。回到宾馆，队员们抓紧时间休息，准备第二天投入紧张的训练。

深夜三点过，大家被房屋的晃动、杯子摔在地板上的声音吓醒，恍惚听到有人在叫“地震了，地震了”。大家很快清醒，边跑边穿衣，几分钟就跑出房门（住一楼）。这时，只听见房屋的倒塌声，凄惨的逃命声……后来方知，是唐山大地震。时间 1976 年 7 月 28 日，深夜 3 点 24 分。老天保佑，天津和平饭店因结实，大家拣了一条命。

余震不断，周围的老百姓人心惶惶。眼前的天津和平区，平房几乎都倒塌了，背包打伞的灾民就在眼前晃荡。第二天，四川队先遣队动身去北京联系火车票。第三天，四川队全体将士在惊恐中离开天津到北京，然后乘火车回成都。

天灾后一个多月，1976 年 9 月 9 日毛泽东同志逝世，全国人民无比悲痛。第二阶段的比赛被取消。

四川队主教练：王凤珠。助理教练：岑福友、徐重庆。领队：黄建章。

运动员：李日新、张阮铭、唐兴华、刘亚东、李建国、文良庆、樊宗麒、肖鹏、孙绍波、廖世杰、刘践、曹庆华、李治宪、王福元、罗晓维、黎大果、马东湘等。

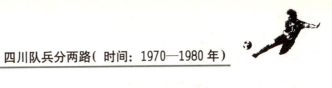

十九、1979 年四川队参加第四届全运会

自 1963 年四川队在杭州降级，紧接着就是“文化大革命”，从 1966 年到 1969 年全国足球都处于停顿期，以后四川足球队一直在乙级联赛中挣扎。1978 年四川队一批老队员也陆续离队，樊宗麒、刘亚东留运动技术学院，王正雁到四川大学体育教研室任教，黎大果到 420 厂子弟校任教，陈仲良回自贡进了工厂……

为了补充四川队人员，将四川队、四川青年队和重庆青年队合并成四川队。据重庆青年队主教练姚明福回忆，重庆青年队到四川队有曹鸣放、张伦、周渝生、于小渝、李信跃、吴文强、孙明华、谢伟、辜建明等。经筛选，曹鸣放、周渝生、辜建明留队，加上四川队和四川青年队的李日新、任小力、曹庆华、孙绍波、唐兴华、刘践、文良庆、王福元、李建国、罗晓维、肖鹏、廖世杰、蔡世民、张礼龙、韩殿生、兰廷刚、陈荣生等组成实力比较强的四川队。

文良庆指导回忆，1978 年全国乙级联赛，按四个阶段打双循环比赛。第一阶段在昆明，第二阶段在包头，第三阶段在延边，第四阶段在成都。参加比赛队有空军、南京部队、黑龙江、沈阳部队、昆明部队、陕西、湖北，河南，湖南队等。记分方法是将四个阶段的积分加在一起，计总积分。最后空军获第一名，四川获第二，两支队升为全国甲级队。那时，全国共十二支甲级队。

四川队基本阵容：李日新、任小力、蔡世民、李建国、唐兴华、刘亚东、文良庆、廖世杰、肖鹏、黎大果、罗晓维、刘践、曹庆华、李治宪、王福元、辜建明、孙绍波等。

主教练：王凤珠。助理教练：岑福友、唐兴玉。领队：黄建章。

1979 年四川队在武汉参加甲级联赛，因实力不济，输给了天津队、辽宁队、八一队等，又降为乙级队。

1979 年四川队参加第四届全运会，第一阶段预选赛在昆明拉开战幕，这个赛区只能出线三个队。广东队和河北队是这个赛区的“大哥大”，无人能撼动。他们包揽了一、二名。第三名只能在四川队和云南队中产生。

四川队对云南队，双方拼抢很凶，下脚很狠，一场球双方各受伤六人。云南队上海籍中场核心球员“小光头”，在空中拼抢落地时，肘关节触地，造成鹰嘴撕脱性骨折。四川队右路传中，左边切入队员与云南队守门员撞在一起，守门员口腔里面被撞开，送到医院缝了十多针。倒在地上的四川队队员，抬下场再也站不直身……最后四川队挤进了第三名。东道主云南队惨遭淘汰。同年 9 月在北京参加决赛，广东队获第一名，八一队获第二名，四川队获第九名。

全运会后，老队员唐兴华留四川足球队工作，廖世杰到成都市公安局工作，肖鹏到省级机关，后来任深圳办事处负责人……

1978 年到 1979 年四川队基本阵容：李日新、任小力、李建国、孙绍波、周渝生、张伦、曹庆华、蔡世民、文良庆、刘践、张礼龙、韩殿生、兰廷刚、曹鸣放、廖世杰、肖鹏、王福元、辜建明、陈荣生等。

主教练：王凤珠。助理教练：岑福友、唐兴玉。领队：黄建章。

第四篇

四川足球后继有人

（时间：1980—1993 年）

1980年到1993年的十三年间，是中国足球飞速发展寻求方向的年月。四川足球也赶上了这一发展机遇，一批年轻队员迅速成长，如李日新、李建国、蔡世民、余东风、米东洪、王承江、张达明、张礼龙、于飞、朱平、刘践、辜建明等，在第五届全运会上争得了第五名。

一批老球员偃旗息鼓，一批少年球员又成长起来，如孙博伟、李晓峰、马明宇、魏群、刘斌、姚夏、邹侑根等，他们是日后进入四川全兴队打职业联赛的生力军。

一、1980年至1982年间的四川队

1975年第三届全运会后，主教练宣世昌回四川二队，李英璜协同抓二队的训练和选才工作。米东洪、余东风、王承江、徐庆凯、唐明田、朱平、单自平、罗唐禄……就是他们招来培养的球员。到1980、1982年，这批球员有的已能用上了。加上重庆青年队送来的张达明、徐光福、王银雷、于飞，还有四川队的“茶母子”李日新、任小力、李建国、孙绍波、曹庆华、蔡世民、文良庆、刘践、张礼龙、韩殿生、兰廷刚、罗晓维、曹鸣放、周渝生、王福元、辜建明等，这时，四川队已经比较强大了。

1980年四川队参加全国乙级联赛，如进入前四名可升甲级队。第一阶段在南京参赛，参赛队有天津二队、江苏队、成都部队队、河南队、湖北队、空军队、广西队、吉林队、山西队、安徽队、云南队、贵州队、甘肃队、黑龙江队、四川队等。比赛还是按四个阶段打双循环赛会制，最后一阶段在广东梅县进行，经过四个阶段的拼搏，四川队总积分已经居前。为了确保冲级成功，远在成都的四川运动技术学院运动系主任魏振铎也赶到梅县督战。经一年的艰苦战斗，湖北队、空军队、广西队和四川队分获一、二、三、四名，冲入甲级队行列。

四川队主教练：王凤珠。助理教练：唐兴玉。领队：李英璜。

基本阵容：李日新、李建国、曹庆华、蔡世民、曹鸣放、文良庆、朱平、张达明、刘践、张礼龙、兰廷刚、罗晓维、周渝生、辜建明、徐庆凯、米东洪、王承江、余东风等。

1981年四川队在上海参加第一阶段的甲级联赛。参赛队有八一队、山东队、北京队、广东队、北京部队队、昆明部队队、辽宁队、广州部队队、空军队、沈阳部队队、湖北队、南京部队队、河北队和四川队等。经过四个阶

段的拼搏，四川队获第十名。

此时四川队教练班子未变，只增加了杨华刚作守门员教练。

基本阵容：李日新、李建国、蔡世民、徐庆凯、吴锋、周渝生、刘践、幸建明、罗晓维、王承江、米东洪、余东风、张礼龙、于飞、王福元、朱平、杨宣、黄小勇、张达明、左勇等。

1982年甲级联赛第一阶段在重庆进行。除四川队外，参赛队还有北京队、山东队、天津队、上海队、八一队、辽宁队、北京部队队、天津二队、广东队、吉林队、沈阳部队队、昆明部队队、空军队、广州队、广州部队队。

四川队重庆人占了大半壁江山。教练中的徐重庆、唐兴玉、杨华刚都是地道的重庆人。队员中的吴锋、周渝生、朱平、文良庆、王承江、米东洪、余东风、于飞、张达明也是重庆人。所以，重庆观众特别厚爱家乡的弟子，也特别热爱四川队。不，是太宠，太溺爱。

四川队对天津队，大会安排在杨家坪体育场进行。比赛刚打一会，热情似火的观众，从台上都跑到球场边，你挤我挤，观众都挤进了足球场内。如果天津胜了四川，天津队肯定走不了路。大会看无法控制这个混乱局面，中场休息，大会组委会偷偷告诉双方球队，这场球不算正式比赛，按表演赛不计分。尽管如此，双方还得好好打，假戏真做，不然给重庆观众交不了账。最后四川队以1∶0胜天津，观众心理得到了满足，兴高采烈离开了足球场。

为了安全起见，四川对天津的补赛，是在绝对保密情况下进行的，把双方队员拉到远离大田湾体育场70公里以外的北碚——西南师范大学足球场。队员们下车一看，看台上一个观众都没有。比赛快打完了，观众也渐渐来多了。当裁判终场哨吹响，运动员们抓紧时间离开这是非之地。

四川队对山东队，如期在大田湾体育场进行。四川队以1∶3输掉这场球，结果闹了一个“两路口事件”。

比赛刚完，山东队在警察的保护下，迅速离开了球场。看红眼的重庆观众，跟当地气候一样暴热，跑到两路口把马路堵得严严实实。无理的少数观众把电车的“辫子”扯了，一辆辆电车停在马路中间，车堵了几百米。还有一部分人，乘机做坏事，把跳伞塔旁边的商店抢了……因无法控制局面，警察当场抓了很多人，以后有的还判了刑。重庆人打趣地说：我们是四川队的铁杆球迷，为四川队，我们有人还蹲了牢房。

1982年四川队参加甲级联赛，与广东队比赛时，广东队前锋吴育华与王承江拼抢时，王承江下脚狠了一点，把吴育华脚拼伤了。吴育华误认为是站在旁边的周渝生拼伤了他，转身就给周渝生屁股上一脚，队友米东洪看见吴育华无理，冲上去一老拳打在吴育华头上……这就是当年炒得沸沸扬扬的“米东洪事件。”最后中国足协各打了一大板，吴育华被停赛一年，小米停赛半年。

四川队主教练：王凤珠。助理教练：徐重庆、唐兴玉。领队：李英璜。

报名球员：李日新、杨宣、任晓力、张达明、于飞、辜建明、蔡世民、李建国、徐庆凯、米东洪、王承江、余东风、王福元、张礼龙、朱平、罗晓维、周渝生、左勇、吴锋、黄小勇。

1982 年，四川队参加甲级联赛获第九名。

1980 年，四川队在重庆迎战墨西哥加里西队，上半场 0∶0，下半场前卫文良庆在小禁区处掩护球，他在等守门员出来拿这球，球被对方捅进了，结果 0∶1 输了。

1981 年对原西德黑森林队，这支队是当年西德业余足球比赛的冠军队，之前以 2∶0 战胜上海队。四川队与之对垒时，前锋队员王承江在小禁区处有个绝杀机会，可惜重心在后，触在球的底部把球打高。结果 0∶0 握手言和。

二、四川成立一支少年足球队

1979 年 6 月 6 日，经国务院批准下发了《国家体委关于提高我国足球技术水平若干措施的请示》，为改变我国足球运动落后状况，这一文件中提出九大措施，其中第一大措施，是在群众中，特别是在青少年中大力普及足球运动。紧接着由国家体委举办，分三个年龄段开展全国重点地区少年足球锦标赛。即，16 岁以下参加“希望杯”、14 岁以下参加“幼苗杯”、12 岁以下参加“萌芽杯”。在全国足球一片大好形势下，1981 年提出抓 13、16 岁两个年龄段的少年队。

1981 年，四川队老队员樊宗麒、文良庆先后离队，就是为了组建四川三队，即少年队。他们骑车跑遍了成都市，以后又到省内各地找队员，先后选中了郑力、白柯、孙博伟、王炯、马明宇、徐杰、刘斌、梁文明、李晓峰、安文渝、刘劲彪、颜志海、徐强、徐建业、苏琪、杨哲、雷云、陈凡、罗理智、唐威、周宏、黄敬等。于 1982 年，组建了四川三队，即四川少年队。

以后，魏群、姚夏、邹侑根先后加盟。加上比孙博伟他们年长 1～2 岁的何斌、孟宪鹏、刘文滔、徐洪涛，四川少年队基本成形。那时他们的年龄在 12～14 岁之间。负责这批孩子训练的教练有岑福友、樊宗麒、文良庆、杨华刚、徐重庆、唐兴华。一、二队主教练王凤珠、宣世昌也常抽时间为他们辅导。

在这批孩子中，郑力，是“快马”郑永修的长子；白柯，是四川队主力中后卫白礼银的宝贝；王炯，四川队主教练王凤珠的爱子；马明宇，四川队前锋马鼎凯的独苗；姚夏，四川队边卫线上一匹“快马”姚明福的幺儿；雷云，四川足球队前卫老将雷介平的小孩；陈凡，成都足球队拼命三郎陈方园的乖儿；刘斌，四川队最聪明的前锋刘孙其的儿子；李晓峰，四川足球队带控球技术最好的前锋李英璜的独子；唐威，四川足球队打球最动脑的，唐兴玉的乖乖；徐强，四川足球队技术最全面的徐重庆的小皇帝；黄敬，四川足球队最没出息、技术最差的笔者的儿子。安文渝父母亲都是四川排球队运动员，全身遗传了做运动员的基因。人们统称他们是四川足球的子弟兵。

四川少年队的组成，预示着四川足球后继有人。这批人在入队前，已经经过八九年较严格的基本技术训练。也就是说，这批孩子是从 3 岁多开始训练的。想当初，马明宇、梁文明、罗理智、黄敬……他们 3 岁多就常在一起训练，所以，他们掌握的技术是比较全面的，12 岁时颠要球已上千次。由于父辈长期从事专业足球，孩子们感受了足球运动带来的乐趣，对他们专心投入足球运动很有帮助。特别是诸多教练培养他们，取各家之长，融会贯通，形成各自风格和特点，在日后竞争中占了不少优势。

除郑力、白柯、雷云、陈凡、唐威、徐强和黄敬，有的因伤，有的因病，先后离队，其余的子弟兵在激烈的竞争中，都成为四川足球的中流砥柱。马明宇、姚夏又是花丛中的奇葩。

三、四川队参加第五届全运会

1983 年春，第五届全运会预赛在重庆开赛。参加队有吉林队、北京队、火车头队、青海队、四川队等。四川队以 1∶1 平北京队，1∶1 平青海队，1∶0 胜吉林队，2∶0 胜甘肃队，1∶0 胜火车头队。经过激烈奋战，北京队、四川队获得参加决赛资格。

1983 年秋，决赛在上海举行。开赛第一场，四川队对实力雄厚的天津队，经过九十分钟激战，四川队以 1∶0 胜天津队，获得首赛开门红。这个入球，是重庆籍球员张达明打进的。紧接着对陕西队，90 分钟踢成 2∶2 平，发点球决定胜负，四川队以 2∶3 失败。天津队与四川队积分相同，净胜球相等，以抽签排名。天津第一，四川第二。

在第二阶段比赛中，四川队与解放军队争夺前四名。解放军队以猛制快，以快制灵，四川队以 0∶1 败在解放军队脚下。四川队由此只能争夺五至八名。

摆在四川队面前的是，与北京队争夺第五名的权利赛。北京队是“大哥大”，不可一世。四川队全队下决心一定拿下，为四川足球在全运会上争一口气。比赛中大家不吝惜体力，拼抢积极，下脚凶狠。四川队最终以 2∶1 获胜。这两粒球，是张达明和余东风为四川球迷奉献的一份厚礼。

五至六名是在四川与辽宁队中产生。赛前王凤珠指导针对辽宁队作了解剖，无论前锋、后卫逐一分析，点点到位。四川队如何防，又如何攻，都作了详细布置。运动员团结一致，个个都把教练的要求记得滚瓜烂熟。比赛一开始，双方都咬得很紧，互有攻势。身高体壮，技战术略高一筹的辽宁队，怎么打都不得心应“脚”，怎么撞也撞不垮身体灵巧的四川人。显然东北大汉奈何不了四川“辣椒”。经过艰苦奋战，四川队以 2∶0 把实力雄厚的辽宁队拉下了马。为此，我们要感谢四川队的前锋，王承江和余东风，是他俩为四川足球队各立一功。四川队打入第五届全运会六强，获第五名，是四川队有史以来参加全运会最好战绩。

比赛结束后，大会评出五运会之最，余东风射进三球，与古广明、黄军伟、朱有宏并列最佳射手。王承江一场球跑动距离达 6 642 米，独占鳌头，是各队之首。

四川队参加五运会人员，主教练：王凤珠。助理教练：徐重庆、唐兴玉。领队：李英璜。

运动员：李日新、任小力、吴锋、李建国、徐庆凯、于飞、蔡世民、米东洪、余东风、罗晓维、张礼龙、王承江、张达明、朱平、王银雷、刘践、周渝生、辜建明、徐光福、左勇等。

四、1984—1986 年四川队降级

1983 年五届全运会后，四川足球队一批老队员相继离队，主力门将和主力中后卫李日新和李建国留队工作，罗晓维到机关，周渝生、徐光福回重庆，辜建明到成都市体委，张礼龙到重庆市公安局，朱平调国家队，米东洪停赛半年。

1984 年四川队参加足协杯赛。按中国足协规定，参加足协杯，就是当年甲、乙级的升降级比赛。四川队老队员走了一大批，实力有所减弱。从青年队上调一队，有秦勇、罗唐禄、王银雷、何斌、李强、王奇、李川、金季林等。在青年队中，能顶大梁的不多。秦勇、罗唐禄、王银雷就是其中的佼佼者。

1984 年四川省运动会规定，哪儿来的球员回哪儿参赛，四川足球队队员被成都和重庆分光。近一个月紧张参赛，队员们都十分疲惫，比赛刚完就直

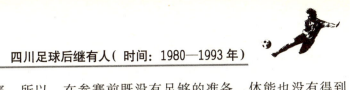

接乘飞机到武汉参赛。所以，在参赛前既没有足够的准备，体能也没有得到恢复。所以，多数队员都不在状态，由此影响了足协杯赛。

天有不测风云，人有旦夕祸福。比赛第一场，对实力雄厚的吉林队，主力前锋王承江在比赛结束前左膝受伤。从此，他只能坐山观虎斗，以后一场未踢。由此，大大损伤了四川队元气。就是制胜吉林队那个球，还是王承江在开赛不久射进的。

第一阶段，四川队以1∶0胜吉林队、2∶2平北京部队队、1∶1平上海二队……第二阶段在武汉参赛，以1∶1平大连队、5∶1胜天津青年队，最后一场对南京部队队，这场球是决定四川队升降级的关键比赛，赢了保级，输了降级。尽管四川队在主教练王凤珠的精心安排下，调来换去，还是捉襟见肘，最终以0∶1败下阵来。上年全运会第五名的四川足球队，大意失荆州，又从甲级队降为乙级队。

1985年，四川队在辽阳参加乙级联赛，参加队还有湖南队、南京队、江西队、广西队、新疆队、北京体院队、梅县队、浙江队等。打南京队，四川队全场防守，最后发点球，以3：5失利。对广西队，主力前锋余东风与对方对脚，造成小腿腓骨骨折。四川队损失惨重啊。

1985年四川队主教练：李英璜。助理教练：唐兴玉、崔方。领队：王凤珠。

1986年6月25日至7月8日，乙级联赛预选赛在宝鸡进行。参加队除四川队外还有北京部队队、甘肃队、南京队、西藏队、昆明队、新疆队、宁夏队、青海队等。

经过一个多月奋战，北京部队队、四川队脱颖而出，同年10月10日至21日，在银川参加乙级联赛决赛。参加队有四川队、北京部队队、吉林队、江苏队、云南队和广西队。四川队以0∶0逼平北京部队队、1∶1战平吉林队、0∶1输江苏队、0∶0平云南队、2∶1胜广西队。比赛结果，北京部队队和四川队又升上甲级队。

四川队主教练：李英璜。助理教练：唐兴玉、崔方。领队：王凤珠。

基本阵容：秦勇、于飞、左勇、徐庆凯、吴锋、张达民、罗唐禄、王承江、吴廉、何斌、米东洪、王银雷、余东风、朱平、李强、李川、王奇、杜伟等。

五、1987年四川队参加第六届全运会

1987年春，四川队在南京参加第六届全运会预选赛。四川队以5∶0胜内

蒙古队、1∶0 胜火车头队、1∶2 负解放军队、0∶0 平山东队、2∶1 胜江西队，获小组第三名。规则规定，在南京获第三名的四川队，还要与辽阳赛区的第三名比积分，积分靠前参加第六届全运会决赛，四川队比辽阳赛区第三名积分多一分，获得决赛参赛权。

同年秋天在广州市参加第六届全运会决赛，四川队以 0∶4 输河南以后又以 0∶1 输北京。与天津争夺九至十名，结果以 2∶3 败下阵。与银鹰队争夺十一名至十二名，四川队以 4∶2 获胜，最终逃出垫底，获第十一名。其实，那时的四川队，实力也不算差，但成绩就是不理想。现在想来有两个主要原因，即主教练与领队之间有矛盾，意见不统一，直接影响了队员的情绪；队员之间不交心，主力队员与替补队员不和，队员的不良情绪带到了比赛中。

四川队主教练：王凤珠。助理教练：唐兴玉、崔方。领队：李英璜。

运动员：方俊良、秦勇、左勇、吴廉、于飞、米东洪、余东风、王银雷、朱平、王承江、张达明、罗唐禄、李建国、王炯、孙博伟、何斌、李强、徐勇、王奇、李川、杜伟等。

第六届全运会后，因成绩不好，队上问题暴露又多，四川队一度引起内讧。于是，领导提出，有事业心的，愿继续留下，为四川足球尽力的，便继续打球。如果愿意离开的，原则上不劝不留。四川足球队一批二十五六岁，正是当打之年的球员，便离开了球队。国家二队队员张达明，队员吴锋回重庆了；国家青年队队员徐庆凯，队员王奇、杜伟、李川去了工厂；米东洪和临时借调回来的李建国留队……1987 年底王承江、于飞、余东风提为教练，剩下不多的老队员，补充了一批二十出头或不满二十岁的青年队员，便成了四川足球顶大梁的人。

六、1988 年四川队参加甲级联赛

1988 年，四川一队主教练王凤珠对教练员进行了大调整，以前在队上担任工作的李英璜、唐兴玉、崔方都没有派上用场，还有岑福友、宣世昌、樊宗麒、文良庆、李建国、唐兴华等，也没被主教练王凤珠看中。1987 年底提拔的王承江、于飞、余东风作为他的助手，任教练兼运动员。请中年教练徐重庆担任领队。王凤珠这样安排是有他的道理的。第一，新上任的教练，干劲大，单纯，便于统一在他的意志下工作，免生很多是非；第二，新上任的

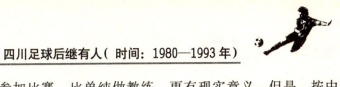

教练可以边带队，边参加比赛，比单纯做教练，更有现实意义。但是，按中国人的传统观念，有现成的不用，总会招来七拱八翘。王凤珠指导的大胆“砍杀”，为自己留下了祸根。

1988 年，甲级联赛分两个阶段进行，参加队 21 支，中国足协规定，打单循环，队队见面比积分，前 12 名保留甲级队，12 名后降为乙级队。

第一阶段在南昌进行比赛，四川队以 0∶5 输辽宁、0∶0 平天津、0∶3 输广州、1∶2 输北京、1∶3 输山东、1∶2 输国家二队、2∶6 输大连、1∶2 输解放军、1∶3 输上海、1∶3 输广东、0∶0 平上海东亚、1∶2 输河南、1∶1 平沈阳部队、0∶4 输江苏、2∶2 平吉林、1∶0 胜湖北、2∶1 胜南京部队、1∶0 胜北京部队、0∶1 输湖南、2∶1 胜陕西。

第二阶段比赛在广东韶关，四川队战绩十分不如人意，最后一场以 0：1 负北京部队，获第 18 名，被降为乙级队。

四川队主教练：王凤珠。助理教练兼运动员：王承江、于飞、余东风。领队：徐重庆。

运动员：秦勇、方俊良、于飞、安文渝、孟宪鹏、吴廉、王炯、周宏、罗唐禄、顾月宏、唐波、孙博伟、李强、何斌、刘文韬、王承江、余东风、王银雷、马明宇、李晓峰、刘斌、杨哲、徐杰等。

王凤珠带队在韶关参赛，后院却起了火。有的人找学院领导反映问题，有的人找体委主任郭炎……据说，日后四川队是如何走向，一队、二队教练如何分配，都做了周密安排。当王凤珠带队回成都，听到一些流言蜚语，一气之下，以装腿疼表示内心的不满，躲到家里听其变化。为了不影响正常训练，让王承江暂时主持队上工作。

1988 年 11 月底或 12 月初，训练中教练同运动员发生一点矛盾，本可正常处理，在队内不安定，队外又在激烈争夺四川一队主教练位置的情况下，小矛盾扩大为大矛盾，导致九个运动员离队出走，扰得足球队人心惶惶。

摆在王凤珠指导面前的问题难以解决了，最后领导决定，王凤珠不再担任主教练。王凤珠指导离队了，他的助手王承江、于飞也跟着卸职。只有余东风继续留用。

经领导研究决定，四川足球一队主教练由李英璜担任。助理教练：唐兴玉、余东风。领队：王茂俊。

运动员：秦勇、方俊良、安文渝、孟宪鹏、王炯、唐纯、周宏、王银雷、吴廉、罗唐禄、孙博伟、何斌、刘文韬、马明宇、李晓峰、刘斌、杨哲、徐杰等。

七、1989—1992 年的四川足球队

1988 年，王凤珠离队后，再也没有安排他工作了。他的助手王承江和米东洪到四川二队带队，于飞回重庆。主力前卫王银雷因无法解决家属住房，一气之下离队到了工厂。1989 年后，罗唐禄回重庆。四川一队先后补充了魏群、邹侑根、姚夏等新鲜血液。

1989 年 6 月，四川队到新疆乌鲁木齐参加全国乙级联赛。第一阶段四川队打第一名。第二阶段在吉林延边，参加决赛的队有四川队、火车头队、佛山队和东道主延边队。经激烈拼夺，佛山队和火车头队升为甲级队，四川队和延边队均被战下马来，无缘升级。

1990 年四川队在南充参加乙级联赛预选赛，以第一名出线。第二阶段在山东蓬莱，共八支队争夺两个甲 B 名额。四川队战胜云南、青岛外贸等队后，再战武钢队是关键一役，谁赢谁升甲 B，输了打道回府，来年又参加乙级联赛。摆在大家面前的形势十分严峻，一旦失利，一年的辛苦，又将付之东流。

比赛一开始，双方都怕过早丢球，打得很保守，比赛气氛很沉闷。上半场以 0∶0 握手言和。下半场双方都向前压，将阵线扩大。武钢队想先下手为强，几次攻击都被四川队门将秦勇扑出。四川队主教练李英璜传话叫前卫线耐心组织进攻，边路突破、内线直传，造成对方一阵阵混乱，几次险些破门，不是打在门楣上，就是被守门员扑出界外，都是有惊无险。90 分钟还是以零比零收场。30 分钟加时赛还剩 30 秒，四川队右路传中，刘文韬快速插上，高高跳起，把球顶进了大门。这个绝杀，让武钢队再也不能起死回生。四川队终于升上甲 B。

1982 年进四川少年队那批小球员这时已经成长起来。那时十二三岁的孙博伟、李晓峰、刘文韬、马明宇、刘斌、安文渝、孟宪鹏、李庆、魏群、杨哲、梁文明等，以后进队的姚夏、邹侑根、彭晓方、徐建业、赵磊、许威等，现在已经 20 岁出头了。加上剩下的老队员秦勇、吴廉、何斌等，1991 年、1992 年的四川队，已经具备了相当强的实力。

1991 年、1992 年，四川队在甲 B 队伍中站得很稳。除 8 支甲 A 球队外，四川队在 8 支甲 B 队伍中，属于中上游水平。

四川队主教练：李英璜。助理教练：余东风、罗晓维。领队：王茂俊。

运动员：秦勇、赵磊、何大旗、胡磊、安文渝、孟宪鹏、魏群、李庆、唐纯、徐建业、李晓峰、马明宇、刘文韬、何斌、吴廉、刘斌、杨哲、姚夏、

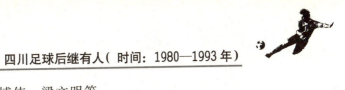

邹侑根、彭晓方、孙博伟、梁文明等。

值得一提的是领队王茂俊。1987 年前，他是四川运动技术学院食堂的管理员，人称王管。王管，为人讲义气，而且对人真实，大公无私，不讲个人得失。为了打造四川队，他找来赞助商，为四川队积累了资金。他对四川足球的贡献感动了主教练王凤珠，特邀请王茂俊到队任职。从此，王管扎根在四川足球圈里，他虽一脚球不会踢，但他为四川足球的发展尽心尽力，做出的贡献应写入史册。

八、成都部队又燃起足球火焰

自 1973 年成立成都部队足球队，到 1982 年解散，跨越了近十个年头。1990 年初，成都部队重新成立了成都部队足球队。

新成都部队足球队，是经成都军区各单位艰苦比赛的。参加选拔的队，有成都军区后勤、十四军、十三军、成都军区司令部等队。军区规定，谁拿冠军，谁负责组队参加全军足球比赛。

看似一个内部比赛，为了争夺组队权，比赛争夺异常激烈。凡参赛队员，都是以前四川队或云南队的专业球员。十四军队，全是原云南队球员；十三军队，全是原四川队球员；军区后勤干脆把现役四川二队一锅端；只有司令部队，下手太晚，勉强找了一批原四川队球员和一批业余选手。每个队的教练，都是曾经或现役的专业队教练，十三军队教练是宣世昌，十四军队教练是原云南队教练，军区后勤部队教练兼运动员是米东洪和王承江，司令部队教练由兰钟仪和笔者担任。

每场比赛，各单位的观众至少上万人。各单位首长坐了一长排，非常壮观。凡司令部队比赛，廖锡龙副司令员、陶伯钧参谋长场场必到。司令部队的观众就不用说了，光通讯兵部队就开来十几辆大卡车，每场球把球场围得严严实实。

经过半个月的选拔赛，司令部队以 1∶0 胜十四军队、3∶0 胜十三军队，与军区后勤点球决胜负，司令部队最后以 4∶3 获胜。军区司令部队以全胜夺冠，获得组队参加全军比赛资格。

司令部夺得冠军，军区副司令员廖锡龙，参谋长陶伯钧特别高兴。在庆功宴会上，廖副司令员高举酒杯说："教练、球员大家都辛苦了。今天你们夺了冠军，这是万里长征才开始，大仗还在后头，力争夺得全军足球赛冠军。

来，大家干一杯。”参谋长陶伯钧也非常兴奋，从组队到竞赛，他一直在指挥队上工作。在与笔者碰杯时，因用力过猛，把笔者酒杯都碰破了，可见首长们多么高兴。

司令部组队情况，总教练：兰钟仪。主教练：黄绍勤。领队：王家振。

运动员：李峰、杨宣、王炯、周宏、王奇、李川、杜伟、郑毅、陈飞、徐杰、白柯、苏琪、刘涛、周学辉、李强、于晓明等。

选拔赛后，新成都部队足球队应迅速找人，总教练兰钟仪、领队王家振不怕辛苦，四处奔波，仅到重庆公安局就去了好几次，最终借调了张礼龙、张达明、罗唐禄、杨俊和唐明田。加上成都方向的李峰、杨宣、徐庆凯、杜伟、王炯、周宏、王奇、徐杰、郑毅、王承江、于飞等，这支队实力很强大了。

新成都部队足球队名单：总教练：兰钟仪。主教练：黄绍勤。助理教练：王福春。领队：王家振。

运动员：李峰、杨宣、徐庆凯、于飞、杜伟、王炯、周宏、张达明、张礼龙、王奇、徐杰、郑毅、罗唐禄、王承江、杨俊、唐明田等。

新组的成都部队足球队，主要来自原四川队打五届全运会的部分主力球员，还有几个二十出头的原四川青年队球员，他们的球龄都在十二年以上，具有很好的基础。

队中打过各级国国字号球队的球员，有徐庆凯、张达明、张礼龙、徐杰、王承江等。1988 年，四川队主教练王凤珠精挑细选了三名助理教练兼运动员，其中王承江、于飞就在队上。

新成立的成都部队足球队，大家都希望 1991 年在沈阳参加全军足球比赛，打进前三名。有首长承诺，只要进入全军前三名，就成立成都部队专业足球队。

九、三条香烟没有送出

新成都部队足球队成立后，只愁没有对手练兵。四川队在外参赛，一时半会回不来。留在成都，只有辜建明指导带的成都队。那些队员都是年轻球员，跟我们日后要碰的对手不是一回事。所以，我们天天盼四川队早日回川，在奔赴沈阳参赛前，先打几场热身赛，大家心里才有底。

早盼晚盼终于把四川队盼回来啦。笔者找到四川队主教练，原同寝室队友李英璜，笔者说明来意后，他回答道：“刚打完联赛，已经宣布放假一周，现在队上一个人都没有。”

“老奥（李指导长得像影片中的奥赛罗，很帅气，“老奥”为尊称），那就等你们收假后，打电话再联系。”

“马蹄，打比赛，我肯定没有意见，还有那么多的人，他们会同意吗？”老奥有些为难地说。

“帮帮忙，打几场练习比赛有什么不可以的？你去做做工作。老奥，拜托了。”

以后，笔者同李指导商量，只打三场球。第一场到乐山去打，那个城市不大，输赢不会造成多大影响。笔者和老奥都是重庆人，第二场拉到重庆打，那儿观众多，最接近正式比赛气氛。第三场回成都打，让军区首长检查，指出问题，还可以抓紧时间弥补。一句话，希望利用公开比赛，达到真正锻炼和检验队伍的目的。

几天后，老奥来电话，说队员很疲劳，又有一些伤号，都不希望再打比赛。听到电话后，我们都有些急了。我们猜想，推脱不打比赛可能不是老奥的主意，多半是其他人的意见。部队足球队王领队买来三条“三五牌”香烟，说：“黄指导，你同李指导不是一般关系，送三条烟他肯定给你这个面子……”

“李指导不抽烟，他从不贪便宜。”笔者说。

“我知道李指导不抽烟，那几个军师哪个又缺烟抽呢？送几条香烟只是表示我们的诚意嘛。”

眼看全军比赛临近，笔者决定作最后一次努力，便硬着头皮又一次找到老奥，最后他说出一些顾虑：“马蹄，这几场球都不能打，不管在哪里打，哪怕全在成都打，都会出问题，弄不好要打架。你想想，部队的队员很多都是我们队员的先后同事和前辈，以前在队上就有一些矛盾，比赛一打，矛盾很容易激化，那时谁能去控制局面？”

老奥这一讲笔者明白了很多。当笔者把别人的顾虑讲出后，我们的队员个个表态，保证不出任何问题。以后知道一些情况，笔者也认为不打比赛为好，真要打对双方都不利。

十、同廖锡龙副司令员摆龙门阵

廖锡龙，贵州思南人。1959年1月入伍，他作战勇敢，当干部后善于思考，神机妙算，在艰苦的作战环境中，能拿出一套克敌制胜的方案，歼灭敌人屡建奇功，让敌人闻风丧胆。廖锡龙能团结广大官兵，谦虚谨慎，吃苦在前，冲锋在前。在老山前线，为保卫祖国完整的领土，他寸土必争，寸土不让。廖锡龙率兵打出了军威，战出了国格，为中国人扬了眉，吐了气。他是从一个士兵开始当上了将军的。

1990 年春，为了迎接全军足球比赛，他请回了笔者和兰钟仪教练。当成都部队足球队组建完成，为了便于管理，整支队住进了军区大院内的炮楼。这是一幢五层楼房，四周似铜墙铁壁，水泼不进，鸟儿也飞不出，因为，这座楼只有一个进出口。廖副司令员常常站在门口等待，然后上楼同队员们聊天。

廖副司令员每次聊天都要带三盒“红塔山”香烟，聊着聊着，鞋一脱就坐在床上继续聊。有一天晚上，他讲一个作战案例：“一次为了歼灭河对面碉堡里的敌人，为了麻痹敌人，我们来了一个声东击西，造出一个假相，请来了当地农民，开着拖拉机在敌人眼皮下耕地，几台拖拉机轰隆隆地响，忙着耕地准备播种。敌人看着眼前的忙碌景象，判定仗暂时是不会打的了。其实，这时我们正忙着在河的下游架桥，当桥架好，部队以迅雷不及掩耳之势，冲过去全歼了敌人。战斗结束了，拖拉机也不响了。”

他接着讲：“你们踢足球和打仗有很多相似之处。踢足球也可以麻痹对方。看似跃跃欲试在右边组织酝酿进攻，把对方兵力引诱过来。其实，你的重兵安排在左边，突然转移传球，让对方防不胜防，真正杀机早已烂熟于每个运动员的心里。”廖副司令员讲的战例，引起了我们的思考。

还有一次，廖副司令员看我们比赛，因最后一个中卫在 30 米左右，盲目出脚抢球，球没有抢着，造成对方单刀一对一对守门员，冤枉先失一球。晚上，廖副司令员又来到笔者和兰指导宿舍，香烟摆好，茶水倒好，因天气太冷，顺手把被子拉过来盖在腿上，他对着抢球的中后卫说：“今天输的第一个球不是怪你抢错了，球都带到你面前了你不抢怎么办？关键问题你没有观察，抢早了。明明两个队员拼命在向后跑，他们是援兵嘛，你退慢一点，等援兵回到你身后，再抢也不为迟嘛。这跟打仗一样，我方处于劣势，想办法拖住敌人，等援兵来了才能去猛烈进攻，否则会全盘皆输。这种情况一旦发生，一支部队很难起死回生。”

已经是深夜 12 点过了，笔者问他怎么进大院，他笑笑，开玩笑说：“这有好难的事，我翻墙。”这就是我们平易近人的廖锡龙将军。

1991 年因沈阳遭特大水灾，中央军委指令停赛，已经准备好的成都部队足球队只好解散。

1992 年秋，百忙中的廖锡龙副司令员，还请笔者和另一个朋友，在望江宾馆聚会就餐。在进餐时，他讲在老山前线，如何将邓朴方抬上山顶视察，如何躲过敌人的炮击，又如何送他一套佛经。廖副司令员摆的龙门阵，留给笔者很大的想象空间……

听了廖副司令员的龙门阵，方知老百姓过的安宁日子，是来之不易的呀。

十一、四川队参加最后一届专业足球比赛

1983 年底，笔者同熊天琪指导、兰钟仪队友，共同在成都体育学院学报发表了一篇文章，谈对我国足球体制的改革意见。1984 年春节前夕，中国足协副主席、国际足联技术部委员陈成达在中央电视台体育节目中宣扬这篇文章的主要内容——中国足球的体制改革。他也认为中国足球体制改革，已经到了刻不容缓的时候了。

半年后的《体育报》、又半年后《人民日报》公开讨论中国足球体制改革的问题。由此，让全国人民参加讨论，掀起一浪又一浪要求改革的高潮

据国家队原领队马克坚回忆，1991 年 8 月，国务委员李铁映在北京饭店招见德国教练鲁迪，国家体委主任伍绍祖，中国足协主席年维泗，足协官员张吉龙、马克坚作陪。饭后，年维泗主席就足球体制改革和国奥队一些工作，作了汇报。李铁映听后指出：“老年，你的思想还不够解放，你的步子还应迈大些啊……足球职业化就是要一步到位嘛。”

1992 年 6 月 23 日，在北京八一体工大队召开了“红山口会议”。会议确定中国体育体制改革，足球是突破口。这次会议对中国足球体制改革，具有里程碑的意义。

年维泗卸任后由袁伟民上任，任中国足协主席。实际上，足协很多具体工作都由足球运动员出身的王俊生、马克坚等人来做。马克坚是原四川足球队门将，离开国家队，留任中国足协工作。他做了大量策划和文字起稿工作，充当了中国足球改革的急先锋。为了少走弯路，中国人到德国、英国去考察取经，马克坚去的次数最多，受的苦也最多。英格兰足总的每一个部门，他都去考察过，并一次次、不厌其烦去当面请教。为了中国足球体制的改革，他东奔西跑，熬更守夜撰写材料，曾一度因劳累过度，先是心脏出了问题，后又患上甲亢，体重一下减了 20 公斤。在他们的坚持下，先后出台了二十多份改革文件。马克坚为中国足球体制改革，在理论上奠定了良好的基础。

1993 年，大连棒棰岛会议，通过中国足协改革的一系列章程，中国足球体制改革已近在咫尺。1993 年是中国专业足球体制最后一届比赛。规则规定，这一届取胜的前 12 支甲级队，就是次年参加职业联赛的甲级队。四川队奋勇拼搏，获得了职业联赛的参赛权。此处还有北京队、天津队、辽宁队、解放

军队、广东队、湖北队、陕西队、北京部队队、广州队、湖南队、上海队。

四川队主教练：李英璜。助理教练：余东风。守门员教练：崔方。领队：王茂俊。

运动员：秦勇、何大旗、魏群、安文渝、孟宪鹏、李庆、徐建业、刘文韬、李晓峰、孙博伟、胡磊、杨哲、刘斌、马明宇、姚夏、彭晓方、邹侑根、唐纯、唐宁、许威、何斌等。

从1994年开始，四川队更名为四川全兴队，从此参加全国足球职业队联赛。以后的文章，由参加职业联赛的人士来撰写。

第五篇

恩师

（时间：1955 年前入队）

恩师，即有恩于四川足球的老教练。没有他们的培养、教育、信任和大胆使用，就没有很多人的今天。笔者也是其中一个。老教练们给了我们混饭吃的技能，还有爱情、家庭以及朋友等。《四川足球一些往事》的问世，没有他们对笔者的细心栽培，是不可能的。

古训：一日之师，终身为父。恩师们都是笔者最感激的人。尊重他们就像尊重我们的长辈；热爱他们，犹如热爱我们的家人。恩师们一年一年都老了，有的离我们很远，有的正被病魔缠绕……徒子徒孙们，默默地祈祷老天，保佑恩师们身体健康，愉快度过晚年。

一、熊天琪指导的信任

熊天琪指导，四川绵阳三台人。抗战时期，东北大学、农工大学都先后迁移到三台。新文化、新足球理念，也随之带到了三台。从小喜爱足球运动的熊天琪，足球技术在这时得到了长足的进步。1951 年十几岁的他，就入选了西南足球队，曾任西南队队长，有“川北李惠堂美誉。

熊天琪从小多才多艺，他在川北文工团演过歌剧《白毛女》中的杨白劳。曾有一段笑话。剧中杨白劳交不起黄世仁的租，要自杀之前，看着女儿已经熟睡，杨白劳悲悲戚戚，含着泪依依不舍地唱道：“喜儿，喜儿，你睡着了。”这时，下面一句，“你爹叫你你不知道”，他居然忘了台词。为了不冷场，他灵机一动，便换着高低不同音调反复唱：“你睡着了，你睡着了，你睡着了，你睡着了。”观众却不知台上演员是忘了台词。经台后提醒，他才拉开嗓门唱道：“你爹叫你，你不知道……”熊天琪悲壮的唱腔，饱含深情的表演，博得了观众热情的掌声。

熊天琪多才多艺，文化根基较好。加之他好学，反应敏捷，省体委王廷弼主任看中了他，于 1961 年把他送到国家队培养。跟随国家队学习一年多，随国家队同吃、同住，同练、同赛，学到很多执教本事。回川后就顶替了王寿先指导，带了一段时间四川队。由于 1963 年四川队杭州降级，他便成了替罪羊。以后担任王寿先指导的得力助手。从此，改变了四川足球缺少技术训练的大模式。

1965 年，四川由六支专业足球队，合并成两支队，即，四川队和四川青年队。四川队由朱德全任主教练，王凤珠、岑福友任教练，孙光华任领队；

四川青年队由熊天琪任主教练，张济群任教练，郑永修任领队。同年四月，两支队都到长沙参加全国乙级联赛。赛前进行人员调整，徐重庆、马鼎凯、李国民、兰钟仪、李英璜（也踢边锋），在四川队踢内锋；罗世源、余德徽和笔者，在青年队踢内锋。黄振惇、宣世昌（26岁左右，刚当教练，正是当打之年），他俩完全可以重返球场。显然，四川队内锋多了，加上黄振淳、宣世昌，完全可以补充两个到青年队。在这十个人中，笔者年龄最小，比赛经验最差，技术水平最低，速度又慢一大截，两个队能派上用场的球员谁都比笔者强。如果不用笔者，没有必要作任何解释。但结果并不是这样，熊指导坚持用笔者担任青年队主力内锋。由此，笔者自己都在怀疑自己。用熊指导的话说，用笔者是用笔者在门前捕捉战机之长。

笔者本着感恩，为熊指导争气投入比赛中。凡四川队在比赛中输了的、平了的，四川青年队通通赢回来。如，四川一队输湖北一队和广东队，平湖南队、湖北二队，广东梅县队等。四川青年队对湖北一队，唐兴玉带球突破，制造一个点球，由笔者操刀命中，以1∶0胜湖北一队；夺冠呼声最高的湖南队，下半场，笔者在禁区线附近半转身抽射得手，又以1∶0取胜；以后又以3∶1胜湖北二队。开场不到十分钟，程严生传中，笔者头球先下一城。比赛快结束时，笔者在小禁区附近抢点倒地射门，又再添一彩；1∶0胜广东，是笔者射门，守门员脱手，余德徽快速插上补射进门。以后，又以4∶0胜广东梅县队，笔者独得两球。赛后队上评了三个最佳球员，白礼银、余德徽和笔者。笔者没有辜负熊指导的信任。

这一届比赛，对笔者而言，是非常重要的。因为，这一年的年底，四川队和四川青年队合成一支队。如果，熊指导在长沙不用笔者，笔者早到工厂报到了。

2001年7月，笔者接到美国华盛顿州州立大学通知，通知笔者在10月20日前去报到，任该大学女子足球队教练。9月初，笔者请熊天琪、殷树柏、龚锦源、郑永修、岑福友、宣世昌、兰钟仪、马鼎凯等，在运动技术学院门口一个豆花饭庄吃感恩告别饭。笔者把要去美任教的事讲了，熊指导对笔者说，他在加拿大温哥华带了一支华人成年队，他年事已高，希望笔者去接他的班。此事，让笔者十分感动，几十年后的熊指导对笔者依然信任，这是笔者难得的心理满足。

熊天琪指导常年居住在加拿大，现已八十高龄，每次回川，笔者一定会去看望他。尊敬的恩师，希望他在异国他乡，天天愉快，没事同师母重温《白毛女》。

二、张济群指导还硬朗

张济群指导如今已经94岁了。1950年，张济群代表西南地区，到天津参加全国第一届足球锦标赛。1956年，全国六大行政区撤销，他被分配到重庆足球队当教练。张济群指导生性乐观，对再棘手的事都不急不躁，因事因时地逐个解决。用他的话说，世上本无难事，难事是自己给自己加的砝码。凡不奢望者，凡不趾高气扬者，没事来找麻烦。张指导乐观向上，说话诙谐，掷地有声，看似没心没肺，但，句句点到穴位上。

1965年，张指导协助熊天琪指导带四川青年队。同年初，四川队和四川青年队到武汉，兄弟俩打一场热身赛，张指导在准备会上，看大家打不起精神，他一脸正经地说："我看你们腰来腿不来，不要以为老大哥（指四川队）是纸老虎，你们只赢了别人两场球，别人赢我们多少场，你们算过没有？我跟你们说，老虎都有打瞌睡的时候，骏马还要拉稀，赢别人一两场算什么？如果，今天你们能把老大哥掀翻，到长沙比赛心里就稍稍有点底了。相反，如果今天输得一塌糊涂，到了长沙想雄都雄不起。"经张指导这番动员，队员个个身上都来劲了。比赛结果青年队小胜，这与张指导的激将和鼓励不能说没有关系。

重庆的夏天可称是一座火炉。1965年7月，每当下午训练完毕，大家都忙着找晚上睡觉的地盘，一旦找好地盘，先提一桶桶水将地盘浇湿退热，然后从楼上将棕绷床板搬下来，待晚上睡觉。有一天室外温度至少45度以上，实在太热，摸着床架都烫手，尽管很疲倦，个个队友想睡却热得睡不着。

张指导不放心大家，光着膀子到处查看，见笔者坐在黄桷树下聊天，他对笔者说："马蹄，你娃是重庆人，你妈老汉都是这样热过来的，你还怕啥子热嘛？我跟你说，现在是深夜一点了，明天还要承受大运动量，想吃一口顺气饭，只有睡好了，才能拼命练。如果不想吃顺气饭，要过了又怎么办哟？"

张指导说完，慢慢地离开了。然后，笔者躺在床上想吃顺气饭一事，休息不好，肯定练不好，练不好哪去找顺气饭吃呢？直到今日笔者也常想起张指导说的这番话。实际上，张指导短短几句话，揭示了一个真理：本事是一点一滴积累起来的，有本事到哪里都受人尊重，没有本事就是一个窝囊废。张指导的话，让笔者受用一生。

张指导对待训练，主张吃大苦，耐大劳。他常说："不吃苦中苦，难知乐上乐；训练不流汗，等于在白干；比赛不流血，不是老鼠，就是不出洞的蛇。"

有一次张指导安排在锯末道上跳蛙跳，重庆大田湾体育场的锯末道至少有200来米长，怎么跳？跳多长距离？跳多少次？他都不讲，最后他风趣地说：“跳到哪里黑，就在哪里歇。”

天啦，这样不累死才怪。跳呀，跳呀，总是没有尽头，直到跳趴下为止。后来才知，这节训练课，张指导是要练大家腿部的耐久力。这堂课扎扎实实把大家练昏过去了，日后腿部力量增加不少。

张指导退休以后，跟随重庆老年足球队征战八方，在他的指挥下，每年都要到外省参加比赛。不久前，他带队到成都参赛，那时他已是93岁高龄。笔者专程去看望他，他中气十足，谈笑风生，精神矍铄，看见红光满面的张指导，后生十分欣慰。

张济群指导，110岁见。

三、始终不能忘一个人——朱德全

朱德全1953年加入重庆足球队，1959年接替重庆足球队教鞭，执教重庆足球队。1965年底四川队经过大调整，由四川队和四川青年队合并成一支具有相当实力的球队。那时，朱指导担任这支队的主帅，笔者是他麾下一个小兵。

严格说，朱指导接这支队是很不顺的。1964年四川六支专业足球队合并成两支队时，四川队球员是他亲手挑选的。1965年初，四川队在长沙赛区表现平平，最后一场不是四川青年队放水，只能排第三名，要失去决赛权。朱指导身为主帅，应负有责任。同年中旬，他又带队到贵阳参加第二届全运会，预选赛就败下阵来，无权参加全运会决赛。去贵阳的参赛球员，也是朱指导一个个挑选的。这次惨败，为四川足球留下了一连串阴影。

1965年底，朱指导重新登上四川足球队主教练宝座，应该说是一件非常不容易的事。他的助手是从国家队回来的王凤珠，还有一个被足球界人士称为最踏实、最肯干、不声不响的四川队原队长，“老黄牛”岑福友。领队是原西南战斗队队员、重庆队第一任主教练孙光华。这个班子的搭配，已经证明了朱指导的实力。那时，他对现代足球的理解，走在了前列。

朱指导指挥合队后的四川队，1966年初在重庆参加第一次全国乙级队联赛，获得了第一名。还没有等到八月在天津参加乙级队决赛，从重庆赛区回到成都，便发生了“文化大革命”。在那段毁灭人性、六亲不认，考验本性、浪费生命的日子里，朱指导同大家一样，饱受折磨和煎熬。

1973 年初，“文化大革命”已近尾声，全军要组织足球比赛，朱指导第一个被成都部队从四川队借去组队，在军区体办的协助下，笔者和兰钟仪先后到队，成了他组队的左右臂。当队伍拉扯成功，原四川队队员去了十一人，刚够一个队上场的基本阵容，朱指导的足球理论从此又派上用场。

用他的朱式足球战术，实力本不是很强的成都部队足球队，过五关斩六将，硬是体体面面，挤进了强手如云的前六名。从此，成立了成都部队足球队。没有朱德全指导，就没有以后的成都部队足球队。

朱指导在掌管成都部队足球队期间，为八一足球队输送了三名队员，他们是李富胜、张承敏、黄长根。以后李富胜调国家队，成为亚洲最好的门将。

从沈阳参赛回成都，从大连、天津、青岛、济南、沈阳、西安等地区，调到成都部队足球队的 30 多名球员也陆续入队。因笔者膝盖受伤，待伤有些好转，他大胆启用了笔者，从分管小队，到分管全队早操和体能训练，再到守门员训练……在这些日子里，笔者渐渐看懂了足球，更了解了足球，师傅就是朱德全指导。那时笔者刚满 30 岁，已干起了教练兼运动员工作。

跟随朱指导学到了很多足球理论知识、提高了实战能力，以后笔者能单独带新疆部队足球队，参加第二届全军运动会，以及带新成都部队足球队、新加坡华人足球队等，与朱指导的培养和教诲是紧密相关的。严格说，笔者这点求生存的小本事，是从朱指导那儿学来的。

朱指导退休后，投身于足球后备力量的培养，中国女足温利容，参加 2008 年北京奥运会的谭望嵩和以后国家队队员刘宇都是朱指导培养过的球员。

从成都部队转业，工龄、军龄加在一起，大家都拿了一笔不菲的转业费。当时，用这笔转业费可以在成都草市街买两到三套 20 多平方米的铺面。朱德全指导给的第一次“淘金”机会，让笔者见到了“钱途”。

笔者要说，朱德全这个名字，永生不忘。

四、赵盛洪指导的艰辛

赵盛洪指导 1930 年 6 月出生，重庆北碚人。赵盛洪是最早一批西南队队员，他个子矮小，但技术全面，动作频率快，是西南队的主力前峰。1956 年西南队改为四川队，他顺理成章穿上四川队战袍。1958 年在上海江湾体育场与苏联国家队打练习比赛，是他带球突进禁区，世界最佳守门员雅辛正要出击扑脚下球，他灵机一动，还没让雅辛起动，脚尖一挑，球穿过雅辛十指入网。赵盛洪成为当年中国足球界唯一能破苏联队大门的人。

赵盛洪为人正直，个性刚烈，性格十分开朗，决不为五斗米折腰。1959 年初，他与队友聊天，无意中说了一位领导干部离了前妻，娶了女秘书的事。以后，这句话传到领导那儿，从此改变了赵盛洪的人生。

批判会是少不了的，而且是全运动系的批判会。各个队都集中在食堂，篮球队、排球队、田径队……坐的是黑压压一片。声势之大，算是那一年体工队空前的。四条罪状，即目无领导、不积极投入训练、自高自大、私自联系工作，逐一进行批判。批判会完了，把赵盛洪送到简阳省体委建立的农村改造点进行改造。无辜的他，叫天天不应，入地地无门。1959 年 7 月正值第一届全运会，赵盛洪日夜都在期盼，期盼全运会前把他“解放”出山区。没想到盼来盼去，盼来了运动系副主任王辉，他是来宣布赵盛洪工资连降两级的。晴天霹雳的降薪，让赵盛洪坠入了深渊。他知道参加全运会，一点指望也没有了。农村的改造，让赵盛洪懂得了一个真理：人掉进井里，有的人为了生存，扔几块石头是免不了的。相传明朝宰相杨升庵遭皇帝免官，他气愤地写道：虎落平阳被犬欺，脱毛凤凰不如鸡。从此，赵盛洪空有满腔热血，精湛球技，只有老老实实，安安心心留在简阳了。

1959 年 9 月，他从农村出来，到重庆进了教练员学习班，教练员学习班毕业，被分配到内蒙古足球队当教练，赵指导在内蒙古呼和浩特过了中秋节。那年他 29 岁。

1961 年，赵指导由内蒙古回四川，从那时起，他正式成为四川二队教练。笔者在他那儿学会了外脚背踢球、快速变向带球、垫耍球等技术。

1962 年夏天，正值中国的灾荒年，全国老百姓都在饿肚子。凤凰山农场是四川体育运动代表队的劳动基地。有一天，笔者同赵指导在工棚里值夜班守玉米地。前几天农场抓了一个偷玉米的当地农民，有人打他、骂他，最后把他绑起来，那一夜被蚊子咬惨了。一夜的精神折磨，身体摧残，让赵指导看了很是心疼。赵指导对笔者说：“打一下，骂一阵就够了。大热天，蚊子这么多，何必把别人绑起来让蚊子咬一夜呢？偷苞谷，是饿得没办法了呀！有吃的哪个去偷苞谷哦。”从那以后，笔者知道赵指导是一个非常有同情心的人。

紧接着他又讲：“马蹄，你们这批球员，是有发展的。国家不惜代价来培养你们，你们一定要刻苦练，早日为国争光。足球队员就像一个熟练工，熟能生巧嘛。所以，首先要把球耍熟，让球和脚产生感情。以后接球、带球就自如了。”赵指导的教诲让笔者受用一生。

1963 年，33 岁的赵指导又披挂上阵，随队到杭州参加保级比赛。“文化大革命”前，赵指导被分配到成都 784 厂半工半读学校当教师。以后到车间当工人，直到60岁退休。

赵指导已经82岁了，坎坷的人生，没有让赵指导倒下，这是后生最大的欣慰。

赵指导对人十分真诚。他直爽憨厚，不多言语。在整人的年代里，赵指导是被整的“活化石”。

原赵指导再活20年，补起以前的损失，气死整人的人。

五、一日之师终身为父——徐保成

徐保成指导是原西南战斗队队员，据说贺龙元帅很欣赏他在比赛中的战斗作风。一次比赛，他肋骨被撞断两根，贺龙到体工队钓鱼，然后，将钓到的鱼交给厨房为他熬汤补身子。

1961年，徐指导支援安徽足球队回到四川，在四川二队做过短暂教练工作。他在工作中任劳任怨，每次训练他总是一个人扛着装着全队的球的球筐。有一次笔者去换他扛球，他却说：“别换了，就我来扛，你把扛球的劲用到训练中去。”非常朴实的几句话，表达了一个教练关心队员，希望他的队员快速成长的心情。迄今，想到往事同样十分感激。

在训练中，徐指导要求我们一丝不苟，他教我们如何抢点争顶头球，如何抢断球，一定要做到家他才放手。有一次刚打完比赛，他把笔者拉到一边，非常激动地用云南话又比又说：“我给你讲了多少次了，叫你不要乱出脚，你倒好，别人动作还没做出来，你的脚已伸出去了，钉在那儿，收不回来了，眼睁睁看着别人突进去，这个球就输在你身上。”经他的点拨，笔者受用一生。同时全队也增强了防守，在比赛中，收到了奇效。

大概是半年后，徐指导离开了我们，回到他一手组建的成都队。每次我们同成都队比赛，他都要为笔者作一小段点评。徐指导的无私经常感动笔者。

时光如梭，转眼徐指导已满83岁。到他家，他仍然是和蔼可亲，像慈父一样对待后生。近年笔者到他家去看望过几次，一谈起足球，谈起往事，他依然滔滔不绝。前不久，他对笔者说：“中国足球像这样搞可不行啦，没有后备力量，球员价越来越高。买再好的外国球星，请再知名的外籍教练，都是临时工。他们在中国修再高的大厦，都是不稳当的。不去认真抓少儿，不去培养中国球星，大厦是建在沙滩上的。”

临走时，他对笔者说：“小黄，以后白天不要来找我了，我要去上班。”

笔者惊讶地问："上什么班哦？"
他哈哈一笑："打麻将噻！"

六、实干家王家训

1955年，家训同宣哥一起从重庆广益中学到西南青年队。从那时起，他同龙武华一直担任四川队左右主力边后卫。1960年，在长春迎战捷克队，王家训除在万般无奈之下补进自家大门一个球外，其余时间他的表演深受长春观众的好评。家训的比赛风格，是远近出了名的硬骨头，人称"王大胆"。为了四川队的荣誉他是尽心尽责，不怕受伤，不怕流血。一次眉骨碰破，血流不止，他只作了简单包扎，又上场继续去拼。家训曾经敢用头去封阻对方射门，虽被踢得面目全非，但阻止了一个进球。家训这种悍卫荣誉的精神，被业内人士传为佳话。

1962年，家训离开四川一队，到二队协助殷树柏指导做教练工作。他传授了很多比赛经验给我们。如，比赛中如何站位，如何在稍纵即逝的机会传出威胁球等。为了提高我们的实战能力，他亲自带着我们比赛。他教导我们，凡是上场比赛一定要认真，只有认真参加比赛，才能养成良好习惯，得到真实的锻炼。

有一次打分队半场比赛，正好遇见国家田径队在成都训练。四川籍短跑世界级名将陈家全要参加我们的比赛。以家训为首，他们那边大概有雷介平、付宏昆、梁朝渊、张振忠、张麟麒、杨瑞壁、于福弟。笔者这边大概有张兆斌、张盛其、余景德、沈一麟、邓光和、聂天培和陈家全。因陈家全速度快，他担任右边锋位置。家训正好担任左后卫，就是防陈家全的突破。比赛中张兆斌一个转移球直奔陈家全右路，家全快速带球向边路突破，跑100米的人突然间刹不住车，这时家训勇猛上前拦截，一下把陈家全拼翻在地还滚了两圈，顿时大家都吓到了。王大胆居然敢把"国宝"拼翻，在那个年代若真把陈家全弄残，送你去劳改是没有商量的。家全从地上爬起来，摸摸膝盖说，没关系，比赛继续。家训指导给我们讲的，所示范的，证明了他在比赛中是认真的，六亲不认的。

1961年，正是灾荒年。四川体工队在凤凰山机场和太平园机场有种庄稼的地，体工队的人都轮流去种菜、施肥……有一次由家训带领我们拉一大车粪便到太平园机场。为了把粪便全倒在粪坑里，板板车滑进粪坑，王指导没有任何表情，纵身一跳就跳进粪坑里，大粪尿水淹过他半个身子，他使劲托起板车，其他人使劲拉，终于把车拉出粪坑。为此全队队员无不受到感动。

王指导处处以身作则，他的故事摆三天三夜未必能摆完。

“文化大革命”后，王指导调到四川体工队五系，即重竞技系，担任重竞技学校校长。退休后为了开展少儿足球，他在成都簇桥小学当义务足球教练。

王指导不管到哪个岗位，都是任劳任怨的实干家，永远是笔者心目中最敬佩的人。

七、领队彭积远

彭积远，原成都军区体育办公室的工作人员，大家都叫他彭参谋。彭参谋早年毕业于广州军事体育学院，主攻田径运动。1973 年 3 月成都部队成立足球队，准备在沈阳参加全军足球比赛。建队前彭积远同朱德全指导共同抓建队工作。笔者和其他老队员因出身不好，能入伍成为一名军人，全靠彭积远上下左右周旋，说服了很多人，我们才穿上了军装。以后彭积远作为领队带队赴沈阳参赛。沈阳比赛完毕，他和朱指导加上笔者和兰钟仪，一块赴大连挑选球员，组建成都部队专业足球队。显然，彭领队是组建成都部队足球队最重要的领导者之一。

成都部队专业队成立后，运动员都住在军区大礼堂。笔者因膝盖受伤，暂不能投入训练，领导决定笔者协助朱德全指导搞教练工作。由此，笔者同彭领队、朱指导住进军区四所，有幸与领导者们同住，每天都可以聆听他们的教诲。

1974 年球队同青海队比赛完毕，吃了晚饭我们在宿舍里聊天，彭领队深有感触、富有哲理地说：“中国足球真该从娃娃抓起，一个国家足球水平的高低，与社会制度无关，也与经济基础无关，但它与足球的普及程度有关，特别是与从小踢球有关。南美小孩小时候踢野球，这叫无拘无束发展个人特长，然后再进职业队去接受正规训练，提高其战术素养，按队上的需要，教练的要求去塑造特长。凡针对性越强，练习的科学性也越好，这样就能练出适用性很强的运动员。以后，我们也应当有针对性走进校园去寻找小苗子。组织他们比赛，用比赛作为手段，刺激十岁以下的小朋友参加到足球运动中去。”彭领队这番讲话，既适用于现在中国足球的现状，也适用于将来中国足球运动的发展。

从彭领队的讲话，可以想象他对成都部队足球队寄予了多么高的期望啊。并且，这种期望将逐年去实施，为此，笔者很受鼓舞。

1975年，足球队在北京参加全军比赛回成都，忽然听说彭领队的父亲在“文化大革命”中被查出有历史问题，彭领队还没来得及去实施他的主张，就被调到一个武装部工作。突如其来的变动，让全体队员无法接受。但，“文化大革命”中无中生有的事情还少么？军令如山，管你是红是黑就是要你让位，你就得让。一个成都部队足球队的缔造人之一——不说别的，单是为办理这几十号人的调令手续就够他伤透脑筋了——要你今天离任，不能拖到明天。彭领队为人正直，工作任劳任怨，从不拉帮结派，更不会去走上层。他做一切事凭的是党性，讲的是良心，按的是原则，决不搞歪门邪道。彭领队的离任，十个队员有十个都在质疑。

1976年后，成都部队足球队濒临垮掉，彭领队被重新请回，这时一切问题都不是问题了。彭领队一直在军区体办干到退休。

三年前，笔者和兰钟仪专程去成都茶店子去看望他。一谈起足球，彭领队感叹万千。他希望中国能出现一个伟人，扎扎实实把中国足球抓到点子上。中国人是能踢好足球的。

彭领队目前身体还不错。如果有一天还需要像彭领队这样的智者去开拓足球，彭领队同样是敢于承担，敢于开拓的领导人。

如今，彭领队两老夫妻相依相随，子女有孝心，看着乖孙子们每天都开开心心。彭领队常常回忆在部队足球队的日子。他说：“回忆是我的专利，回忆那些愉快的事，让人年轻。现在陪着老伴在快乐中享受每一天的过程。”

愿我们尊敬的彭领队全家天天幸福，身体永远健康。

第六篇

队友的往事

（时间：1954—1973年入队）

队友是什么关系？亲如兄弟，密如知己；是一个战壕里的战友，虽不能同生死，但荣辱却紧紧拥抱在一起。是队友无私的鞭策，是队友关怀的眼神，是队友设置的跳板，让笔者一直向前跳，毫无退路。

笔者心很累，终于有一天跳到一块平地，站稳脚跟。每月能按时领到微薄的薪金，虽是三张大纸（30 元钱），但养活了儿子，孝敬了父母亲。如果没有队友的鞭策和支持，人就像一辆没有发动机的汽车。

一、同宋大哥在一起的日子

宋大哥名叫宋继尧。他是 1955 年入选西南队的队员。笔者刚从四川二队上一队，有幸同他和龙武华住在一个宿舍。因他们都是四川足球的“老资格”，又是不可多得的主力队员，笔者十分尊重他们，有什么知心话也愿同他们讲。当然，他们对笔者也十分爱护，生活中特别关照。

宋大哥 1963 年同四川女子篮球队赵泽琴结婚，婚后不久赵调成都女篮当教练。市体工队离省体工队住处就隔不足 30 米的御河。按规定宋大哥除星期六，其他时间是不能回媳妇那儿去住的。但，每当熄了灯，查了房，宋大哥隔三岔五还是偷偷向赵指导靠拢。

有一天熄了灯，教练没有按时来查房，宋大哥难忍心急火燎之情，他翻下床拿起牙刷，说：“马蹄，万一等会查房，说我到楼下刷牙去了。”说完匆匆离去。

宋大哥刚走，教练查房来了，便问：“宋继尧上哪儿去了？”

“到楼下刷牙，马上就回来。”笔者回答。

教练都是老鬼了，笔者的掩护被识破了。走时，教练说：“刷晚牙，明天才能刷回来了。”显然笔者太嫩。

第二天，初冬的早晨，天还未亮，又下着蒙蒙小雨，集合时没有见到宋大哥，笔者有些忐忑不安了。在去体育场漆黑的路上，宋大哥是什么时候神不知，鬼不觉插进队伍的，笔者一点都不知道。

早操有一项训练，是在湿地上做俯卧撑，30 个一组，做 6 组。笔者紧挨着宋大哥，躲在一个较黑暗的地方，开始两组，宋大哥还能按教练的拍节做完，越往后就越吃力，基本上跟不上节拍了，以后干脆就趴在湿地上。黑暗中老王指导走过来，狠狠地向他腿上踢去，嘴里还在嘀咕：“看你还回不回去过夜。”老王指导对老队员、小队员都是一视同仁。宋大哥哼都没有哼一声，老老实实接着做。

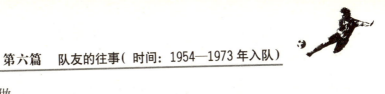

1964 年上半年，笔者那时还年轻，没有资格谈女朋友。一次在比赛中腿受伤，一位女同学想来看笔者，但她找不到笔者的房间。按规定女生是不能进男生宿舍的。为了达到让同学来看笔者的目的，宋大哥和龙大哥商量，待大家睡午觉时间，由宋大哥去接笔者同学，龙大哥在过道上放哨，经他俩的精心策划，终于把笔者的同学接到寝室。同学见到笔者，说："简直没劲，来看你就像当年地下党搞接头一样危险……"没坐几分钟，女同学说："算了，我还是撤了要安全一些。"

1966 年的上半年，笔者听北京队一队员说，彭、罗、陆、杨是"反党集团"。突如其来的消息，国家的高级官员，怎么会是"反党集团"呢？笔者十分震惊。以后将此消息跟宋大哥讲了，再以后就扩散到领导耳里。"文化大革命"初期，宋大哥和笔者都被视为危险分子，一同弄到省委组织的"三秋检查团"，安排到重庆万县区去隐藏起来，搞所谓的"三秋检查"。在那 10 来天的日子里，笔者同宋大哥同住一张乒乓桌，夜夜聊天，每天都在盘算回成都的归期。那时我们心里十分坦荡，知道谁也不是反革命。没过几天，去万县的几十个人，全都起来造反，各自都回成都了。在万县的日子，虽时间不长，但转换的身份不同，我们都经受住考验，反而相互间有更深程度的了解。

宋大哥从 1955 年到 1965 年一直担任四川队主力中后卫。他对人温和低调，诚实可信。他从不以功劳自居，反而谦恭做人。笔者同他在一起，努力琢磨他在比赛中处理球的意识，生活中学他谦虚谨慎等好品德。

二、帮龙武华带口信

话说那时龙武华 26 岁了，一直没有找到女朋友，心里十分着急。有一天，他从三楼往下看，女子体操队的王姐在洗衣台洗衣服，他赶快端着盆，装了几件衣服也到洗衣台洗衣服。洗着洗着，他跟王姐开玩笑说："王姐，我们这些人好惨哦。"

"惨啥子？我看你精神抖擞的，有啥好惨的？"王姐顺口说。

"人过二十五，衣服破了没人补哦！"龙哥说完伸了两下舌头，有些难为情。但，这句话他必定要说，否则他会后悔终生。这句台词龙哥在寝室已经练过好多遍了，在他眼里，他同王姐是天生的一对。用笔者的话说，他与王姐是绝配。

龙哥的话刚完，王姐羞答答地回应："要想衣服烂了有人补，龙哥还要再等二十五。"说完对龙哥嫣然一笑，眨了眨眼，情深意浓，不好意思端着盆转身回宿舍了。

这段故事是龙武华回宿舍告诉我们的，并希望给他出主意：下一步棋该如何走？

老经验宋继尧说："龙武华，你买两张电影票，请马蹄去通知王姐，多看几场电影，先联络感情，大家熟悉了，下一步就好说了。"

就是那个星期六下午，训练完毕，笔者看见王姐走在御河桥上，跑过去对王姐说："王姐，吃了晚饭7点半，龙大哥在青羊宫电影院门口等你，你一定准时去哦。"王姐回应道："放心吧，传令官。"

听了王姐的回话，笔者快快乐乐回到宿舍，把情况告诉龙大哥。吃了晚饭，龙哥对着镜子把拜客的中山服套在运动服外，皮鞋擦得锃亮，急急忙忙朝电影院赶。

不到九点，龙大哥怎么回来了呢？他满脸怒气："他妈的，有什么了不起的，我在青年宫一直等到现在。"

"什么？你在哪儿等？"笔者忙追问。

"青年宫电影院门口噻。"

完了，完了，我告诉王姐是青羊宫电影院。边说边往外跑。跑到女生宿舍楼下，托人带信上楼，请王姐下楼。

刚下楼的王姐，笑眯眯问道："传令官，没等到人，这是怎么一回事？"

笔者解释道："王姐，我的错，我把青年宫说成青羊宫了，误会了，实在是对不起。"

"有啥对不起的，传令官，告诉龙哥，明天我请他看电影，还是青年宫，还是7点半，这次别传错就行了。"

当笔者把此消息告诉龙武华，他的气也消了，高兴得从床上蹦了下来，喊道："人过二十五，我的衣服有人补了。"

龙大哥生性老实、憨厚，但不缺浪漫和幽默。一个晚上刚拉熄灯铃，他对笔者说："马蹄，走，到下面去摘串葡萄来吃。"

"葡萄没有熟，酸得很，怎么能吃？"

"你就不懂了嘛。听别人说，女人怀儿，就是要吃酸东西，酸葡萄肯定是好东西。实在太酸，用白糖拌，等几天喝葡萄水噻。"龙大哥心血来潮，一定要吃酸葡萄。

笔者同他来到葡萄架下，拿个盘子，骑在他肩上，摘了两串，洗干净，龙大哥尝了一颗，酸得他鼻子眼睛都皱到一起了。他悄悄地说："这东西只能给王姐吃。”

回到宿舍，他把不少白糖拌在葡萄里，几天后葡萄还是又苦又涩，请谁都不吃……最后龙武华风趣地说：“花时间找罪受，花白糖拌苦吃，伟人说得好呀，实践出真知。”

1964 年王姐转业回到家乡——自贡。1965 年，龙武华参加完第二届全运会预赛，紧跟着到自贡同王姐完婚。从此，龙武华为了爱情，从成都调到自贡体委，直到退休。龙哥和王姐的美满婚姻一直被业内人士传为佳话。

三、默默无闻的周尚云

周尚云是成都市人，1955 年底最后一个选入西南队任守门员。周尚云小名叫周三娃，绰号叫司胖子。1944 年或 1945 年，上海东方足球队在球王李惠堂的带领下，来成都为抗日前线募捐，在成都华西坝、少城公园足球场举行义赛。七八岁的周三娃场场挤在人群中间，为义赛者呐喊助威。那时的周三娃在成都华西坝已小有名气，是人见人爱的小球星。

当时成都足球分三个流派。华西学校派，以华西大学、华西协高、华西高级初中等为代表，这一派球员讲求足球技巧，以技术胜人。与上海东方足球队比赛，显示了他们的实力。另两派是民间组织的少城派和空军学校、体专组织的新体派。大人小孩都看中周三娃是华西派的接班人。

自从周尚云进西南队，1956 年改为四川队，他和马克坚并肩守好四川足球的大门。1956 年在重庆参加友谊比赛，参赛队有重庆、湖北、四川。对湖北队下半时，周尚云为救一个球，被对方用膝盖顶在左肾上，造成肾挫伤。本应休息半年以上，他只住了三个星期医院，便回队参加训练了。自这以后，由于身体的重要器官肾脏受损，随时肾区疼痛，使司胖子发展受到极大影响。

司胖子是一个非常耿直的人，一次在会上暴露了一个领导的生活作风真相，自 1959 年参加第一届全运会后，他的训练、生活从此未得到安静，1960 年被弄到凤凰山劳动基地劳动了三个月。正在这时，马克坚调国家队，他又回队守门，一直守到 1962 年在天津参加完联赛，才离队搞基层教练员工作。四川队在绵阳三台开辟了一个训练点，他一待就是一年多。1965 年从三台回来，马不停蹄又去搞第二届全运会的筹备工作。全运会刚完，又奉令去搞场馆建设工作。周尚云成了杂家，多面手。有人调侃说：司胖子像一把烧水的炊壶，提到哪里就烧开在哪里。

1971年至1973年，“文化大革命”后期，军管会看他是个人才，调他去带青训队，司胖子不负众望，原国家青年队守门员李日新就是他培养过的球员。还有衡明华、张阮铭、马东湘、廖世杰等也是从他那儿成长起来的。

司胖子得罪了领导，飘浮不定的人生也随之起浮。但不管把他派到哪里工作，他都兢兢业业去完成好，用他的话说，做什么工作都是踩在薄冰上，弄不好就要摔倒，甚至于有被淹死的危险。特别是他在负责修建练习馆、体育馆时，一分一毫都不能差错，如果有一点问题，四大监（成都旧日对监狱的称呼）正等着他。

2006年，司胖子又奉命带四川女足守门员，代表国家女足参加奥运会、世界杯的肖珍，就是司胖子培养的球员。司胖子说，一次做反应训练，肖珍失手，一拳击在司胖子胃上，造成司胖子胃破裂，住院切除了三分之二。

有人曾问过司胖子，既然是这样，又何必卖力工作呢？司胖子回答得好啊，我不是为某一个人工作，不管当运动员、教练员或下基层、搞基建，它们都是一项项革命工作，只有搞好了才对得起我拿的这份工资。

司胖子，一生默默无闻地做人，一生扎扎实实地做事，一生恭谦低调地对人，一生忘我拼命去为完成任务。司胖子终于获得了成功，他荣获国家授予的“省体委系统基本建设奖”，“新中国体育开拓者荣誉奖”。

有位哲人说：你在地上走，有人在天上看，人间不知，天上知。司胖子儿孙一定会有好报。

四、同兰钟仪一路走得最远

兰钟仪比笔者年长不足一岁，我尊称他兰兄。兰兄1959年入选四川二队，比笔者早入队半年左右。从1960年初笔者就同兰兄在一起，那时我们都非常单纯，除了训练，还是训练。我们相互鼓励，争取早日冲上一队，代表四川参加全国比赛，成为真正的四川足球人。星期天，节假日，我们都邀约一起，到体育场、练习馆加练。那时的春节在我们脑海里非常淡漠，甚至于根本就不懂春节有何含义。

回想起1961年的冬天，那是一个不平凡的日子。没有几天就过春节了，天上下着雨雪，特别寒冷。当体工队的熄灯铃响过不久，笔者同兰兄悄悄溜出大门，直奔训练场。体育场漆黑，静悄悄连一个过路的人都没有。那时的成都，晚上 8 点过，商店也基本关门，大街上的行人也少得可怜。

到了体育场，我俩顶着凛冽刺骨的寒风，不知在锯末道上练了多久。跨步跳，深蹲跳，蛙跳……一组接着一组地做。腿软了，髋关节非常酸痛，最后还跑了 3 000 米。没有手表，也不知道最后是什么时候了？

如果回宿舍睡觉，第一要翻墙才能进大院，第二要叫醒别人开房门。兰兄沉默一会，说："别回去了，就在看台上睡。将就一夜算了。"我们拖着沉重的脚步走上三面透风的看台，用大衣裹着躺在透凉的水泥地上。我俩紧靠着，希望能相互取点暖，其实哪有暖取哦。寒夜确实很冷，特别是头接触在地面上，似乎头上结了一层冰。由于太疲倦，一会儿就睡着了。那时身体真好，冻一夜居然还没有伤风感冒。笔者咳了两声。兰兄吃牛肉长大的，他清鼻涕都没有流一滴。清晨，当体育场四周的聚光灯照醒我们，这是出早操的信号，我们站起来向外走，好像迈不开脚步，全身冻得直发抖，上下牙齿扣得嗒嗒作响……

1964 年底，四川省体委与重庆市体委做了一笔交换球队的"买卖"，四川足球队被送到重庆市体委代管，这是每个队员不情愿的。为了纪念这个难忘的、无奈的、脸上写着"痛"字的日子，笔者同兰兄专门穿上西装，到成都留真照相馆合了一张影，这是我们携手战斗痛别成都的留念。

兰兄比笔者早上四川一队，他技术细腻，意识好，传球隐蔽，打内锋位置。他既能为同伴传出意料之外的传球，又是四川队的主要得分手。1965 年在长沙参加比赛，我俩分别被评为四川队和四川青年队的最佳运动员。从长沙回重庆的火车上，笔者对兰兄说："我们没有白练。"

兰兄风趣地说："全靠那天晚上在看台上睡得好。"他哈哈一笑，感叹地又说："马蹄，我们的命大哦，冻死了就洗白了，哪有今天哦。"

1965 年四川足球队大调整，凭兰兄的水平，是肯定留下的。因女朋友离开了四川女子排球队，领导给他做工作留队再踢几年，最终他选择夫随妻行，到了一家国防工厂。1971 年笔者离队，去的工厂与兰兄只一墙之隔。在那一年多里，我们代表军工系统、成都市参加各级比赛，阴差阳错又走到一起啦。

1973 年笔者同兰兄到成都部队踢球，以后同时协助朱德全指导搞教练兼运动员工作，在那些日日夜夜里，我们特别愉快。1976 年又一同转业到地方，他到成都市体校带少儿足球队，笔者到西南民族学院任教。原四川队的何斌、孙博伟等是他一手培养的球员。笔者带的学院代表队，常与兰兄的小队员同场竞技，常常厮杀得难分难解。

1978 年笔者同兰兄又参加四川省运动会，那年我们都三十五六岁了，与重庆市队争夺冠军，由于守门员失误，只为成都市夺得了亚军。打完省运会，队内评三个最佳球员，兰兄同笔者就占了两席，并为成都市立二等功。这又是一次并肩作战，是可喜可贺的收获。

1990 年，应成都军区廖锡龙副司令员的邀请，兰兄邀约笔者又回成都军区组队参加全军足球赛。他是总教练，和领队王家振主外，笔者主内，工作搭配井井有条，经近一年调训，让一批已经停训多年的球员，恢复或超越了以前的水平，打造了一支具备相当实力的球队。张达明、张礼龙、王承江、徐杰、徐庆凯都踢过不同级别的国家队。如果不是中央军委一道命令，停止当年在沈阳的比赛，成都军区队具有争夺全军前三名的实力。

同兰兄几十年的风风雨雨，建立了深厚的友谊。2008 年笔者在省骨科医院住院，兰兄十分关心，常来看望。2009 年，笔者在省人民医院做完椎间盘手术，所有队友、同学、朋友，笔者做完手术后只通知了兰兄一人。兰兄得知笔者腰上打了六颗螺丝钉和三块钢板，他至少十分钟说不出话来。兰兄前后来探望笔者四次，给笔者极大安慰。

2006 年，笔者家中遇到不幸，他第一时间赶来。以后马鼎凯、杨瑞壁、廖本强也赶到。他们是笔者最感激的人。

如今，兰兄还驰骋在老年足球赛场上。他奔跑、控带球、传接球依然是最靓丽的。

从 2000 年起，我们有个不成文的相约，每个月的月底，兰兄、姚明福指导、廖本强教授和笔者总要在成都百花潭公园见上一面，清茶一杯，快餐一盘，聊足球，论天下，国事家事，好事、喜事、不开心的事，什么事都聊。看着大家身体都硬朗，这是最开心的事。

五、学马鼎凯正脚背踢球

马鼎凯比笔者年长两岁，他从小跟着市体校赵尚宏指导，接受正规的专业足球技术训练。1958 年，就进了重庆足球队，踢内锋位置.。那时笔者还是踢坝坝球的时代。由于我们的家都住在一个宿舍区，笔者从小对马鼎凯有一种敬佩心理。马鼎凯在南岸广益中学住读，有时星期天回家，笔者便邀请他到重庆江北区体育场去踢球。美其名曰去踢球，不如说笔者去向他学怎么踢球。而且包括笔者一帮小伙伴，都希望在他那里学到一点技术。

马鼎凯是一个非常谦虚低调的人，一般来说，他很难显露庐山真面目，从不表现自己球踢得好。大概是 1956 年，一个星期天，笔者约他去踢球，在笔者多次请求下，他用正脚背射了两脚门，力量大，角度刁，在场的小朋友都惊呆了。笔者跑过去问他，这球是怎么踢的？他指了指脚背说，就是用这儿踢的。到底是怎么踢的，笔者还是云里雾里。那时他也很小，真要讲出一个道理恐怕也难。以后又看他踢了几脚，笔者也用正脚背，摆直线，试着踢了几次，马鼎凯鼓励道，就是这样踢的，多踢几次就更好了。那时，笔者虽然只有 12 岁，用现在的话说，对踢球有较好的悟性，接受足球技术的能力较强。

回想小的时候，马鼎凯同笔者做过一次冒险的事。1957 年盛夏，重庆天气非常炎热，他约笔者到嘉陵江去游泳。到了江边我们找人借了两件救生衣，他提议我们游到对岸牛角沱。天啦，那时笔者只会游几把狗刨式，能游 20 米已经顶天了。摆在面前的嘉陵江，至少也有 200 米宽，而且水流急湍，从年龄到游泳水平，怎么说也不具备渡江的能力啊！

我们穿好救生衣，马鼎凯下水后就向对岸游，笔者懵懵懂懂跟着他向前游。随着江水的流速加快，笔者使劲不让自己被向下冲得太远，搏击中一会便没有力气了。笔者抬头看，马鼎凯已经游了很远了。看着宽宽的江面有些害怕了，很想转身向回游。回头一看，也很远啊。回头游，还不如向前慢慢游，正在这时一条轮船朝笔者身旁驶来，满以为船上的工人会伸出救援之手。有人朝笔者看了两眼，船同样开足马力，乘风破浪，顿时江涛扑打过来，一个浪花接着一个浪花盖过了头，弄得喘不过气。笔者心里在骂，船上的人太可恶。好不容易游到江心，穿在身上的救生衣的绳子松了，笔者忽然异常冷静，自己叫自己千万别慌张。别无其他选择，只好一只手抱着救生衣，一只手向前划，为生存一定得向前游，否则只有葬身于大江。大概游了一个多小时，终于游到对岸河边 300 米外。笔者站起身跌跌撞撞向前走，因消耗体力太多，连续摔了两跤。上了岸我们躺在河边巨石上休息，身体软得像根面条。那时我们才 13 岁、15 岁。

笔者隐隐约约听见马鼎凯在问："黄绍勤，有问题没有？"

笔者有气无力地回答："呃，谢天谢地，现在还活着。"

之后，笔者找父亲同厂的职工，借了六分钱买了两张过河票……现在回忆起那一次渡江还是不寒而栗。

笔者同马鼎凯是 1965 年四川合队时同队的。都踢内锋位置。他是主力球员，笔者是他的替补。

1973 年 3 月笔者同马鼎凯同时借到成都部队，到沈阳参加全军比赛，对广州部队队，兰钟仪传出一个直线球，马鼎凯甩开中卫，又晃过补位中卫，射进关键一球，为成都部队建立专业足球队立下了功劳。

六、顶梁柱余盛达

余盛达 1959 年入选成都市足球队，1962 年调四川足球队。1963 年下半年成为四川足球队的主力边后卫。在历届联赛中，对方进攻力量哪边厉害，就派他去防守。1965 年底在南宁参加比赛，那时四川队的中后卫已经抵挡不住对方的冲击，余盛达调往中卫，从此由边后卫改打中后卫，余盛达成为四川足球队名副其实的顶梁柱。

余盛达在比赛中能拼巧夺，大家送给他一个恰如其分的美称叫达子。据传少数民族有“达人”一说，他们彪悍强壮有力，英勇善战，所战之处，天下无敌。自从达子改打中卫，四川队整条后防线稳固多了。

1963 年上半年，四川队在天津参加甲级联赛，那时达子还不是主力球员。在对天津比赛中，四川队左边后卫发边线球失误，导致四川队失分。教练一气之下，把达子换上场，达子尽心尽力的表演，赢得了所有教练的赞许。自那以后，无论四川队如何变换，达子一直是四川足球队后卫线的标杆。

1965 年秋，四川足球队参加第二届全运会，达子被用到边后卫位置，这是一步错棋。如果把达子派到中后卫位置，四川队不会在预赛中被淘汰。那时达子的防守水平，在国内也不多见。达子后卫技术非常全面，抢、断、铲球判断准，下脚狠；回追反应敏捷，总是提前冲在前面；拼抢头球果断出击，他的气势让人生畏；他处理难度球，技术准确无误。在一场比赛中，对方发角球，球发到禁区内六码线附近，他高高腾起，没等球落地，一个倒钩把球救出。这个救球，是笔者看见难度最大，动作最舒展的倒钩球，中外足球赛事频频，迄今没有见过更好的。那时，只因四川队在乙级队里混，达子失去了进入国家足球队的机会。这可能是达子的终生憾事。

达子于 1972 年退役到工厂开汽车。1973 年初他也被朱指导招入成都部队参加全军比赛。比赛中达子和笔者担任一对双中卫。达子守左，笔者守右。笔者刚从前锋改打中卫不久，对后卫防守还比较陌生。因有达子这员大将，就是笔者出了差错，也有他来补救，让笔者放心不少。按朱指导要求，不固定一前一后中后卫制打法，他认为两个中卫都可以独当一面，所以才采取灵活站位的双中卫打法。对方进攻在右边，左中卫达子伸出作盯人中卫，笔者在斜后方进行保护；相反笔者伸出，达子在斜后方保护。就是这样一前一后，有紧有松，有逼有补，加上钢门崔方，拖后前卫程严生和两个边后卫的来回保护，让后防线坚实而流畅。第一阶段五场预选赛，成都部队足球队一球没有失，顺利进入全军前六名决赛，达子是第一功臣。比赛结束，我们都被留到部队，由临时入伍成为真正的中国人民解放军军人。

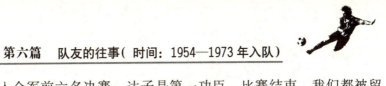

1978 年，成都军区体工队队长任贵川，找到笔者组织教练班子再回部队执教，笔者向任队长推荐了达子，那时他在工厂离不开；1998 年 6 月，笔者开办了“四川成龙青少年足球俱乐部”，想到达子已经退休，请他出山，将他的足球技术、意识、战斗作风传给下一代，只因达子还有其他事离不开身，最终还是没有成行，这些都算是一件件憾事吧。因为，达子的技能没有得到传递。

如今的达子，同样活跃在足球场上，每年代表四川元老队参加全国比赛。当然，现在已经见不到当年达子的威风影子了！

七、做人正直的袁邦煜

袁邦煜绰号袁胖子。简称胖子。实际上他并不胖，不但不胖，他身上的肌肉成块、成条，可结实了。胖子 1959 年入选成都市足球队，1965 年四川合队后，他是全队身体素质最好的之一。举重深蹲 165 公斤，挺举 105 公斤，100 米跑 11 秒 2，胖子的身体素质够好了吧？胖子以速度见长，他担任四川队主力边后卫，是四川足球一道厚厚的墙。由于他身体素质好，边后卫技术全面，在同一批运动员里，他的运动生命最长，从 1959 年一直打到 1976 年，足有 17 年时间，可见他对四川足球的贡献有多少。他的足球生涯，是较完美的，他是值得人们去尊重的人。

胖子平常话语不多。他的人生哲理是老老实实、诚诚恳恳低调做人。认识胖子几十年，从没有听见他与别人大声喧闹过。当然那些闲话更不出他口。袁胖子不爱说话，不等于他没有话说，没有事做。笔者同胖子度过了难忘的“文化大革命”。在“文化大革命”中，他出奇地冷静，静观时局的变化。在那个人人自危的年月，他不相信任何人的表态，更不相信千百万条传言。当然他更不会去随大流，跟权风。他只相信他过滤后的大脑，谁对谁非都在他掌控之中。谁是正确的，谁是好人，在他眼睛里看得清清楚楚。他看着造反派把一个个老革命弄来虐辱，他悄悄地对笔者说：“马蹄，我看你也不去大扯大闹，也不去碰枪弄炮，对了的。相信有文化大革命的开头，肯定就有收尾，不可能让一些人去胡闹，胡搞。”胖子的话是金玉良言。

有一次一队员敲着锣，把大家尊重的老王指导弄去游体委大院，当把老王指导压倒跪在地上时，不爱说话，不爱管闲事的袁胖子挺身而出，他同岑福友站在王寿先旁边，保护着老王指导。别的下跪人，有的遭毒打，有的挨铁鞭。就老王指导没人敢去碰他，因为，老王指导身边有两个懂人性的球员保护着他。老王指导躲过初一，躲不过十五，几天后还是被关在小食堂里挨打。这印证了一句话：小人不感恩，恩人反遭小人咬。几十年后想起那番场景，历历在目，有人不只一次赞许不爱管闲事，不爱说话的袁胖子。相信，胖子和岑福友的大无畏精神，懂得感恩的美德，会成为四川足球史上的佳话。

胖子离队后被成都市体委请去任教，他先后带了两批成都女足队员，带队夺得过四川少年女足冠军，为成都市争得了荣誉。1998 年，笔者成立“四川成龙青少年足球俱乐部”，请来了老战友袁胖子，他尽心尽职带一支少年队。后因市体委再三催促，他只好离开去带成都女子足球队。对胖子对笔者无私的支持，十分感谢。

胖子退休后，是元老足球队的招集人之一。四川这支元老队，走南闯北宣传四川足球，同时以球会友，年年开心。如今，胖子在家休养，笔者常与他通话，电话的那端不谈足球，就谈如何保养身体。

八、水牛陈殿美

陈殿美是大连人，1961 年到重庆足球队。因他又高又壮，力大如牛，大家伙都叫他水牛。水牛外形看似土匪，笔者这批队员，看着他有些发憷。其实，水牛心直口快，为人大度豪爽。比赛中不怕伤，不怕死。当拼红了眼，他是六亲不认，所以“拼命三郎”的美称大家也赠送给了他。

1965 年合队后，他是四川队的主力中卫。参加全国联赛回重庆后，四川与四川青年队打表演赛，在四川青年队 2∶0 领先的情况下，四川队罚角球，水牛上前争顶。当角球发出，球直奔青年队后角，他跳起争顶角球瞬间，笔者高高腾空一个倒钩从他头前把球救出。当笔者从地上爬起，正起步向外跑时，水牛拉住笔者，笔者吓了一跳，以为他要动手打人。结果，他握住笔者手说：他妈的，你真不让老子立一个功。说完他眯着眼睛笑了笑，又说：马蹄，开玩笑的。

1966 年水牛转业回大连，到大连市体委任少年队教练。1973 年笔者到大连挑选运动员，享受了水牛的热情接待。有一天，我们骑自行车到海边，他换上游泳裤，脚上套上鸭蹼，戴上潜水镜，手握一把一字形铲子，一个猛子就往海底钻，三分钟左右，他突然冒出水面，手上捏着几个鲍鱼，喜气洋洋地说：看到没有，这就是收获。水牛连续下海，二十来个鲍鱼就摆在眼前。看着水牛的牛劲，同当年飞铲对方没有两样。

“马蹄，你也下海试试。鲍鱼就贴在礁石上，你用铲子撬，快来试试。”水牛劝说。

笔者全副武装下海了，当向海底下钻时，还没有下钻多深，笔者只感觉耳朵胀得非常难受，睁开眼一看，哪里有什么礁石，只见汪洋一片，顿时心里十分恐怖，一个劲向水面上钻。笔者简直难以想象，水牛是怎么钻到有礁石地方的？第一次失败了，水牛像鼓励小球员上场拼搏一样鼓励笔者。笔者带着希望再试了一次，这次逃命心理比上次出现还早，当笔者钻出水面，水牛边笑边说：“马蹄呀，你在球场上的拼劲怎么就没了呢？”天啦，在这茫茫的大海，哪里去找礁石呢？又到哪里去撬鲍鱼哦？这同足球比赛是两码子事啊。

笔者对水牛说：“算了，回吧。鲍鱼没有撬着，千万不能去喂鲍鱼。”

晚饭，水牛炖好鲍鱼和他预先准备好的海鲜，我们盘坐在他的床上，美美地吃了一顿。

2001年，水牛突然从队友姚明福办的长松足球俱乐部来到笔者那儿，问明情况，他要来俱乐部求职当教练。突如其来的问题，让笔者十分为难。那时，笔者的俱乐部，教练非常稳定。谁走？所有的教练，都是以前同笔者摸爬滚打在一个战壕的老队友，水牛真把笔者难住了。

“水牛，这样吧，你就住在我这儿，成都的俱乐部很多，我帮你联系，然后再说。”

以后笔者叫司机，成天拉着我们到处去找俱乐部，都因人满为患，一个很有成就的教练只有离开成都，为此，笔者心痛了好几天。

临走时，水牛正儿八经地说：“马蹄，谢你了。哪年夏天再上大连来，我们再去下海撬鲍鱼。”

殿美呀，殿美，你回大连了，可笔者的心情坏了好长一段时间啊……

九、崔方的睿智

崔方1958年由成都少年体校入选四川二队，1959年代表四川青年队，担当主力门将，夺得全国青年赛冠军，崔方为队立下不可磨灭的功劳。崔方在比赛中心理素质特别好，在混乱中他沉稳，在逆境中他知道去调动大家的情绪，在判断失误时，他可立即去弥补……1960 年马克坚调国家队，四川队的大门主要由他把守。

崔方平常不爱言语，管你牛戳死了马，还是马踢死了牛，都不置可否。他懂得一个道理：无休止的争吵，只能造成感情上的裂痕。崔方是一个很睿智的人，谁对谁错他心里有数。1963 年四川队在杭州降为乙级队，回成都后上面就拉几个老队员出来整风，封建主义、资本主义、买办阶级等帽子，统统扣在老队员头上。近一个月的整风，不知开了多少次会，好多人说这说那，推卸降级的责任。这时，崔方清楚地认识到，这些莫须有的罪名，都是昧着良心在批判别人。在整风中，笔者没有听他发过一次言。

混乱的“文化大革命”，局势的发展连神仙也弄不清楚。崔方不随大流，他首先站在旁边观察，哪些人值得信任，哪些事可以去做，哪些事又不能去做。他看见有的人去打领导、整教练、泄私愤，他直打寒战，直摇头：文化革命不是武斗运动。时局实在难辨，为了不招惹麻烦，他什么组织都不参加，一个人成立了一个组织叫“全无敌”。崔方在“文化大革命”中，稳扎稳打，不急不躁，足以显现出他的睿智及敏锐的判断力。

崔方长得很帅，一米八几的个头，脸上五官摆放恰到好处，特别是他那轮廓分明的鼻子和整齐的络腮胡，真像有几分洋人血统。崔方的球打得好，人又长得帅，对人又彬彬有礼，言谈举止又有几分幽默，他的一举一动都给人们留下深刻的记忆。有的人为找女友四处碰鼻，他神不知鬼不觉，把四川女子体操队最美丽、最漂亮的秋秋追到手。那年头，秋秋是人见人爱，可她就偏爱崔方的聪明和帅气。说实话，崔方与秋秋太般配了，凡认识他们的人，都为他们的相爱而祝福。

1973 年 3 月，笔者同崔方一块到成都部队足球队，在沈阳参加第一阶段比赛，他一个球都没有丢。比赛期间，笔者碰见原湖北队两个朋友，不约而同谈起比赛。一个朋友说：你们当然不会失球，你们有个好门将，怎么会失球呢？另一个说：崔方在比赛中尤为镇静，该出击，不含糊；该下地，果断沉稳。沈阳比赛完后，我们都留在部队继续为部队效力。

1974 年在重庆参加全国比赛，上一场球守门员李富胜额头碰开了花。对实力雄厚的南京部队队，由老将崔方守门，下半场中卫张涛断球，他回传给守门员，回传球力量太大，角度又刁，眼看球就要进门，崔方向左扑去，球救出了，可是他的头顶碰在门柱上，笔者听见一声闷响，回头一看他满脸鲜血，崔方还坚持打了一会，最后血流不止才换下场，并立马送到医院做缝合手术。崔方是一个尽职尽责的人。

1976 年，崔方转业回四川足球队。以后一直从事守门员教练工作，少年队、青年队、成年队他都带过，退休后还聘任回队做教练工作，崔方是四川足球队守门员的“活字典”。

2011年，为了撰写《四川足球一些往事》，崔方跑了不少路，出了不少主意，并提供了很多珍贵的资料。崔方是一个肯付出，不怕麻烦的人。如果，没有崔方等队友的积极参与，《四川足球一些往事》也不可能问世。

前些日子，笔者在马路上碰见崔方，问他最近在忙啥，他告诉笔者，他在成都西门20公里外，郫县有山有水的三道堰买了一套新房，正在装修。他说那儿有两条河，一条叫徐堰河，一条叫柏条河，是成都市第六自来水厂的水源地。那儿远离闹市区，空气新鲜，景致美丽，负氧离子多，是养老的好地方。

这一步，崔方又用睿智走在我们前面了。

十、前锋线上的策划者徐重庆

徐重庆因脚下掌握的技术比较全面，比赛中又特别冷静，技术风格有些像原国家队前锋张宏根，大家送给他一个绰号叫徐阿根，简称阿根。

1958年徐重庆从自贡市选入四川二队，当年就参加了甲级队的预备队联赛。1959年他代表四川青年队，在全队共同努力之下，夺全国青年比赛冠军，阿根是队上的主力球员。

1961年底，四川队在长春迎战捷克队后，前锋线两匹快马龚锦源、郑永修先后离队。因那时队上再没有速度特别快的球员，从此，四川队丢失了以打长传反击为主的战术。丢掉了传统战术，必定要建立新的战术体系。从1962年至1965年四川合队后，战术核心逐渐转移。以短传渗透为主，逐步向前推进，通过两边下底传中，内线包抄攻门；或前卫、前锋传直线球从中路突破，撕开中路发起进攻。打短传渗透，要的是技术，那时的前锋宣世昌、徐阿根、李国民、兰钟仪、李英璜、马鼎凯、唐兴玉、柯昌荣、刘孙其、于福弟等脚下都有活儿。他们是锋线上的主要进攻者。

阿根担任四川队接应前锋，当发动进攻，阿根是场上主要策划人。1965年四川队在广州越秀山体育场对广东队。四川队在2∶0领先的情况下，有的人在中场拿球，总想把球交给前来接应的阿根，连自己都不信任，可以想象阿根在场上的作用。其实，据笔者观察，有的球自己处理或交给其他人处理更为合理。为什么要交给阿根呢？说明场上队员对阿根的信任。

当阿根拿住球，视野特别宽，谁在切入，谁拉回作接应，他一目了然，然后传出球正是观众希望传去的点，球到人到。四川队的前卫、前锋这盘棋走活了，阿根功不可没。难怪“文化大革命”中，有人想批他走“白专道路”。

就是对广东队这场比赛的下半场，前卫传出一个高球，笔者看阿根向内线插入，便高高跳起向后争顶头球。一个高大的广东队中后卫队员，在跳起的同时，手臂压在笔者的肩上，一颗牙嵌进笔者头顶，血顿时糊满了脸。那个中卫另一颗牙被顶掉在地上，真有点恐怖。这也害得笔者脸肿得像个气球，疼痛了多日。

“文化大革命”中，平常不爱多话的徐阿根，不停地琢磨着周围的变化，有一天有人把老王指导揪出来游体委大院，从一开始他就紧跟在老王指导身后作保护。游到体委大院篮球场旁，人们把老王指导按在地上跪下，他看见岑福友和袁邦煜一人站一边，保护老王指导，他才放心了。同样跪在地上的王廷弼主任和干部谢昭棣被拳头和铁鞭打得很惨。

老王指导终究没有逃脱挨打，事过两天老王指导被关在小食堂里挨打，第一个发现人是阿根。他赶快去叫岑福友指导，岑指导翻窗进去解救了老王指导。但，这时的老王指导已经被打得脸色苍白，直不起腰。如果不是阿根及时报信，这帮戴着墨镜的打手，不知要把老王指导打成什么样子。不爱说话，不爱管闲事的徐阿根，与他在比赛中一样，关键时刻一脚定乾坤。

1974 年前后，本已离队的阿根，因小队员顶不上，又被请回效力。1975 年以后，徐阿根一直跟随王凤珠、李英璜做教练或领队工作，直至退休。

十一、兢兢业业的白礼银

笔者认识白礼银是 1959 年 7 月，那时他是重庆队队员，笔者是重庆十九中学初三学生。重庆市组织市少年队，江北区所有参加选拔的人，都集中到重庆十四中学。前来组织选拔的有李尊祥、白礼银。经过比赛，然后量身高……整个江北区就选中了笔者一人。他们走时，李尊祥对笔者说：“小黄，记住 8 月 20 日，到大田湾体育场报到……”

白礼银补充一句：“小崽儿，你不要忘了哦。”从那以后，我就认识了笔者的偶像白礼银。

白礼银 1958 年入选重庆市足球队，踢中后卫位置，一直担任主力球员。白礼银年轻时头上有几根白发，大家都尊称他老白。老白为人老实和善，平常大大咧咧，不爱去计较一些小事。就是在比赛中遇到一些不愉快的事，被人踢了，绊倒了，爬起来看都懒得看对方一眼，一心一意踢自己的球。有时把他踢“毛”了，最多说一句：老兄注意一点。有一次四川队对重庆队比赛，笔者攻，老白防，都拼得很凶，笔者几次犯规把他拉倒在地，还拼了他两次，这下把老白惹“毛”了，他边从地上爬起来，边对笔者说：老兄，温柔点行不行？弄得笔者十分尴尬。

1965 年底，四川合队，从前笔者的偶像，如今成了队友。老白作为老大哥，随时都关心着笔者。他话不多，但指出的问题很实在。一次比赛中笔者回防补位，他严厉地指出：你这不叫补位，这叫走形式，你人都不到位，那叫补啥位哟。老白对自己被摔被踢不当一回事，但对一个队的荣誉十分认真。

1965 年，老白参加全国乙级联赛长沙赛区比赛，他是后卫线上的核心防守者，赛后被评为队上的优秀球员。

老白是四川队为数不多的抽烟人。为了不让教练发现抽烟，一般来讲要抽也躲得远远的。如果，睡觉前实在想抽一支，只能躲在被子里。有一次他躲在被子里抽，忽然教练进来了，看见从被子里直往外冒烟……这一次便成了四川足球队史上一大典故——老白在被子里抽闷烟。当然这仅是笑话而已。

老白一直为四川队效力到 1974 年，然后留四川队执教。他带过青少年队，女子队等。退休后被四川南方足球俱乐部、蓝剑足球俱乐部聘请为总教练，为四川培养后备人才。

退休后的老白，长期坚持锻炼，身体很好，在家同儿孙享受天伦之乐。

十二、反应敏捷的刘孙其

1960 年，刘孙其进入四川二队，踢边锋位置。刘孙其身体素质非常全面，尤其是起动速度特别快。比赛中、生活中，他反应都非常敏捷，应变能力超强。他来队不久便上了一队，年纪轻轻成了一队大半个主力球员，他是二队同龄队员中，最早为四川足球贡献力量的球员。

1965 年，四川队在西安与重庆队争夺第二届全运会的组队权。四川队制胜两球都是刘孙其射进的。刘孙其成了当场球赛的英雄。以后，他代表四川队参加了国内各级比赛，为四川足球尽了最大力量。

青年时期的刘孙其，政治上很要求进步，他积极争取加入共青团，是我们学习的榜样。“文化大革命”中，他积极投入，也是令人难忘的。

1975 年前后，很多老队员选择了到高校任教，刘孙其也有些心动，但他最想要做的事，还是想多为四川足球出一分力，他想紧紧跟随王凤珠指导搞教练工作，后因种种原因没有实现自己的追求。

离队后，他到他爱妻去的工厂当工人。刘孙其身在曹营心在汉，他对足球的热爱并没有减退，最终他走出工厂，到西藏足球队任主教练。他把他多年积累的经验，无私地奉献给了边疆。到了西藏队，在他的努力下，队上的技战术水平逐年提高。

刘孙其从西藏体委退休。回成都后一直从事中小学校园足球的开展。成都石笋街小学、成都十八中的足球场铺满了他的脚印。他为成都开展少儿足球做出了贡献。

刘孙其爱妻余维湘，以前是四川女子体操队的运动员，年轻时亭亭玉玉，一笑一对小酒窝。她性格活泼可爱，对人豪爽洒脱、真诚实在。

当下，刘孙其生活在无比欢乐之中，小伤小病，有贤妻的照顾。没事与小孙儿一起切磋球技。每天过得十分快乐而有意义。

十三、并肩战斗的余德徽

1959 年，德徽从市体校调到成都队，1965 年第一次合队，我俩都到了重庆，分到四川青年队，都担任内锋。德徽脚下技术细腻，脚对球的敏感度是很多人不及的，笔者十分羡慕。比赛中他善于奔跑，不惜体力消耗。在门前他具有鹰的视觉，捕捉战机的能力很强。1965 年，在长沙参加比赛，我俩担任一对内锋，加上边锋柯昌荣、唐兴玉、罗世源、于福弟等密切配合，把实力雄厚的湖北一、二队，广东队、湖南队等都给“灭”了。比赛中他充分发挥了意识良好，快速拉插，善于战术性传递，积极补射等特点，为队立了大功。

德徽在比赛中非常冷静，有人说艺高人胆大，在他身上诠释了这句话。1965 年对湖北二队第一个进球，他在右路控球，笔者看见他抬头在寻找传球人，但时机不成熟，他只好继续向内线带球，又晃过一个前卫，又抬头寻找同伴，笔者甩开前卫，快速从左路向六码线内切，德徽立即传出一个低平球，球到人到，笔者用脚弓一敲球进了大门，顿时打破了场上的沉闷。如果他艺不高，在围阻拼抢下，不可能再三寻找同伴，更不可能准确无误地传出致命的球，很可能毫无目的早早将球处理掉。

长沙比赛完了，德徽被评为优秀球员。主教练熊天琪赛后说：你们这对内锋至少还可以打五年。那时我们都才二十二三岁。尊敬的熊指导预言错了，以后不久，德徽肝上出了毛病，熊指导的预言只能作为历史。1965 年四川队和四川青年队合并，无情的病魔让他只能离队，从此担任起二队的教练员工作。熊天琪指导曾说：德徽下来好，可以把脚下的功夫教给小队员。“文化大革命”时，1973 年他先到工厂，以后被调到电子科技大学任教，并担任该校足球代表队教练。1974 年成都大学生足球比赛，他带的队以全胜夺冠军，以 11∶0 胜四川大学、2∶1 胜成都体育学院、5∶3 胜成都科技大学……

1999 年，德徽带了一批小球员，他用心血浇灌了他们，现广州恒大、中国国青队员彭欣力就是他的得意弟子。队员王楚正在法国梅斯足球俱乐部训练，还有六七个弟子在各大学踢球。

余德徽不但技术好，对人也很真诚，并乐于助人为乐。凡需要他帮助的事，他不计利益，全力以赴帮忙。1991 年笔者侄女报考了他们学校，笔者希望他尽力帮助录取。他二话没说，跑前跑后尽了不少力，以后由于别的大学先录取，害得老战友跑了很多空路，实在抱歉。

德徽是回族，退休后，被成都市伊斯兰教协会选举担任成都皇城清真寺管委会负责人。他每天在清真寺按时上下班，很受回族同胞欢迎。

从 1974 年起，德徽一直同一批老队友在一起活动，每年还要到全国各地参加比赛。如今，年过七十的他身体非常健康，家庭也非常幸福。

十四、时常想起赵渊

赵渊，甘肃兰州人，1958 年入选重庆队，担任主力守门员。赵渊个头不高，但弹跳较好，移动快，比赛中非常稳健，要想从他上三路射进球很难。赵渊训练非常刻苦，重庆的夏日非常炎热，每天一身臭汗，一身灰，他从不叫苦。1964 年，在一次联欢晚会上，他上台朗诵了一首诗，诗中写道：练呀练呀，皮擦烂，练呀练呀，两腿软，一年复一年，朝阳在明天。赵渊的诗真实写照了训练的艰辛，渴望明天的成就。赵渊用他一颗憨厚的心，总希望成就事业上的辉煌。1965 年底，他父母亲身体不好，父母想念儿子的心情与日俱增，一封电报接着一封电报，催促他早日回家，在万般无奈之下，他只有告别重庆回家照顾老人。自古以来，忠孝难两全。

1973 年，“文化大革命”后期，他出任主教练带领兰州部队足球队在沈阳参加全军足球比赛。由于兰州地区没有实力很强的专业队球员，愁了巧妇赵渊无好米下锅。

赵渊忠厚老实，对人谦逊诚实，是典型的西北汉子。他的一举一动传达给女同胞们一个信息：我——赵渊是可信可靠的。四川女子篮球队长得最漂亮、最有女人味的许彬彬捷足先登。当年的彬彬，不但是四川女篮的出水芙蓉，就是在四川体工队里，她也是数得着的美女。彬彬退役后妻随夫行，一块去了兰州。与我们远隔千里的赵渊，在他的家乡建起了幸福的“赵府”。

1999 年，赵渊回到成都，在笔者的俱乐部和蓝剑足球俱乐部先后任教，为足球事业默默奉献。

2012 年 11 月，赵渊又回到成都，与老战友兰钟仪、姚明福和笔者，还有《足球》报驻成都记者站原负责人廖本强先生，在成都百花潭公园见面，忆往昔，共述思念之情。摆谈中，他激动地说：“重庆、成都这两座城市带给了我荣誉和幸福，在兰州我不知梦见多少次重庆和成都。我能有今天，要感谢重庆、成都这片沃土。”

临别时，赵渊深情地告诉我们：“老伙计呀，大家一定要好好爱护身体，十年后还是这儿见呀。”

十五、柯昌荣，不能抽烟了

柯昌荣在家排行老二，大家都叫他柯二娃。1959 年底，柯二娃入选成都队，他起动速度快，任主力边锋位置。1965 年四川第一次合队，笔者同他都分在四川青年队。1965 年四川队大调整我们又在一个队。同年在重庆参加全国联赛，对实力强大的天津队，他梅开二度，把天津队左后卫冲傻了。最后四川队以 2：1 战胜天津，柯二娃为四川父老乡亲立了一大功。

人们一直认为柯二娃的老爸是旧军官，“文化大革命”期间，军代表也另眼看他。以后落实政策，方知柯二娃父亲是起义军人。他的外祖父曾经保护过刘伯承等大人物。历史问题澄清了，老父亲没过几年好日子，带着太多的遗憾去见上帝了。

柯二娃在队上是两个要抽香烟的人之一。1970 年冬去广州参加冬训前，队上普查了一次身体，柯二娃被查出患上肝炎病，为了不影响冬训，军管会的领导居然把他患病的病情隐瞒起来，不告诉柯昌荣，弄得柯二娃既得不到休息，也得不到治疗，还要坚持训练，病情越拖越严重，直至把身体拖垮。

1970 年后，敦实强壮的柯二娃身体每况愈下，真叫一天不如一天。1972

年笔者和快 30 岁的他，我们同时被成都 69 信箱要去，他到汽车队开车，笔者到车间当钳工。那时，柯兄的身体情况不佳，厂与厂之间的比赛他也越参加越少了。为了满足球瘾，他有时站在门里当当守门员。这是谁造的孽啊？

柯二娃到车队后，工作繁忙，又没有制度的约束，尽管身体本就不好，烟却比以前抽得更凶了。因抵抗力下降，几次抽烟超量，引发肺炎或其他疾病，威胁着他的生命，住进了医院，弄得他苦不堪言。住进医院，他深刻认识到抽烟的危害。一出院，他却说烟都戒得脱，洋伞都栽得活。

柯二娃的身体，体重从 130 来斤降到 110 斤，这已经是敲响警钟了。柯兄的烟不能再抽了。抽烟能吞云吐雾，也可昏昏欲醉，抽多了是要收命的呀。

柯二娃的性格非常豪爽，有力出力、有钱出钱是他做人的准则。所以，在柯二娃周围不缺真心朋友。

柯二娃年轻时是邓丽君的忠实粉丝，除邓丽君之外的歌一律不听不唱。所以，柯二娃随便清哼几句邓丽君的歌，邓味浓郁，清纯悦耳，连连绵绵，回味久远。那年头为了听邓女士的歌，他从玩饭盒录音机听到大三洋，又从大三洋听到大三五顶级录音机。为了听出邓丽君的韵味，为了辨认乐队的层次，柯兄敢花钱，也花了不少钱。人们不禁要问这是为什么。不需问为什么，柯二娃本身就是半个音乐人。他用小提琴演奏《梁祝》，非常地道。写到这儿笔者耳旁好像又响起当年的琴声。

柯兄退休后在家享受天伦之乐。有贤惠、温柔，老来也有女人味的老伴祖甲相伴，又有乖巧、听话的儿孙相随，柯二娃的幸福日子过得有滋有味。

为了生命的健康，为了家庭的美满，为了对家庭负责，柯兄，不能再抽烟了，或一天少抽几支也好。不容易啊，来人间走一趟，既要对得起自己，也要为家人负责到底啊。

十六、许义德送十二只大龙虾

1958 年，许义德从青岛体校选拔到四川二队。1959 年他担当主力中后卫，夺得全国青年队比赛冠军。许义德基本技术扎实，比赛中头脑非常冷静，他巧打巧夺，很有巴西后卫踢球的范儿。他很难被外界影响情绪，每场比赛都能正常发挥。

在四川队期间，他支援过重庆队打保甲级比赛。在那些日日夜夜里，他的场上表现，随时都会引起山城人民的关注。

1964 年因家中母亲生病住进医院，他不辞而别由重庆回到青岛。回青岛后本打算几天后返回四川，只因家中没有多余的人手，年迈的父母亲没人照管，几次准备返回，都被家里阻拦。在忠孝的天平上，他选择了孝。他说，什么东西都可以失而复得，唯有父母只有一个。事后，许义德把家里的困难如实给老王指导讲了，得到组织上的同意，便留在了青岛。

不久他在青岛市第六中学任体育老师。在任教中他一直没有忘培养少年球员。1974 年笔者到青岛招收小球员，他培养的郑力、王垂举被选入成都部队足球队。

许义德具有水泊梁山的英雄豪气，1975 年笔者再次去青岛挑选球员，许义德抽空陪笔者到各个学校选秀，并不厌其烦陪笔者搞测试工作，一会计时、一会拉卷尺测立定跳远……虽说忙碌了十来天，一个球员没有选上，但许义德的热情帮助，他所付出的劳动笔者是记在心里的。

空余时间，许义德还陪笔者下海游泳，每当黄昏前他又陪笔者到海边观潮看海，爬天文台的小山，拣海贝，捉小螃蟹。

离开青岛那天，许义德拿了一个袋子放进笔者旅行包里，当笔者回到成都打开包一看，包里居然装的是煮熟了的十二只珍贵的大龙虾，还有十来斤花生米。许义德呀许义德，这份情笔者何时能还哦！

2012 年秋，许义德来成都。得知这消息，笔者立马去宾馆看他，并相约第二天一块去玩。哪知第二天他要去映秀地震灾区参观，然后就离开成都回青岛，笔者想感谢也没机会。

2013 年，大年初一，许义德来电话，我们相约 2014 年青岛见。

十七、跟程严生通了电话

1957 年，程严生选入成都足球队。他担任过守门员，后改踢后卫。1961 年由成都队调四川队任后卫。1974 年他先离队到成都 69 信箱工作。

1971 年中旬，一批老队员要离队，正在寻找工作，为了给这些出身不好的老队友搭一个展示才能的平台，由程严生组织，成都 69 信箱代表四川工人对吉林队比赛，他把老队友崔方、佘盛达、陈祖文、宣世昌、宋继尧、于福弟、柯昌荣、余德徽和笔者等找来。还请来了场外指导殷树柏教练。

比赛前一天，《成都晚报》刊登了比赛消息，惊动了东郊很多厂矿。69 信箱的高层人士，厂长、副厂长、军代表统统到场观战。比赛双方打得异常激烈，吉林队为荣誉而战，四川工人队为找饭碗而战。最后我们虽以 1∶2 输给对方，但球打得非带精彩，可把领导们高兴坏了。一支业余队居然敢与一支专业队抗衡，简直不可思议。这些领导哪知道场上球员，除了原四川队刚来厂不久的程严生和高建基，本厂球员只有徐主义和李孟兵，其余球员都还没有离开四川队，同样在吃运动员灶。坐在场下的教练殷指导，曾带队夺过全国青年比赛的冠军。就是这场比赛后，在程严生的周旋下，笔者和柯二娃幸运地被招进 69 信箱。

69 信箱招进笔者和柯二娃，给其他厂起了正效应作用。既然 69 信箱都敢招出身不好的柯、黄二人进厂，为什么其他厂不敢招其他人呢？不久 420 厂抢走了崔方和余盛达，102 信箱选走了宋继尧、宣世昌、殷树柏、陈祖文，253 信箱要走了于福弟，107 信箱带走了余德徽。这批出身不好的人，因球踢得还将就，一位军管会主任说："出身问题嘛，不是由他们选择的嘛，他们生在旧社会，长在红旗下，就不去追究出身问题了嘛。"就这样，这批老队员被成都各个厂瓜分了。如果，当时没有程严生相助，也就没有我们日后这段人生难忘的历史了。

1973 年，程严生也被借到成都部队到沈阳参赛。他担任防守前卫，笔者踢中后卫，与他是唇齿之间的关系。第一阶段成都部队没有丢一个球，与他补笔者的位置息息相关。对海军队，笔者盲目冲出助攻，有一个球已助攻到对方禁区内，想去拼顶头球。没想到对方断球，突然打反击，我方中卫线上只有余盛达一个人，经验丰富的余盛达，没有猛上，只能迅速回撤，等待援兵封阻。笔者尽力返回才回追到中场，只能望球兴叹。这时，只见快速回补的程严生，离带球者越来越近，已经快进禁区了，程严生果断倒地飞铲，造成对方将球带远，被余盛达抢先救出。如果，这个球程严生不及时补位，两个前锋对付余盛达很可能会丢分。

在沈阳期间，笔者因臀部擦伤感染导致患上败血症，当疾病威胁着笔者的生命时，程严生出现在病床前，他对笔者说："马蹄，说起败血症吓人，没那么害怕，我问过医生，治好的也多，运动员身体肯定丢不翻。你想想你肚子里装了多少条猪，至少几十条嘛，鸡鸭上千只，有这么多营养保到的，烧退了难关就过了。我们是从厂里借出来的，以后还得一同回厂报到……"程严生这番金玉良言至今笔者也没有忘。

程严生从厂里退休，他多次搬家，笔者不知他住在何处，曾托人找他到笔者办的俱乐部来任教，朋友回话说，程严生已患上疾病。前些日子与他通了一个电话，方知他的病情已很稳定，让笔者十分欣慰。笔者对他说，这段时间笔者正忙着装修新房，等搬完家一定去看望这位可亲可敬的老战友。

十八、不服输的雷介平

1960年，笔者在四川二队就同雷介平在一起。雷介平同笔者同年生，因他小时候头上有几根“少年白”，大家都尊称他老雷。虽同在一个队，他的技术水平、身体素质明显要优于笔者，加上一个老字，笔者格外要敬重他几分。

老雷骨子里有一种稀有物质，那就是不服输。谁比他踢球要准，谁又比他跑得要快，他都在暗中使劲超过他们。就是这股不服输的劲，使他接连超越自己，也超越了别人。记得在四川二队时，队上有一个从泸州调来的球员叫邓光和，邓的耐久力特别好。每次耐力训练，他都跑第一。但，每次耐力训练老雷总是跟在他身后，并跃跃欲试想要超越他。当时，笔者就看出，老雷在暗中使劲，超越邓光和只是迟早的事。邓光和没有在队上待几年就离队了。离队前老雷虽然没有能超越邓光和，但他拼着跟邓争前后，他的耐久力提高太多了。以后参加全国比赛，大会要统计场上的跑动距离，四川队肯定推选统计老雷。那时，队上3 000米跑，再没有谁能超越他的了。老雷之所以能练出这样好的耐力，与他当年不服输有很大关系。

比赛中老雷更是不服输，有一年在广州冬训，大会组织打一个循环比赛。四川对黑龙江是在大暴雨中进行的。雨打在脸上睁不开眼，球在泥泞的积水地上，最多能踢几米远。上半场笔者膝盖就痛得不行，中场休息，朱指导在安排下半场怎么打，老雷悄悄对笔者说：“马蹄，下半时‘水’不得哦。现在都恼火，还是要拼起来，黑龙江比我们劲大，不拼就输得惨哦。”

下半场一开始，笔者看老雷跑动多，拼得也很厉害了。他全身是泥，脸上的泥盖住了眼眶，猛看还有几分喜剧色彩。在0∶1处于下风的四川队，以老雷为首的队员都积极拼抢起来。笔者看见他们，无形中增添了几分力量，要拼大家都得拼，笔者忍着伤痛硬是拼到最后一分钟。

1974年，有一天听朱指导说，老雷想来成都部队踢球，在场的老队友无不举双手赞成。其原因有两条：一、他的加入能增加足球队前卫线上的实力；二、老雷为人诚实，又是一匹劳动马，他任劳任怨，老实做人，能为队上带来好作风。不久老雷也到了成都部队足球队，那时他已快31岁。1976年老雷退役，他到成都水电学院任教，并兼任院足球队教练。以后老雷爱人、原四川田径队运动员小秦也调来学院，夫妻二人共同为祖国的教育事业出力。

老雷退休后，每周日同老队友在一起踢球。显然，他的体能、技术发挥都强于其他人。现年近 70 岁的老雷，同样有打不垮，摧不倒的顽强精神，现在不叫不服输，而叫不服老。

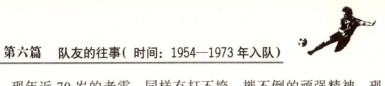

老雷育有一儿一女，都很能干，也很孝顺。儿女为他们买了一栋别墅。如今贤惠的妻子陪着他，他们在享受晚年的幸福生活。

十九、唐兴玉的昨天

1959 年，唐兴玉入选重庆队。那时，他是队上年纪最小的球员。1965 年底，四川合队后，从重庆搬迁到成都大红土地庙街 3 号，笔者同唐兴玉住一个寝室。

唐兴玉家庭出身好。用“文革”语言，叫根红苗正。年轻时，唐兴玉政治上要求进步，同时，技术训练更是精益求精。由于自身要求严格，在队上他掌握的各项技术都是比较好的。特别是他的传球，脚法多样，尤以外脚背见长。比赛中他的快速突破屡建奇功。1965 年在长沙对湖北队，他担任主力左边锋，一次快速突破，他左一晃，右一晃，把湖北队右后卫陈中余晃得站不稳脚，最后被晃红了眼，在禁区内猛铲犯规，为队上制造了一个点球。唐兴玉为队伍立下一功。

被晃昏头的湖北队队员陈中余跟笔者很要好，赛后他对笔者说：“个板板，你们队的小唐（指唐兴玉）把咛假（人家）眼都晃花了，害得咛假招来一顿骂。”可以想象，当初唐兴玉在比赛中结合球的能力，在快速运动中做假动作是多么的逼真。

1973 年后，他离开一线队伍，从此做教练工作。以后，他长期担任王凤珠的助理教练。王凤珠离任，李英璜当主教练，他又辅佐李英璜执教四川队。为了生存，同时也为四川足球的发展，唐兴玉比较会处理周围的关系，他总是能在错综复杂的乱麻中寻找到自己的位置，然后全力以赴为四川足球出谋划策。

唐兴玉还带过四川女足、西藏男足等，虽没有取得骄人的战绩，但唐兴玉同样为事业操碎了心。

唐兴玉在当运动员时，耳被球打伤过，害得他现在听力很差，人们与他交谈，说话不得不犹如打雷。这是小唐为四川足球落下的终身残疾。

前些日子笔者到唐兴玉家坐了一会，家里的装修用富丽堂皇来形容一点都不过分。去时唐兴玉爱人、原四川女子篮球队队员姚兰也在家，我们海阔天空回忆了一些往事，看着老两口身体健康，谈笑风生，不用说，就知道他们过的日子是非常幸福的。

离开唐兴玉的家，他对笔者说："关于我的情况什么都别写，别提名，以前做的一点点事，都是该做的。当前首要任务是保养好身体，这比什么都重要。"唐兴玉随时都以一个共产党员的标准要求自己。虽然年代不同了，唐兴玉的本色永远不变。

二十、忠厚的于福弟

1961 年，熊天琪指导亲自挑选于福弟入四川二队，入队后他肯定是享受重点培养的待遇。显然，小于是四川足球队未来边路上一把尖刀。那时，笔者非常羡慕小于在队上的优势。每次训练，小于真有王者归来之势。

1965 四川合队，主教练非原四川队教练员，小于的队内优势减了许多。这叫一朝天子一朝臣，一个教练有一把尺子。紧接着"文化大革命"，那一代中国人都毁在刀光剑影，唇枪舌剑之中，运动员肯定也不例外。否则，于福弟的发展真的无法斗量。

1973 年于福弟也被朱德全指导选中，加入成都部队足球队在沈阳参赛。小于担任主力右边锋。很多场球小于频频从右路突破，每当撕开边路，就会造成对方一阵混乱。战新疆部队足球队，下半场小于和宣哥的配合是出尽了风头。他不但自己立功，还给宣哥传了不少好球，否则宣哥也玩不起帽子戏法。

进入六强赛，小于不但有进攻任务，而且边路防守任务也很重。笔者踢右中卫，同小于在同边。每当对方进攻，小于回防是百分百到位。只要笔者抬头，准能看见小于在前面拼抢，他为后防分担了很多后顾之忧。

写到于福弟，笔者的腿伤还得从他说起。沈阳比赛完了，成都部队足球队对朝鲜中学生队比赛，我们队以 6∶2 领先，离终场最多还剩十来分钟。中学生队倾巢压上，本方半场只剩一个守门员。小于在左路断下球，一脚传到对方禁区弧顶附近。笔者站在中线边是等裁判吹响终场哨，然后倒地休息或呕吐（笔者刚出院，还在发低烧）。眼看一个人没有，便冲进对方禁区，正举左腿射门，就在这一瞬间，高大的守门员鱼跃扑向笔者左腿，把笔者扑倒在地，顿时笔者左膝关节肿大，像个小气球。送进医院检查，方知左膝半月板撕裂，内侧韧带严重受伤。就是这场无关紧要的比赛，基本上宣判了笔者踢球的死刑。以后也在踢，那是踢的痛苦足球。直到今日，因左腿伤拄过拐杖，坐过轮椅，前后住过三次医院，如今左腿也是一只残腿。

小于为人忠厚老实。他懂得同情弱者，也懂得知恩图报。凡带过他的教练，他都非常尊重他们。有一次他对笔者说："马蹄，我现在住在温江那边，消息闭塞，如果熊指导回来了，一定通知我一声，我要去看他老人家。"

小于退役后，到成都 253 信箱工作。由于小于心地善良，低调对人对事，工人们都很喜欢他，周围的同事都十分尊重他的人格。

小于也是近古稀之年了。小于的老伴熊妹也是一个善良人。为了支持两个儿子的工作，两老带着孙子在享天伦之乐。

二十一、"提劲"的赵利泉

1964 年四川合队，小赵同笔者合到四川青年队，1965 年又合到四川队，踢边后卫。小赵踢球很爱动脑筋，比赛中踢得勇猛顽强，并经常出现高难度技术动作。他的倒地铲球十拿九稳，很难弹有虚发。1965 年，在广州越秀山体育场战广东队，他硬是把对方边锋看得死死的。广东队两个边锋飞不起来，前锋线就等于瘫痪。那场球小赵防守范围很大，他不怕伤，来回铲断球，打得对方乱跳。终场四川队以 2：0 战胜了广东队，赵利泉功不可没。

赵利泉平常话不多，但心中有数。刚毅的性格造就了他的阳刚之气。他对人直爽，对事认真负责。凡教练安排的训练任务，他踏踏实实去完成。记得一次速度耐力训练，教练叫他头三圈带头冲刺，速度耐力本不是小赵的特长，但教练的安排他哪能不去完成。在冲刺中后面的人使劲叫，迫使他把吃奶的力气都用出来了。当跑完 3 000 米变速跑，赵利泉已经躺在地上了。

赵利泉很爱整洁，训练之余着装得体，干干净净。头发梳得亮亮的，胡子刮得光光的，很有绅士风度。"文化大革命"期间，他爱上了四川女排最靓丽、最温顺、最有女人味的小涂。这是上帝量身打造的一对，真让人羡慕。

1973 年，自从小赵离队，笔者从没见过他一次。问了几个队友，都不知道他的情况。想必小赵一定很好吧？

二十二、懂得尊重人的张承敏

1973 年，成都部队足球队在沈阳参加完比赛，军区同意成立专业足球队，除留了几个老队员外，其他球员都得重新挑选。赛后到大连，一次就挑选了十几个队员，张承敏和他哥张承举是其中两个。因他们从小在大连体校接受正规训练，17岁的张承敏进队不久就担任队上的主力前锋。他起动速度快，带球敢往前突破，并在快速突破中能果断射门。张承敏在锋线上配合意识也较强，无论他与谁配对，都能顺理成章组成一道锐利的攻击线。

张承敏球踢得好，而且很有教养。不管你官大官小，他都非常尊重对方。哪怕他面对的是一群普通的战士，他也笑眯眯同别人或聊天或唠家常。军区大院的战士，特别是碰见他的大连老乡，有空就东南西北聊得十分开心。一个夏天的傍晚，军区大院里的足球场，草坪上到处坐有乘凉的人。笔者看见张承敏和张斌坐在草地上，同几个战士坐在那儿聊天，便走了过去，也想去凑凑热闹，听听他们在聊什么。还没有等笔者走拢，只听见张承敏绘声绘色，给战士们讲在重庆两个守门员，在比赛中撞门柱受伤的过程。在场的战士个个听得聚精会神，目不转睛，非常感慨。一位战士说："看来运动员这碗饭也不好吃啊。"

"当然不好吃，连汤都不好喝。"张承敏说。为了不影响他们的兴趣，笔者听了两句，悄悄地离开了。

1975年在北京参加全军足球比赛，张承敏表现突出，被八一足球队选中，不久调八一队去了北京。他在八一队一直踢到1982年。转业后回大连，到市体委体校培养小球员。2000年又回八一队带八一青年队。

2002年笔者到北京接手新加坡华人足球队，抽时间到红山口八一体工大队去看望他和富胜。见到昔日的战友，我们同样是那么亲热。我们一起聊天，以后，张承敏执意要请笔者吃饭，只因笔者公务在身只好相约来年再吃。

这一顿饭已经等了10年了，一个远在美丽的海滨大连，一个在安详的内陆城市成都，我们何时能共进晚餐哦？如今，要享用这餐饭已经是一种奢侈了。

二十三、可爱的小张斌

1973年春，笔者带张斌和邓立军偷偷离开大连，是从水路走的。因他俩十三四岁，是大连体校的注册球员，也就是说他俩是为辽宁专业足球队培养的对象。因他俩离开大连前走漏了风声，怕惹麻烦，我们研究认为选择走水路可能会方便一些。

临走那天，朱指导、彭领队、兰钟仪坚守宾馆，不动声色，谁都没有来送我们，就连两个孩子的家长也没露面。上了船，张斌不解，悄悄地问笔者：

"黄教练，今天怎么一个人都没来送俺呢？"

"可能是为了我们安全离开大连吧。"

他想了想又问："我们以后还能回大连吗？"

"那就看你们听不听话了。"笔者有意说。

天真可爱的小张斌对邓立军说："拉倒吧，不能回就算了，到了成都我们一人去捉一只大熊猫来喂。"

"好主意，到时我带你们上大山上去捉，给小邓捉只小老虎，给小张斌捉只大熊猫。"

小邓憨憨地抢着说："我不要小老虎，我也要一只大熊猫。"

"那就去捉两只大熊猫。"两个小孩高兴得手舞足蹈。

船在海里颠簸太厉害，两个小孩吐得一塌糊涂。当他们安静地躺在床上，是笔者最轻松的时候。笔者希望这一个个大浪一直拍打到天津，免得他们起来在船上兴奋，弄不好掉进大海怎么办？虽然只有两天左右的航程，因怕两个小孩出问题，笔者思想上那根弦紧张得都快绷断了。

到了成都，小张斌早已忘掉他老爸是大连某个局的副局长了。他训练非常吃苦，而且肯动脑筋，技术水平直线向上。有一天练速度耐力，400 米跑 5 组，笔者看他累得满脸通红，便问他："张斌，能吃得消吗？"

"怎么吃不消？这不吃消了吗？"张斌无所谓地回答。

张斌眼看四川队到部队来的教练和老队员全都走光了，队上乱哄哄的，他已经没有了主心骨。正是当打之年的张斌，于 1979 年底离开了队。临走前，笔者全家陪张斌在成都耀华西餐厅吃了一顿，以此，表示对他照顾不周。席间他说："黄教，你们老队员走了好啊。不走真要把你们一个个气昏倒。谁听谁的，简直乱套了。"

张斌回大连到物资局一个公司里工作。工作期间，有球队邀他重操旧业，他都放弃了。他说，踢球是人生一个过程，早下晚下，总是要下。现在到了地方，好好干，把以前踢掉的时间抢回来。

前些日子张斌来电话，邀请笔者到大连走走看看，希望早日在大连一起好好玩上几天。

二十四、愿杨宝华早日恢复健康

1973 年，成都部队足球队在沈阳参加完全军足球比赛后，笔者跟随朱德全指导去大连市选球员，杨宝华就是那一次被选中的，那时他 17 岁，踢边后卫位置。杨宝华是一个最听话的球员，教练安排的训练，他不折不扣地去完成。有一次，练带球急转急停，10 米往返距离，一组往返 16 次，做 8 组，每组间歇只有两分钟。当练到 6 组时，好多人都自己给自己减速了，有的快练趴下了，像杨宝华一样，能保质保量练完的人屈指可数。

杨宝华对人诚恳，做事踏实。他老实憨厚，凡交给他办的事，一万个放心。他在比赛中既不怕累，也不怕伤，凡交给他的任务他尽全力去完成。对四川二队一场比赛，对方有个边锋速度特别快。笔者就派杨宝华去盯防他，杨宝华硬是把他盯得拿不住球，最后干脆换到另一边。他换杨宝华也换，最后把对方打急了，差点动起拳头来了。

1982 年，成都部队足球队解散，他回大连被安排在大连商检局工作，经过几年艰苦奋斗，在本岗位上做出显著成绩，杨宝华被提升为大连市商品检验检疫局庄河局副局长。

杨宝华到哪里都拼命工作，2006 年患上尿毒症，那时他还在坚持上班，在万不得已的情况下，他才住进医院，为了保住生命，他换了一个肾。如今，杨宝华依然坚持工作，需要住院检查时，就到北京医院住上一段时间。待病情稍有好转，又急着出院，回到工作岗位上。

杨宝华对工作的态度，感动着他身边的人。祝愿宝华年年健康，工作、生活、家庭愉快幸福。

第七篇

四川足球造就了一批人

（时间：1950—1976年入队）

人生如一条长河，运动生涯是长河中的一条支流；当运动员是人生中一个重要过程，绝不是人生的全部。要保持运动员时期的辉煌，日后的学习，忘我的奋斗是少不了的。否则，运动员的辉煌只能定格在一个时代，成为一个短时期的记忆。

四川足球是造就人才的沃土，它叫人忘记荣誉，它催人埋头去奋斗，它提炼了吃苦耐劳永远向前的精神，它告诉你吃老本必定落伍……四川足球造就了一批人，有的成为高级教练，有的当上各行各业的领导，还有的成为学者、教授……

一、外科专家龚锦源

龚锦源，医学教授，骨科专家。

1951 年，龚锦源代表西南队，在天津参加新中国成立后第一届全国足球锦标赛。那时他还是重庆大学医学院（1952 年合并到华西大学医学院）一名学生。1956 年，龚锦源大学毕业留校。1958 年借调到四川足球队，参加甲级联赛的保级比赛和 1959 年的第一届全运会。在全运会上，对上海、广东，是他射进了关键球，胜广东，平上海，四川队获第九名。由于龚锦源的突出表现，赛后被评为四川第一个足球运动健将。1962 年龚锦源回华西大学，从事教学和医务工作。龚锦源从学生时代就步入了四川足球，在他青年时期的成长过程中，四川足球留下了他辉煌的脚印。

龚锦源从事医学教育、科研做出了显著成绩，1992 年晋升医学教授、主任医生。他是华裔骨科学会会员，原中国体育科学学会、四川运动医学学会副主任委员，成都运动医学学会主任委员，是我国知名的骨科专家。2008 年第 29 届奥运会在北京召开，龚教授是我国医学界唯一一个境外火炬手，那年他已 78 岁。

龚教授思维敏捷，作风严谨，为人正直。他的科学观，是求实、创新，一次一次超越。他翻译的 1999 年美国畅销书《身体信号》，深受中老年朋友的欢迎。他发表的“肩关节颈外科的临床应用解剖”、“浮膝损伤”、“关节镜诊断膝关节滑膜血管瘤及处理”等几十篇论文，受到学术界一致好评。龚教授还参加编写了三部著作及六本专业书籍，它们是《脊柱外科手术学》、《修复重建外科学》、《老年医学》和《老年病手册》等。

2007 年，笔者找龚教授和《足球》报驻成都记者站负责人廖本强商量，让四川足球人共同来撰写《见证四川足球》。原定龚教授和马克坚任主编，预计参加写作的人有 197 人，约 120 万字。为了写好这部史料，请不同年代的运动员代表在龚教授家讨论如何撰写这部史料，讨论会开了很多次，真要落实撰写到人头时，能提笔写的人就不多了。《见证四川足球》眼看就要搁浅，在龚教授的指点和支持下，笔者鼓起勇气继续写下去。因笔者的能力和经历有限，只好把一只大象，变成一只小兔了。如今问世的《四川足球一些往事》，与龚教授的帮助和支持是分不开的。

如今，84 岁的龚教授，身体健壮，还在坐门诊，为病人解除疾苦。每周还要在足球场上参加两场健身比赛，迄今为止，是笔者见到最高年龄参加足球比赛的人。

龚教授身体非常健壮，相信他将会成为世界上参加足球比赛时间最长，年龄最高的人，未来吉尼斯纪录应由中国人龚锦源来创造。

二、西南战斗队队员曾雪麟

曾雪麟，原国家足球队主教练，1991 年任中国足协副主席。

1929 年 12 月，曾雪麟出生在泰国。他祖籍广东梅县，1949 年参军，进入第二野战军军政大学学习，随部队进军西南，步入昆明部队。1953 年在贺龙亲自关怀下，原昆明部队足球队一锅端，在重庆成立了西南战斗足球队，曾雪麟是其中一员。曾雪麟 1954 年调八一足球队，担任守门员。同年选派到匈牙利学习。回国后入选国家二队。1959 年任天津队主教练，1960 年夺全国甲级联赛冠军，1965 年获第二届全运会冠军……1983 年担任国家队主教练，1984 年夺第八届亚洲杯亚军，获中国足球史上最好成绩。

1985 年 5 月 19 日，他带队参加第 13 届世界杯预赛，在一片大好形势下，只需在北京工人体育场战平中国香港队，国家队就小组出线。由于压力太大，出主意的人太多，艄公多了打翻船，加上有些人又盲目乐观，大意失荆州，国家队最终以 1∶2 败在香港队脚下，失去小组赛资格，因而，引发轰动一时的 5·19 事件。赛后曾指导承担了一切责任，并主动辞职。

1997 年夏，四川南方足球俱乐部在成都成立，笔者任该俱乐部总教练，特聘曾雪麟、陈成达、杨秀武为俱乐部顾问。曾指导参加了成立大会，并发表了热情洋溢的讲话。他指出，中国足球的希望在少儿，塑造中国足球的希望，需要懂得如何培养少儿足球的教练员。同是一块好钢，不是人人都能炼出优质产品。他希望四川南方足球俱乐部为培养后备人才总结一套切实可行的好方法。

曾指导在成都时，应成都电视台邀请，同笔者做了一次嘉宾，共同评球、预测球赛。他从多方面解剖全兴队和国安队的实力。他说，四川全兴队正是火烧得最旺的时候，一定要注意比赛节奏，体力要分配均匀。国安队是有实力的球队，一锤子买卖是拿不下来的。所以，全兴队要有耐心。饭一口一口吃，汤也要一口一口地喝，要是着急，反而会被饭噎住，汤烫着。曾指导评球深受球迷朋友的好评。曾指导精辟的讲解，让成都球迷饱了耳福。

曾指导在成都期间，还开展了多项活动，与媒体见面、开足球讲座等。曾雪麟指导平易近人，非常谦逊，有请必到。他是一个和蔼可亲，非常被人尊重的人。

笔者到了北京，同曾指导下小饭馆，他从不让笔者破费。他说：我有钱花，金利来、银利来公司都要给我一份补助……

三、远赴河南的王德明

王德明，原河南省体育场场长。

1952 年，王德明入选西南足球队，担任守门员。1953 年，他代表西南地区到上海参加第二届全国锦标赛。1956 年，西南队过渡为四川队，王德明是其中一员。

1959 年，参加重庆教练员学习班完毕，王德明支援河南，任河南队主教练。1960 年 4 月，笔者在四川足球二队，在北京时同河南队还打过两场比赛，那时的河南队整体水平不高，赛两场他们皆输。以后在王指导的调教下，河南队得到长足的进步。1965 年后，四川队打他们也常有输赢。1980 年，王指导离队，到训练科当科长。1983 年，到河南体育场当场长。

1986 年，王德明援外到塞内加尔，负责管理塞内加尔国家体育场。凡体育场的维护、工作人员的工作、国内联赛、国际比赛都由他负责安排。同时还要进行传帮带，为塞内加尔培养人才。1988 年，王德明回国前，由于他为塞内加尔做出了卓越的贡献，塞内加尔授予他“国王骑士勋章”，并由塞内加尔总统签发证书。王德明的体育人生过得是十分精彩。

1988 年，王德明重回河南体育场任场长，1994 年底退休。

退休后的王德明和他老伴杨芝盛，打网球、旅游成了他们的主要爱好。

他们说，工作时拼命干，休息时要拼命玩，既要对得起老天，也要对得起自己。列宁说，不会休息，就不会工作。在王德明眼里，无论工作或休息都是一种精神享受。迄今为止，王德明同老伴翻过阿尔卑斯山山脉，跨过大西洋、太平洋，他们去过美国、加拿大、澳大利亚、新西兰、法国、意大利、瑞士、荷兰、日本、韩国及南美洲、非洲等二十多个国家和地区。据笔者所知，在四川乃至全国足球圈内的同行们，退休后像王德明那样去享受生活的，还没有听见第二个。

2012 年，笔者在成都见到八十余岁的王德明和他老伴，怎么看也看不出他们有八十余岁呀。我们都是古稀之年的人了，应从王德明指导身上发现一条古训："钱乃身外之物，生不带来，死不带去。"

王指导的退休生活，告诉了我们一条真理：工作时拼命干，休息时尽情玩。

王指导说得对："愿大家都把工作、休息当成一种享受人生的过程。"

四、郑永修靓丽转身

郑永修，四川省运动技术学院体操系原主任。

郑永修是原西南青年队、四川队队员，他在当运动员期间，是中国足球界跑得最快的快马（没有第二人），是四川队一把快刀。郑永修在比赛中就像一只燕，动作轻盈，起动速度极快。遗憾的是，冲进禁区面对守门员有时有些不知所措，所以射门失多进少。

1962 年，二十五六岁的他因患上肝炎病，离队从事班主任工作，人们叫他"郑班"，他的离队是中国足球事业一大损失。如果他不患病，再提高一点基本技术，射门命中率再提高一点，入选国家队毫无疑问，他是能为国家出大力的人。说句不夸张的话，或者是笔者孤陋寡闻，迄今还没见到有郑永修那样速度快的球员。

"文化大革命"后期，郑永修开始在四川体工队办公室负责。1977 年调到四川体操队，先任班主任，后任系主任，直到 1994 年退休。有人把郑永修比作一棵柳树，无论栽到哪里他都枝繁叶茂。在足球队他是尖子球员，当班主任他最懂得去温暖别人。据队员兰钟仪回忆，他母亲生病时，郑永修骑车亲自到他家问寒问暖，在那个年代这是难能可贵的事啊。至今，兰兄还常挂在嘴边。

1977 年郑永修调到四川体操队，他带动大家努力工作，队内焕然一新。1986 年，郑永修率四川技巧队代表中国队，在法国巴黎参加第六届世界杯技巧锦标赛，女子三人组勇夺金牌；1987 年在美国，四川技巧队男子四人组获三枚金牌；1990 年在德国，四川男女混合双人队又夺金牌……从 20 世纪 80 年代到 90 年代，郑永修主持工作的四川体操队伍共夺得世界比赛 17 枚金牌，银牌就更多了。郑永修的靓丽转身铸造了四川体操一段辉煌。

郑永修退休后，他的心又回到四川足球。2002 年，四川足球队 50 周年大庆，是郑永修一手操办的。那次聚会四川足球队老指导王寿先从沈阳来了，云南足协副主席杨宗骐从昆明来了，关鸿飞从澳门来了，老教练殷树柏、小王指导王凤珠也来了，领队王学集、陈湘岚也坐在主席台上，全兴队总教练李英璜、保卫科科长申廷举也到场了，就连队医洪之江也露了面。如今，这些人已与我们阴阳相隔。如果，没有郑永修那次热忱的召集，这些人哪能见面哦。郑班为四川足球人提供了一次团圆的机会，功德无量啊。

如今，郑班一头钻进网球运动，凭借他的灵敏和速度，已拿过几届老年比赛冠军。

现在的郑班，身体好，生活充实，在愉快欢度晚年。

五、诚实可信的晏秀鑫指导

晏秀鑫，四川省教育厅正处级调研员。

晏秀鑫指导是原西南青年队、四川队队员，踢边后位。晏秀鑫的防守技术和防守意识都非常好。比赛中他常常参与进攻，防守时他的抢断球技术尤为突出。特别是他在比赛中，勇猛顽强，不到裁判鸣哨，他绝不认输。晏秀鑫不仅为四川足球留下了良好的后卫技术财富，还留下了良好的战斗作风。

1958 年他退役后，亲手组建了四川自贡市足球队。他既管专业队，又抓业余少儿训练，1960 年到 1966 年间，他率队夺得四川三届少年冠军。原四川队的徐重庆、王亮、杨瑞壁、王正雁、陈仲良、朱家富都是他亲自培养的。晏秀鑫在自贡市享有很高的威望，无论他为自贡足球的贡献，或是他高贵无私的人品，或谦虚谨慎的为人，都深受自贡市人民的尊重。

1963 年，自贡队撤销，晏指导又从事业余体校工作。1971 年晏指导步入教育系统，以后一直在四川省教育厅体卫处任职。1983 年，为了推动成都市足球运动的发展，促进老年人的健康，成立了华风老年足球队，晏指导是该队创始人之一，并担任教练员工作。在他的指导下，华风队每年都要参加由中国足协组织的全国 12 支老年足球队的比赛。笔者是他手下一个兵。

随着时间的推移，欣欣向荣的华风队由二三十人，增加到近百人。人多了，训练、比赛难度就加大了。1994 年华风队在成都新都体育场，参加西南地区友好城市比赛，笔者向晏指导提议，因华风队的人太多，水平落差很大，凡大学教授争取都离开华风队，教育系统单独成立一支教授足球队。持此想法的还有成都大学的余泽东、廖本强，电子科技大学的陈秀龙，四川师范大学的张兆斌，四川大学的龚锦源、刘沛文、王正雁等教授们。经晏指导向上级反映，又经多次研究，于 1996 年 3 月由当时的四川省教委发函，在四川省政府大厅正式成立了四川教授足球队。会上徐世群副省长指出，成立教授足球队，应充分发挥四川高文化、高科技、高素质的优势，努力促进全民健身计划的实施，积极开展各项足球交流活动，走出省界，走出国门，体现中国高级知识分子的风貌，为振兴中国足球，弘扬社会主义精神文明做出贡献。

徐副省长还讲道，教授们从讲台走向绿茵，是中国高级知识分子第一支足球队，以后的路还很长，希望教授们多为社会做贡献。徐副省长的讲话，让与会者受到很大的鼓舞。

1996 年 5 月初，省政府聘请颜正、徐炜、龚锦源、晏秀鑫、张兆斌和笔者等十人为足球顾问。四川教授足球队名誉领队：徐世群、王可植。领队：颜正。副领队：徐炜、赵明、晏秀鑫、林强。教练：龚锦源、晏秀鑫。

刚成立的教授足球队有 30 余人，其中有校级领导 3 人，厅级领导 4 人，四川省人大常委 2 人……没有诚实可信的晏秀鑫，就没有这支高素质的教授队。

教授队成立不久，原四川队或其他专业队的专业球员，也从华风队分离，成立了一支四川元老队。在四川教授队中，龚锦源、晏秀鑫、卢稚霞、陈秀龙、张兆斌、刘嗣伟、王正雁和笔者均有跨华风、教授、元老三支队的参赛资格。因为，这些人既踢过专业足球队，又是教授。

多年来在晏指导手下当球员，笔者感到非常荣幸。因为，笔者可在他身上学低调做人，学废寝忘食的工作作风，以及严瑾、谦逊的品质。

六、老黄牛岑福友

岑福友，高级足球教练员。

岑福友是缅甸归国华侨，在没有当教练前，大家都叫他“老广”。提起老广，老四川球迷不会陌生吧？在西南青年队，他是主力前卫，1956 年到 1963 年他是四川队顶杆杆的不可多得的前卫队员。1965 年后一直担任四川队教练。

岑福友无论当运动员或当教练员，都是扎扎实实对待自己工作的楷模。在他嘴里从没听到一个累字、苦字，被业内人士尊称为四川足球的老黄牛。

想当年，老广在四川队踢球时，笔者还在二队学踢球，他关心小队员的成长，常抽空为笔者补技术。有一次他教笔者在活动中传接球。由于笔者太笨，踢死球还像模像样，一旦动起来就找不到南北了，不是传歪，就是传轻传重，总是踏不好立足传不到位，让岑福友跑东跑西拣球，弄得笔者十分不好意思。一旦笔者跑去拣球，他一定叫住笔者，自己不厌其烦地跑来跑去。经他多次耐心指导，笔者终于学会了传活动球的技术。从此懂得了传活动球，瞬间踏立足是关键问题。

有一次在回宿舍的路上，老广对笔者说："马蹄呀，新队员要用实力去接老队员的班，你在练别人也在提高呀，几年赶不上来，别人赶上了，这个位置就没你的戏了。所以，别人在走，你就要跑，别人在跑，你就得冲，时间是不等人的啊。"老广的金玉良言，让笔者十分尊重他。

笔者在球场上速度慢是致命的缺陷，有一次老广对笔者说："我退着跑，你正面跑，看谁跑得快。"岑福友善意的刺激，着实让笔者明白了一个道理：足球比赛要的是猛兽，不需要骆驼。谢谢老广对笔者心灵上的触动，对笔者以后提高一点速度是强大的推动力。

1963 年，笔者刚从二队上一队，一天训练完毕，老广同笔者打赌，他说："你从体育场不落地颠球回食堂的葡萄架下，颠到了我今晚不吃饭。"

从体育场的看台下颠球到体工队食堂，有 400 米左右。途中还要颠过御河桥，上有两步石梯，回到食堂还有一二十米的窄地，距离远，难度大，没把握。笔者回答说："那就试试看吧。"

最后笔者一口气从体育场看台下将球颠到了体工队的葡萄架下，一次地都没有掉。跟随看稀奇的队友们，高喊老广不准吃晚饭。岑福友说："肯定不吃饭，只吃馒头。"

老队员的刺激和激励，使笔者明白了一个道理：什么叫恨铁不成钢，什么叫激烈竞争，什么是现实中的残酷。老广在不断提醒笔者，要想吃碗顺气饭，只有拼命加动脑去练呀，否则就不会让你占着茅坑不拉屎，最后只能另谋高就。老广的关怀给笔者敲起了警钟，是一剂明目清脑的良药。

1965 年以后，岑福友辅助朱德全主教练，担任四川足球队教练，那时他已是笔者的管饭人了。他任劳任怨，队上练力量，他是搬杠铃的搬运工，队上打对抗，他是画线的场地工，队上练耐久力，他是陪跑工，队上打对抗差人，他穿上球衣摸爬滚打一点不含糊。岑指导是朱指导最得力的助手，是队员们的知心朋友，是最受尊重的老黄牛。

几十年的风风雨雨已经过去了，许许多多的鞭策和鼓舞让笔者走到如今。现在每次聚会，岑指导常讲起 1965 年在广州战湖南队的情景，笔者在球门右上角倒钩救出一个必进球。他说："这个球记忆太深刻了。迄今，还没有见过跳这么高、难度这样大的倒钩救球。"

岑师傅现在还能记住笔者的过去，是学生的荣誉，也是学生对老师的回报。

七、宣世昌创造的奇迹

宣世昌，高级足球教练员。

宣世昌是原西南足球队前卫球员，他比我们年长几岁，队上敬称他宣哥。1963 年四川队在杭州降级，回川后宣哥已无心再战了。原因是个别领导伤了他的心。在杭州他是尽心尽力为保级拼命，最后落得受批，那时他才 23 岁。按他当时的水平，在队上不数第一，也数第二。四川队前锋线上就他是个"顶杆杆"的人。宣哥 1964 年底离队，那时他才 24 岁。他的歇脚是四川队一个不可弥补的损失。1965 年，四川队参加第二届全运会，如果他一直还在踢球，四川队可能不会在小组赛中被淘汰。种菜一年有收成，踢一年球只能触到球的皮。宣哥脚下有技术，又久经打磨，怎么会轻易让他离开队呢？

退役后的宣哥担任四川二队教练。1966 年他和大家一样，投入轰轰烈烈的"文化大革命"。1973 年"文化大革命"后期，35 岁的宣哥，应成都军区足球队的邀请，借调去沈阳参加全军足球比赛。

到沈阳不久，他的右脚大脚指头发炎，红肿很厉害。上场比赛之前要先注射麻药，然后忍痛穿上又紧又硬的足球鞋，才能坚持着比赛。已经进入全军六强的成都部队足球队，关键一战是对空军队，赢了进入前四名，输了排名第五。

上场 13 分钟，宣哥两根肋骨被对方撞断（当时不知道）。终场笔者同他坐在一条矮凳上，他对笔者说："我不去洗澡了，等会把足球鞋给我带回。"

"我也不洗了，也先回去休息（笔者在发高烧）。"

当宣哥起身时，他的肋骨顶在背部。他叫道："完了，完了。"

到了医院，医生惊愕地说："两根肋骨断了，还能坚持打 77 分钟比赛，痛就不用讲了，居然没有把肺叶戳穿，这简直是奇迹。如果肺叶被戳穿，时间长了不修复，生命就难保了。"

借来的临时军人，为什么会有这么强的责任心呢？是崇高的精神境界？

是对足球事业的尊重？是做人的起码道德水准？当天，笔者因发烧，躺在床上不知宣哥伤势到底如何，问队友程严生："漏罐，宣哥在医院检查到底肋骨断了没有？"

"两根肋骨都被撞断了。"程严生回答说。当时笔者顺手把被盖拉过来，蒙住头暗暗为宣哥的献身精神流泪了。

从沈阳回成都，宣哥回他爱人家——新繁县休养。已留部队继续踢球的崔方、陈祖文、兰钟仪、余盛达和笔者前往新繁去看望这位无名英雄，并带去了部队的慰问金。那一天，当离开宣哥家，笔者在车上又偷偷地流泪了。

2001 年，宣哥奉命到四川女足当主帅，他知道这又是一个烫手的山芋，经他全面整改，调整战略战术，接手不到半年时间，参加第九届全运会，在进四分之一赛关键一役，四川女足以 1∶0 灭了实力强劲的广东队。在争夺三、四名时，又遇作风硬朗的八一女足，经九十分钟艰苦奋战，战成 1∶1 平。在点球决战中，四川队以 4∶2 获胜，夺得全运会第三名。迄今，这是四川女足最好成绩。这也是宣哥为四川足球史创造的奇迹。

2001 年 8 月，笔者应美国华盛顿州州立大学女子足球队邀请去执教，为了感激教练、队友们的帮助，笔者请龚锦源教授，殷树柏、熊天琪教练和宣世昌、岑福友、兰钟仪、马鼎凯吃饭，这次见到宣哥，他刚从全运会凯旋归来，笔者开心地笑了……

近年宣哥身体欠佳，凡四川队的兄弟，都希望这位四川足球的功臣早日恢复健康。

八、倍受尊重的徐炜

徐炜，四川省农业厅下属某公司总经理。

徐炜这个名字在国内足球圈内比较陌生，因他没有在专业足球队里效过力。笔者认识他，是在四川教授足球队，他是队里的核心领导人之一，是队里的财神菩萨。在笔者眼里，他是一位既无私又厚重的学者。

徐炜出生于 1940 年，在成都踢球人数最多的华西坝长大，从小热爱足球运动。他品学兼优，高中毕业，考入原西南师范大学中文系。大学毕业后，他当过教师，以后到省农业厅从事经营管理工作。

自从到四川省农业厅从事经营管里工作，徐炜成了地道的儒商。在百忙中他拣起从小热爱的足球运动。为了解决他下班就能踢球的问题，他在成都市最繁华地区的办公大楼的楼顶上，修建了一个五人制人造草皮足球场。每当下了班找几个同路人，在闹市中享受踢球的快乐。用徐总的话说：过瘾啦，这叫闹中取动，动中找到自我呀。

在楼顶上建游泳池，见过。在楼顶上建足球场，没有见过。而且是在成都文化宫中学这段最繁华的地带建足球场，已经是一个不大不小的奇观了。不久徐总又到成都崇州市购买了上千亩山地，他组织农民工，平山填沟，移树造林、开渠防水，建栏拦球，硬是在崎岖不平的高山上，修建了一个标准足球场。有人打趣地说，愚公移太行、王屋山，仅是为了修一条不阻碍出行的路。而徐总是平了一座山，修了一个足球场。这算是做了一件举世无双的事吧？愚公移山是寓言，徐炜平山建足球场是现实。

足球场周围绿树葱葱，高低不平的山崖上长满了野果，迄今为止，是笔者去过的最原生态的氧吧足球场。为了便于大家去那儿踢球，他精心设计了一座招待所，供大家洗澡、喝茶或吃住。当然，在那儿所吃的喝的，是“资格”的山上长出来的原生态食材。笔者时常在想，世界上还有第二个人，在深山老林修建一个正规足球场吗？除非那个人也是一个足球“疯子”。

徐炜不单是一个创造奇迹的足球人，因他的身份特殊，还是中国职业联赛的参与者。联赛中的四川全兴队，请外教、谋战略、拿主意……他既是高参又是具体执行人。他具备敏锐的观察力，果断的判断力，他是高层指挥人士，为全兴队提供原材料最关键的人物。徐炜懂足球，爱足球，是一个足球智者。

2011 年的一天，笔者在龚锦源教授家，看到一本《徐炜古文书四篇》，徐炜这个名字让笔者十分惊愕，一个个核桃大的字，有楷书、草书。他下笔精到有神，有浓郁的书卷气。唐诗、宋词跃然于纸间，个个字飘逸、秀雅、刚劲、苍润而古朴。笔者对这个足球“疯子”肃然起敬。没有想到这位足球“疯子”，不仅是一位成功的企业家，还是一位出色的书法家。

徐炜的故事笔者可能只讲了一点皮毛，相信，更精彩的故事还会有人接着去讲。

九、副教授彭万良

彭万良，广州体育学院副教授。

1958 年，彭万良入选四川足球二队，担任边后卫。彭万良起动速度快，弹跳好。1963 年，全队在体育馆内测弹跳，他夺得第一名。彭万良防守技术全面，出脚凶狠，边锋看见他，都要畏惧三分。1959 年，彭万良代表四川青年队，参加全国青年比赛夺得冠军。彭万良担任主力左后卫。

1963 年，四川队在天津参加甲级联赛，关键一场对天津队，彭万良发边线球，发在对方脚下，造成失分，被教练重罚。因一个球的失误，把彭万良决心报效四川足球的美梦一夜给击破。不久他考入成都体育学院读书。彭万良的大意失荆州，为四川足球队所有后来人敲响了警钟。

彭万良由成都体育学院毕业，正是“文化大革命”中期，他被分配到乐山体委工作。因彭万良爱人是广州乐团的小提琴手，为了照顾夫妻关系，“文化大革命”后期，彭万良调到广州体育学院任教。自任教后，彭万良如鱼得水。专业足球实践多年，脚下功夫又高人一筹，还有几年读书经历，体育理论又在掌握之中。加之万良聪慧过人，在教学过程中又能创新，学生掌握技术很快，深受大家的尊重。彭万良积极教学，又参与一些科研工作，20 世纪 80 年代末，被评为副教授。有人说，万良早年走得好啊，如果继续踢皮球，广州体院就少了一个副教授。

2001 年，彭万良从广州体育学院退休，一直生活在广州。

十、体育教授张志铁

张志铁，北京医学院体育教授。

1958 年，张志铁从北京入选四川二队。1959 年，代表四川青年队参加全国青年队比赛夺得冠军，张志铁担任主力前卫。张志铁足球技术较全面，后因膝关节受伤，于 1965 年春离队。离队后他和原重庆队守门员付荣忠在三队当过短暂教练。张昌炎、朱家富、陈仲良、王正雁、赵铁军、曾大选等，都曾是他们的队员。1965 年 10 月，张志铁回北京，到北京体育学院念书。

张志铁作风严谨，遵守纪律，作风正派，政治素质较高，在四川队期间，很受教练们的信任。1965 年，张志铁离开成都，可以称得上事业爱情双丰收。事业上夺得过冠军，是主力前卫，而且还担任过教练；爱情上他的收获更大了，他相中了四川女子篮球队高干美女小魏。小魏性格和善，对人十分真诚。以后他们成家立业，生儿育女，双双调北京工作。

1971 年，张志铁从北京体育学院毕业。分配到北京医学院（现在的北京大学医学部）体育教研室。在教学中，张志铁认真备课，采用多种手段来提高学生们的体质。因学生个体差异很大，他开动脑筋，对不同体质的学生，让他们承受不同的运动负荷，对提高学生体质收到了明显的效果。张志铁 1990 年晋升为副教授，1995 年升为正教授。一个纯粹的运动员，能攀上正教授，可以想象张志铁付出的辛劳和艰辛。

2001 年，张志铁从医学部退休，前几年心脏出了点毛病（搭了桥），现在在家休养。

张志铁身边有一个贤妻小魏，他的冷暖，都由小魏照顾。在张志铁身边还有儿孙，他是一个最幸福的人。

十一、姚明福执政期间

姚明福，重庆市运动技术学院原副主任，高级教练员，重庆市、四川省人大代表，四川足协原副主席。

1958 年，姚明福加入重庆足球队，踢边后卫。他起动速度极快，防守意识及防守技术都较全面，一直担任主力边后卫。1965 年四川合队由重庆搬迁成都，他不愿离开重庆，便留在重庆任足球教练。因当时省体委有一条规定，从 1965 年后重庆不能成立成年足球队，只能成立青年队为四川队输送人才，所以，姚明福在重庆带了三批青年队，为四川队输送了周渝生、曹鸣放、王银雷、张达明、于飞、张礼龙、辜建明等十六名球员。以后他又担任四川女足主教练。1994 年，重庆刚搞职业足球队，领导又把他抽调去带重庆第一支职业足球队，任渝海队主教练。

1983 年至 1988 年，姚明福带四川第一支女子足球队。1986 年参加全国联赛夺第二名，这是四川女足在联赛中迄今为止最好成绩。1987 年，参加第六届全运会，夺第五名。几年间姚指导向国家女足队输送了两名队员，一名集训队员，她们是温莉蓉、吕学勤和肖卫东。

姚明福工作积极，肯动脑筋，为人正直，在执教工作中做出了显著成绩，于 1987 年任重庆市运动技术学院副主任，主管训练工作。1988 年为了参加全国首届城市运动会，姚主任想出奇招，他请来了重庆籍运动员、1964 年平 100 米世界纪录者、现任国家短跑队教练陈家全，回重庆担任田径队总教练。经他一抓，重庆田径队在城运会上夺得六块金牌。所有短跑、跳远的冠军都被重庆代表团囊括。《体育报》评论；重庆山城又刮起一阵阵旋风，以李涛（国家短跑队队员）为代表的短跑新秀冉冉升起。1987、1988 年陈家全被国家体委评为优秀教练员，姚明福被评为优秀领导干部。

1987 年，姚明福被选为重庆市人大代表，1988 年又被选为四川省人大代表，他肩负人民的重托参政议政……为了推动重庆足球运动的开展，他被重庆电视台聘为嘉宾评球长达十年。外行看热闹，内行看门道。无论评世界杯、全国甲级联赛，姚指导深受球迷朋友的欢迎。

姚明福退休后，为了培养足球后备力量，他担任过重庆长松青少年足球学校副校长兼总教练。八年后被北碚区教委、体委纳入重庆北碚职业技术学校，他仍担任足球队总教练，几年间，为职业队输送男女运动员 39 人，培养大学生 100 余人。

有人说姚明福是一棵大香樟树，无论栽在哪儿都很醒目。姚指导自己却说，他是一株小草，栽在哪里都能活。是啊，野草不怕风吹雨打，也不怕烈日暴晒，更不怕野狗踩踏，一年一度秋风劲，来年满山遍野野草还是青油油。

如今的姚指导，在成都养老，每天两件事：

第一件事，老伴身体不好，在家做透析，他既担任半个医护工作者，还要做司务长，照顾老伴生活，弥补因多年工作繁忙，对家庭的照顾不足。

第二件事，因儿子姚夏办了一个少儿足球俱乐部，他常去走走看看，出出主意，组织夏令营活动等。

姚指导没有闲着。该补偿老伴的他精心细致。因操劳、焦心把他磨老了许多。为了支持儿子在天诚谢菲联当总经理，儿子的自留地——为国家培养后备力量的少儿俱乐部，老姚教练又走在前头。

笔者同明福有一件约定俗成的事，每当大家都觉得该见面了，总会邀约一起，畅谈往事、国事和家事，其乐融融，无限滋补。

十二、忠厚老实的陈秀龙

陈秀龙，电子科技大学副教授。

1960 年 3 月初，陈秀龙大学一年级调入四川排球队。刚进队笔者同他住在一个大寝室。在排球队待了近一个月，因他的手对球的感觉特别好，被足球队要来当守门员。

陈秀龙绰号叫帅克。帅克和笔者同期在四川足球二队接受训练。帅克训练很刻苦，文化程度又高，年龄又长两岁，理解技术要领比我们都强，所以他早上一队一年多。1963 年上半年他已经担任四川队主力门将了。

1965 年初，四川第一次合队，我俩都分在四川青年队。年底四川队和四川青年队合成四川队，我俩又成为队友。我们一起训练，一同参加比赛，也一同玩耍，步调非常一致。

记得有一年，那是20世纪60年代中期。四川队在广州冬训，有一天休息，帅克同笔者到爱群大厦用餐。刚下电梯，眼前餐桌上的人都盯着餐桌中央，一只猴露出头，在洞口中间嘶叫、挣扎。一人举着锤子对准光溜溜的猴头砸去，砸开猴头蘸吃猴脑，食客们正在享用猴脑时，我们差点吐了。惊吓中我俩居然找不到电梯下楼了。有人说老虎吃羊羔残忍，其实人比什么动物都残忍。

还有一次，我俩到草堂公园去玩，在藏诗屋里近在咫尺看见刘少奇、李井泉……每当想到刘少奇在"文化大革命"中被整死时，草堂中的伟人风采总会再现。

陈秀龙为人低调，对人对事忠厚老实。1973年他离队后从事守门员教练工作，原国家青年队队员、现任四川省足协党总支书记的李日新，原四川队守门员张阮铭、衡明华、贺聪都是他培养过的球员。

1975年底，陈秀龙离队到电子科技大学体育教研室任教，1994年被评为副教授。1999年，帅克退休前，被笔者聘任为四川成龙青少年足球俱乐部的守门员教练。我们共同为培养足球苗子，携手干了近五年。他培养的肖飞、肖丹、陈凯、蔡润、魏新等多个门将被选入职业队集训，只因其他原因与职业队擦肩而过。当我们每次回忆起往事，这些孩子多好的条件，多好的技术，我们又费了多少的心血，就这样白白浪费了，帅克只有一阵阵心痛。艰辛的五年，帅克与笔者的合作是愉快的，也是难以忘怀的，刻骨铭心的。

帅克现在在家休养，有时也到教授足球队去活动活动筋骨。每当思念女儿时，到美国女儿家住上两三月。

如今，让帅克最痛苦的是耳鸣。虽有当医生的老伴悉心照料，但耳边时有蝉声、流水声不停地作响，这是一种精神折磨啊。但愿有一天帅克能遇到一个神医，把他耳朵里的怪物赶走，还他年轻时的笑容。

笔者期盼这一天早一点到来。

十三、随时都念着沈一麟

沈一麟，世界体育联合会运动心理学会顾问。

沈一麟是上海人。其父沈昆南曾以中国体育代表团田径教练的身份出席第十一届奥运会。出身体育之家的他，耳濡目染，积蓄了丰富的体育知识，虽已在大学自动控制系学习，却依然念念不忘在体育事业上做出一番成就。他来到四川体育代表团，还不满20岁，便当上了新生队教练。然而，在优秀运动员扎堆的地方，沈一麟实在太年轻了。尽管才华横溢，但嘴边没有胡须，脸上没有皱纹，说起话来还少些阳刚之气。缺乏实践经验的他，不回炉是不行的。

1960年秋，沈一麟成为足球队的一员，与笔者同吃、同住、同训练、同学习，结下了深厚的友谊。他是读书的料。两年后，一麟问笔者，照这样练下去，后半生如何度过？意思是球踢不动了，又没有文化，该怎么办？他强烈意识到回校园学习的迫切性。不久，得到当教授的父亲鼎力支持，他无比兴奋地与笔者分享消息。此时，笔者才感觉到，即将失去一位推心置腹、促膝谈心、相互支持、志同道合的亲密战友。

1963年，沈一麟应试北京体育学院（现为北京体育大学），术科考试是笔者陪同前往的。工夫不负有心人，他被录取了。临行前一天晚间，人们已进入梦乡，四楼过道的窗台前还留有两个人影。笔者陪着一麟听那淅淅沥沥的秋雨声，依依惜别，给予对方最后一次的精神支持。

他恋恋不舍地说："离队之际，以往的一切历历在目，尤其是我们所遇到的艰辛，更是难以忘怀。"接着又说："你事业心强，不到万不得已，千万别放弃自己所热爱的专业，尽最大努力实现足球梦。即使失败了也无怨无悔。"

也就在那天晚上，我俩见证了梦游中的队友申廷举。

到了体院，一麟所具备的体育知识得以尽情发挥。他曾作为北京市学生代表，坐在人民大会堂举行的"纪念一二·九学生运动三十周年"大会主席台上，会前还受到当时的北京市长彭真的接见。他的学习经验在全院以专场报告推广，《体育报》以整版篇幅全文刊登。他的经历，鞭策着笔者不断向前跨越。

1986年，第13届世界杯足球赛期间，《足球》报邀请两位足球专家作专题评论，一麟是其中之一。他曾先后发表过上百篇足球技战术分析和球赛评论的文章，见诸于《人民日报》、《体育报》、《新民晚报》以及国家体委科研所的"体育科技数据"等报刊杂志，深受多方好评。他在评论巴西足球时写道："桑巴足球"可谓一门艺术，他们所掌握的技术是世界足球发展的里程碑。不论你信不信，中国足球按目前的速度发展，欲达"桑巴足球"的水平，攀登世界足球之巅，尚需半个世纪。

正值毕业，赶上"文化大革命"，哪有专业可言？"保皇派"的一麟被分配到四川渡口市（今攀枝花）的一个公司武装部工作。1974年，在笔者的推荐下，他作为中国人民解放军工程兵足球队主教练，带队参加了第二届全军运动会。赛后，被调往八一体工大队科研所任职。是金子就会闪光，是好料就能支撑一方土地。

1985 年初夏，笔者从大连到北京，专程去八一体工大队看望沈一麟。席间，他对笔者说："运动员的能量补充和消耗必须成正比。我在科研所多年，基本上有了些眉目。"

"好啊！你就跟富胜（当时的八一体工大队大队长，也曾是笔者的队友）讲呀！"

他反问："他信吗？"

笔者把一麟的话原原本本讲给富胜听，他兴奋地说："太好了！黄指导，你去做做沈老师的工作，请他到队上，协助刘指导工作……"

不久，沈一麟从科研所调到八一足球队当教练，成为主教练刘国江得力助手。每场比赛前，他都提供详尽准确的分析数据和图表，供教练组决策；还用他的秘方熬汤给运动员喝，极大地提高了队员们的体能，为该队取得优异成绩做出了贡献。1986 年，八一队五年后再次夺得全国甲级联赛冠军，《足球》报专题报道，强调科研成果促八一足球队前进，指的就是沈一麟。

三年后，沈一麟应美国的大学足球队聘请，前往发展。临行前，他来到成都，住在笔者家里。我们俩抓紧时间，仅一周时间就完成了《足球实战技术图解》一书的定稿。自 1994 年第 15 届世界杯足球赛在美国举行后，美国足协下大力推动足球运动，特别是少年儿童的足球活动在全国普遍开花。尽管如此，沈一麟始终不忘祖国足球运动的发展，几乎每年都回国实地观摩。

如今，沈一麟已入古稀之年。前些日子来电，他正准备叶落归根，欢度晚年。当然，成都是一定要来看看的，那可是足球梦升起的发源地呀！

已经约定，明年我俩到杭州，一起观赏钱塘江潮起潮落那汹涌澎湃、气势雄伟的壮观景象呢！

十四、又一个正教授刘嗣伟

刘嗣伟，四川大学教授，四川大学体育部副主任。

刘嗣伟从小在成都长大，一直在成都市体校接受黎百和指导的训练。1958 年代表成都少年队参赛。1959 年，刘嗣伟考入西南农学院。上大学二年级的刘嗣伟，1960 年被重庆足球队看上，并挑选入队，刘嗣伟从此又重操旧业。

他有雄心壮志，决心要在足球场上干出一番事业。他认真对待每一节训练课，别人练完了他加练；节假日耽误了训练，他补练。刘嗣伟珍惜分分秒秒。哪知人算不如天算。进队没两年，他的腰和胯在比赛中严重受伤，要想坚持练下去不可能了。1965 年春，刘嗣伟离队，领导安排他负责足球队的科研和裁判工作。以后又去带一批小队员，负责教练工作。就是那年底，他含泪告别了球场，选择了去重庆大学体育教研室任教。

1977 年，刘嗣伟由重庆大学调回故乡成都，步入四川最高学府——四川大学的体育教研室。到了川大，刘嗣伟忘我地工作，每一步走得都非常坚实。1982 年，他升为副教授，1994 年又升为正教授，任四川大学体育部副主任。刘嗣伟成了运动员转业到大学的标杆。嗣伟的榜样效应，影响着一批到高校的老运动员。刘嗣伟的名字，成了大家茶余饭后夸奖的主题。

刘嗣伟是一个很爱学习而又具创新精神的人。1991 年，笔者接到《国情教育大辞典》向洪主编的任务，请笔者组织人马撰写辞典中的“体育国情”。笔者首先考虑的就是刘嗣伟。当嗣伟交来撰写好的文章，让笔者十分惊讶。文字工整清晰，文笔清秀流畅，内容详实可靠。看着文稿，笔者便知道嗣伟付出的汗水和心血。

刘嗣伟是一个不嫌麻烦的人，1983 年，笔者侄女高中毕业，她中跑成绩不错，他硬是想方设法抢先把笔者侄女抢到他们学校。为此笔者十分感谢他。

刘嗣伟退休后，被四川师范大学的二级学院——成都锦城艺术学院聘请主持学院的体育教育。古稀之年的刘嗣伟，仍然活跃在教学的第一线。

当然，嗣伟没有忘记自己的主业，时间充裕，他也常到教授足球队去小试牛刀。由此可见刘教授身体健康保持之好，是一般人望尘莫及的。

十五、杨华刚与死神开了一次玩笑

杨华刚，四川省足协原副主席。

杨华刚，重庆市人，绰号叫二毛。二毛于 1957、1958 年，代表重庆少年队参赛。1958 年入选重庆市代表队，担任主力边后卫或前卫。1965 年四川合队，笔者同二毛在一个队里。

二毛在当运动员期间，酷爱吉他弹唱，手风琴也拉得很好。他非常会享受生活。那时，全国运动队都在学日本女排大松博文的训练方法和郭兴福教学法，训练量很大，每节训练课跑动距离上万米，每当训练之余，无不感到十分疲惫。傍晚时分，夜色拉下帷幕，体工队的宿舍亮起灯光，这时，二毛总是泡一杯清茶，怀抱吉他，自弹自唱。笔者本不是爱凑热闹的人，但只要传来铿锵而明亮的琴声，忍不住也要朝二毛宿舍走，在那个年月，用现代语言表述，笔者是二毛的“粉丝”。一群人，有的弹，有的唱，很是热闹。一天的疲劳，就在这乐声中得到释放。

二毛在队里一直坚持踢到1972年五运会后。以后协助王凤珠从事教练员工作，马明宇、孙博伟、李晓峰等是他执教过的队员。以后队上需要一个专职裁判，二毛是培养对象。1971底，他到广西梧州参加全国裁判员学习班。这个班被称为中国裁判员的“黄埔军校”。杨二毛从国家级裁判，吹成国际级裁判。1980年他被中国足协派到也门执教一年半。杨二毛负责也门的甲级联赛、以及国际比赛的组织和领导工作，他被称为也门足球裁判的“传道士”。

1995年他调到省足协，担任四川省裁委会主席。那时的杨二毛，裁判水平在国内也是数得着的。他连续在第四、五、六届全运会冠亚军决赛中担任巡边裁判工作。在国内、省内多次担任各赛区的长字号角色。

1996年9月26日，对二毛来说是一个非常难忘的日子，是生与死的分界线。那天晚上，四川全兴队对广东宏远队，杨华刚负责接待官员和监督裁判员。比赛顺利进行完了。他同绵阳地区裁判左钢等三人，在成都吃了晚餐。十一点半上路，由左钢向南充方向开车，第二天九点前赶到南充参加省运会足球赛，二毛是此次比赛的裁判长。杨二毛坐在车后排便于休息，第二天可以精神饱满去开展工作。

车开到离南充只有40公里处，这时是早上5点钟左右。开车的左钢也有些睡意了，本该向左转直奔南充，但他笔直向光亮的水面冲去。车冲进了一个刚抽了几天水的堰塘，塘水正好淹到车的车顶。一声闷响惊动塘边不远处一个小食店，有七八个工人在那儿用早餐，他们急忙朝塘边跑，跳进塘里，没等水全淹进车里就救出了前面的人。因二毛睡熟了，他万万没有想到已被水泡透了，污水已淹过他的头，他吸进很多污水，在奄奄一息时，工人们好不容易打开车门将他救出。这时，他只有微弱的呼吸，嘴唇也发紫了，已经处于昏迷之中。幸好这儿有个治安检查站，他们有一辆面包车。大家把他抬上车，飞速的车直奔南充地区医院进行抢救。碰巧的是，医院刚进口一台吸管机，二毛是使用这台吸管机的第一个病人。昏迷一周多的二毛终于可以比较自由地呼吸了。二毛与死神擦肩而过。

如果，他们早一天冲进水里，没救；如果，没有几个人吃早点，没救；如果，没有面包车，没救；如果，医院没有设备，肯定也没救。杨二毛真的同死神开了一次玩笑。

如今的二毛，已从四川省足协退休，身体硬朗，同家人、朋友欢享晚年。

十六、足球记者廖本强

廖本强，成都大学副教授，《足球》报驻成都记者站原负责人。

廖本强从小热爱足球运动。成都地区凡有足球场的地方，华西坝、人民公园都是他踢足球的乐园，以后跟随黎百和练球，1960 年考入重庆体育学院（1961 年重庆体院与成都体院合并），专攻足球。本强掌握较全面的足球技术，尤其是在快速突破中起脚射门，更是他的拿手好戏。他在成都大学任校队教练时，这一脚球无私奉献给了学生。1981 年，四川各大学足球水平都比较高。成都大学足球队在本强的调教下，在最后决赛中以四胜一负夺得冠军。

1990 年，本强在《四川体育报》帮助《足球风》做推广工作。策划、记者、编辑他什么工作都做。他的文章，对繁荣成都足球市场起到了推波助澜的作用；对中国足球体制改革，他摇旗呐喊。1994 年，他是广州《足球》报记者，他参与四川全兴足球队很多工作。廖本强是一个非常能吃苦，非常敬业，又非常愿意说实话的记者。所以，上至省领导、俱乐部官员，下至运动员、球迷都非常信任他，喜欢他。

1996 年 2 月，成都五牛足球俱乐部成立，廖本强既是策划人，又是参与者，主教练王凤珠就是他推荐的。1995 年意大利 AC 米兰队来成都，与四川全兴队比赛，廖本强是邀 AC 米兰牵线搭桥的中间人。大家还没有忘记 1996 年，法国方丹足球俱乐部来成都比赛，这次比赛是本强同省政府有关人士，共同策划研究实施的成果。

2007 年，笔者同本强、龚锦源教授商量，如何撰写《见证四川足球》，得到本强的积极支持，并答应四川足球职业化后的故事由他来写。后因很多原因，无法继续写下去，本强只好搁笔。如果，这本书能坚持写下去，本强在当记者时留下的资料是一座宝库。他亲身经历的，他参与策划的或听到的，都是珍贵的史料。如果，这些史料没有人支持他去整理，若干年后只能被埋藏到深深的土里。

朋友，你们看过原中国足球队领队马克坚出版的《我离中国足球最近》这本书吗？马克出这本书，策划人是廖本强。无论这本书的包装，还是文字修改，本强都付出了大量心血。原本马克想请中国足协主席袁伟民作序，最后他放弃了。马克请本强作这本书的序，是因本强比其他人更了解这本书。可见马克对本强的信任。

廖本强为人正直，对人诚恳，性格刚毅，是不为五斗米折腰的汉子。他一路走来，有坎坷，有辛酸，也有幸福和欢乐。无论遇到多大的艰辛，也无论创造了多少奇迹，本强都是淡然面对。笔者认识本强已三十多年，迄今没有见过他狂喜狂悲。本强能在事业上做出成就，与他坚韧不拔的个性分不开。

古稀之年的本强，每周都要到教授足球队去踢球健身，在同龄人中，他是跑得最快的，突破威胁最大的，看到现在的本强，你可以想象年轻时的他。

十七、刘运扬很风光

刘运扬，原成都市体育运动学校校长。

成都市体育运动学校和成都市体工队，是两块牌子一套班子。刘运扬既是学校的校长，又是党支部书记，学校始终贯彻体教结合，读训并重的宗旨。学校主要功能是培养优秀运动员，培养社会体育人才，主要培养小学体育教师；学校也为运动员解决后顾之忧，使其将来可获得一张中专文凭，对日后再就业有好处。刘运扬在这所学校当了十八年校长。

十八年间，刘运扬是成都市十二、十三届市人大代表，市人大教科文委员会委员，成都市优秀党务工作者。他领导的团队，为成都市培养了很多中小学体育教师，为来来走走的运动员解决了求生存的文凭问题。如今，这些人能求得一份稳定的工作，谁也忘不了这位可亲可敬的刘校长。

1959年，刘运扬入选成都市足球队，一直担任主力边后卫。1964年被重庆借去参赛。1965年四川合队，他因膝盖有伤没有去重庆，从此，就到市体委机关工作。以后担任社会体育处副处长，1984年调成都市体育运动学校任校长，直到2002年退休。

1963年，成都队要去武汉、广州参加一些邀请赛，顺便在广州观看罗马尼亚国奥队战广东队。成都队缺人，临时向四川队借几个队员参赛，笔者是其中一个。在武汉对湖北二队一场比赛，上场不到一刻钟，我们就连丢两球。两个球都是对方从左边突破得手的。关鸿飞指导见势不妙，连忙把踢右后卫的刘运扬换到左边卫。当刘运扬换到左边，他紧紧靠住湖北二队矮个前锋，出击猛，下脚狠，居然把矮个前锋打跑了——惹不起，躲得起。至此，左边安全多了，多亏刘运扬在那儿拼命。

1979年，笔者有幸同运扬一起参加四川省运动会。那时，笔者改打中后卫了。最后一场对重庆队争夺冠亚军，赛前刘运扬跟笔者开玩笑："马蹄，你娃是重庆人，明天千万不能起义哦。"

“简直在开玩笑，牙齿都吃黄了，不可能去做那种事。”

运扬商量着说：“我膝盖有伤，明天多补点。”

对重庆这场球，笔者踢右中卫，运扬踢右边卫，我们互相包补，没有给重庆队留下可乘之机。输的那个球，是守门员被重庆队偷袭得手。赛后，上万名观众围住重庆队的休息室，情绪激动的观众，呐喊声、砸门声，震耳欲聋，这时刘运扬对笔者说：“我们输了，观众找不到出气的，重庆队实在是冤枉。”多么正直的运扬啊！

古稀之年的刘运扬，每周都要到元老足球队同老战友们汇合，常与成都十八中女子足球队比赛，每年还要到全国各地参赛。刘运扬身体非常好，场场球踢满九十分钟。

十八、敢于挑战的张兆斌

张兆斌，四川师范大学副教授。

1960 年，张兆斌入选四川二队。1965 年四川合队，笔者同兆斌一直在一个队。他脑子清醒，技术全面，踢前卫位置，参加了国内不同级别的比赛。1973 年，兆斌离队，便在四川队从事教练工作。这一年，笔者到成都部队踢球。巧合的是，1976 年初夏，兆斌和笔者各自都要离队，我们都希望到大学任教。于是乎，我俩从省体委骑自行车去联系学校，原则上骑车超过 40 分钟，笔者就不考虑去。第一个联系的学校，是当时的地质学院，当骑车到地质学院大门已经 45 分钟了。第二所学校，是当时的四川师范学院，骑到那儿已超过一个小时。因兆斌认识该校的人，又说该校风景好，他便选择了四川师范学院。

兆斌到了川师，笔者到了西南民族学院。1978 年，我们代表成都市教育系统参加市运会，夺得冠军。1979 年，我们进入了成都体院，在大专班学习了一年。1980 年，我们又考入成都体院函授班学习了三年。函授班有 600 多名学生，兆斌考的是第一名。平均成绩接近 94 分。

1984 年，四川高教局体卫处组织撰写《大学体育》，终审交给笔者。笔者先问兆斌，又问与他同一教研室的向自力：这些质量极差的书稿能不能接？兆斌说：“能接不能接你都得接，马蹄，弄清楚哦，这是省教委给的任务。”我们三人接下这份任务，真是伤透了脑筋。收集的稿子近 70 万字，还有 1 264 幅图。出版社要求全书文字加图表控制在 40 万字以内。也就是说文字只能用 30 万字，图表控制在 900 幅左右，这就是出版社的要求。

多么大的难度呀，多出的 40 万字和近 400 幅图又如何剔除呢？一件长短不齐的大袍子，要改成一件保暖的小棉衣，笔者十分为难。那时，兆斌爱人正在医院生小孩，很多文稿、图表是兆斌在产房中审查的。经过我们三人日夜审稿，40 万字的《大学体育》基本成形。为了减少书中的错误，在出版过程中，又增加了成都科技大学的沈奇谁、沈继宏，李洁文，四川医学院的向丹雄等教授来帮助审查。

兆斌是终审主力之主力。他硬是把 1 264 幅图缩减了 400 幅。而且重组的图更连贯，图表的文字说明更准确。在兆斌努力下，《大学体育》出版了，共计 399 997 个字。同志哥呀，差 3 个字就 40 万字，精准的控制，可以想象兆斌付出的辛劳。这本书是中国第一本高校体育教科书，兆斌参与了史无前例的大业。

以后兆斌同笔者还出版了《足球》、《大中专学生体育运动、卫生手册》等多本书籍。兆斌还参与编写了《高师体育》、《运动竞赛学》等教材。一个地地道道的运动员，能参与多本书的写作，算是做了点实事吧？

张兆斌是一个敢于挑战自我的人，1992 年他被评为副教授。1994 年，四川师范大学成立了体育专科班，以后改为体育系，从那时起兆斌就担任运动训练学的教学工作。对于运动员出身的他，运动训练学是一门崭新学科。当他拿到部颁教材，发现书中内容很多脱离训练实际。虽然学科新，兆斌对训练手段是熟悉的。他从事近 20 年专业足球运动，你说什么样的训练方法他没有接触过？在教学过程中，兆斌不是教书"匠"，他边批判，边更正，听课的学生学到了原汁原味的"张氏运动训练学"。

2004 年兆斌退休，被系里返聘回校带研究生，一直带到 2012 年才真正歇下来，那时他已临近 70 岁了。

兆斌是一个最心疼老婆的人。兆斌要抽烟，老婆不喜欢他抽烟。他在家不抽，出门少抽，每次抽完烟必须反复漱口，怕回到家里老婆闻到烟味生气。他说，何必让老婆生气呢。气老了，气病了有啥好处？

如今，温柔贤惠的爱妻小丁，把兆斌照顾得十分周到。前几天，兆斌在电话里告诉笔者，每周日他准时到都工足球队去打比赛。他精力充沛，还有用不完的劲。看样子，兆斌 90 岁还能上场参赛。

十九、默默做贡献的陈铭林

陈铭林，高级足球教练员。

陈铭林是原成都体育学校学生，他的足球老师就是原四川队老队员余泽励。1961 年，陈铭林被选入成都市足球队，1965 年合并到四川青年队、四川队，我们从此待在一个队。那时，陈铭林、申廷举和笔者关系走得最近。我们事业上互相关心，相互鼓励；生活中不分你我，无话不说，我们携手走过了人生最难忘的青春岁月。

1965 年，四川队在广州冬训。一个星期天，队上放假，队员们很多都上街了。笔者同小陈约好，一块到健身房补练力量。就是那天，我们练深蹲起，居然蹲起了 145 公斤。这个深蹲纪录是笔者同小陈在一块创造的。

陈铭林是队上年纪最小的球员。他对人诚恳，作风朴实，为人低调，对事业兢兢业业。陈铭林年龄虽然最小，但，他的 100 米绝对速度 11 秒 2，是队上跑得最快的前三名。他踢边后卫，是历届教练培养的重点，都希望把这块好料打磨成一块优质钢。1970 年，正是他事业上爬上坡的时候，在一场分队比赛中，与老队员徐重庆对脚，对方膝盖顶在他左腿胫骨上，造成骨折。事业正是蒸蒸日上的陈铭林，只有强迫自己面对现实，无条件躺下休息。

伤愈后，小陈咬着牙，又坚持踢了两年，于 1973 年离队。离队后，陈铭林先到省体委训练处工作。1975 年调成都市体委群体处，品学兼优的陈铭林，又是领导培养的对象，人们都在猜测，小陈将来要走仕途的道路。

1977 年初，陈铭林回到市体校，开始当领队。没有足球内容的工作，他都没有兴趣。用他的话说："我不是当干部的料，谢谢领导们对我的一番好意。"

1977 年夏，陈铭林先到东郊体育场蹲点。上小学一二年级的马明宇、梁维明、刘斌、刘文韬、李庆等多名球员，都先后在他那儿接受培养，陈铭林为他们打了四年多技术、身体素质基础，为他们以后步入四川三队做了最扎实的基础工作。

1986 年，邹侑根又进体校，小陈又培养了他四年。1990 年，又把邹侑根送到四川队。陈铭林培养过的马明宇、邹侑根都进了国家足球一队，刘斌进过国家少年队，对一个基层教练来说，是一个了不起的成就。

2003 年 3 月，小陈做心脏搭桥手术，笔者知道这消息，已经是两个月以后的事了。他做手术时笔者正在大邑县金洞子山庄办养殖场。小陈在电话中问笔者，为什么不去看他，笔者真是不知从何去解释呀。这样好的朋友，朋友做手术，没有去关心，确实让人费解。

退休后的陈铭林，每周总要抽两个半天，到球场上同老战友们踢踢球。那时，谁也不会认为他是搭了桥的病人。有人会说：陈铭林真是不要命啦。其实，这就是足球人常说的，足球情结永不忘啊，哪怕倒下了脚还要动。

二十、总经理刘大清

刘大清，四川华西集团基建公司总经理、高级工程师。

刘大清的父亲，是四川最高学府四川大学的物理教授。刘大清从小在川大校园里长大，爱蹦爱跳的他，校园里最吸引他的，最有感情的是那块平坦而火热的足球场。用刘大清的话说，上小学时，他有几个小搭档，放了学就在球场上打小比赛，有时大学生也参加。刘大清的控带球、射门，常常让大学生们称赞有加。从那时起，刘大清就与足球结下了缘分。

刘大清是在成都重点中学九中念书。从初中到高中都是校队球员，教练就是成都体校教练黎百和。所以，从小刘大清接受的是正规足球技术训练。尽管那时刘大清各方面都不错，论足球技术他不比别人差，论个头他比别人壮，正当他跃跃欲试想去从事专业足球运动时，家里早把话摆在他前面：可以踢球，但不从事专业，好好读书，读完大学后再说。父辈之令，中规中矩的刘大清哪敢违抗。

大学毕业后，刘大清分到四川华西集团，经他勤勤恳恳工作，以后担任华西集团基建公司的总经理，再以后便承包了该公司。

刘大清一路走来干得很精彩，评了高级职称，任了老总，他还有什么不满足的呢？不说大家可能已猜着了，他想重回足球路，把以前因工作繁忙，耽误的不规律踢球时间给抢回来，现在工作轻松了，儿时的酷爱哪能这么轻易就丢了呢？

1996 年，他进入成都华风足球队，就从那时起，队上每年参加中国友好城市邀请赛、西南地区城市邀请赛，坐火车、乘飞机、参加比赛的食宿，基本上都在刘大清口袋里掏出。绝对无私的刘大清，一掏就是近 20 年，有几个人能办到哦？再说刘大清又不是独自一人，老伴孩子一家人，要坚持做一件掏腰包的事，可是不简单。在此，华风队的队友们，向大清的家属深深道一声谢。

2001 年，刘大清被选为成都华风足球俱乐部主任。华风足球俱乐部现有 120 多人，分甲、乙、丙三支队。分别在川大、西南财大、青羊区体育场训练，每周练两次，每年参加两次比赛。华风是四川最大的足球俱乐部。

2010 年，中国友好城市邀请赛在成都太平寺足球广场举行。由成都华风足球俱乐部主办，四川都工足球俱乐部协办，近 40 支队，700 多位中老年人参赛。刘大清作为组委会主任，既是俱乐部的头，又是大会主要负责人，而且还是球队的主力前锋，可以想象在那些日子里刘大清有多忙。迄今为止，据笔者所知，还没有见过一次有近40支队参赛的，以刘大清为首的领导班子创造了业余比赛的历史。

笔者曾问过刘总：你既不是从事专业足球的教练，也不是某足球协会的负责人，花这么多钱，费这么多劲，是什么力量推动你这样“亡命”去干？

刘总回答说：中国足球太不景气了，太疲软了，我热爱足球，更热爱这个民族，但我没有能力去改变足球，更不可能去为中华民族争光，我唯一能做的，就是用我的行动去感染那些从事专业足球的人，唤醒更多的人投身到足球运动中去，最终改变中国足球。虽然我的力量很微弱，毕竟在中国热爱足球的人很多，时间长了社会力量会形成一股巨大的洪流，但愿这股洪流会变成汪洋大海……

听了刘总的话，笔者一阵阵脸红，不知道其他人有什么样的感受？

二十一、张昌炎院长

张昌炎，四川运动技术学院原院长、四川省体育总会副主席、四川省足协副主席。

1964年8月，张昌炎入选四川足球二队。1970年上四川一队。上一队不久，他的左膝关节严重受伤，离队从事教练员工作，1971年7月至1977年，任四川青年足球队教练，在这期间选拔、培养、输送了刘践、蔡世民、李日新、李建国、罗晓维、张礼龙、余东风、兰庭刚、王承江、龚德云、米东洪、衡明华等一大批运动员。

从1973年起，张昌炎兼足球专职裁判工作，1981年3月，经严格考试被批准为国家级裁判员。他执法公正，国际、国内比赛他都吹过。

张昌炎曾多次参加国家体委组织的《足球裁判法》修订工作和《全国足球竞赛纪律规定》的制定，并发表了《对角线裁判法》、《关于足球裁判工作中观察问题的体会》等论文。1980年参加了国际足联讲师团沃尔顿主持的裁判员培训班，经考试获得国际足联颁发的结业证书，多次担任全国各级比赛的裁判员、裁判长。多次主持四川省一级裁判员培训、考试、审批工作。1978年受国家体委委托执笔整理当时西德足球裁判法中的100个问题的解答，经审定后下发。

1978年10月，四川省第四届运动会足球冠亚军决赛，由成都队对重庆队。

最后成都队因守门员失误，以 0：1 败下阵来，观众把矛头对准了重庆队。这场球主裁判是杨华刚，张昌炎任巡边员。比赛结束，双方队员和裁判员正在离开中圈退场时，一些观众已拥进场内，少数人尾随重庆队叫骂、吐唾沫、扔东西，事态一下扩大，场内广播努力疏导。场内外的重庆队员感到了危险。他们被围困在主席台下的器材保管室前。张昌炎看情况不妙，如果双方发生冲突，后果不堪设想。他急呼重庆队的队员们快拿起衣物集中到保管室躲避。他抱起重庆队教练兼运动员姚明福三四岁的儿子姚夏，和他们一起躲进了保管室，并指挥大家堵死两道门，把桌子倒竖起来抵住窗户。但此时少数年轻的观众看到重庆队员退避保管室，竟开始肆无忌惮向插有竖条钢筋的窗户掷砖石、沙土。后来竟向室内抛洒画线用的石灰攻击重庆队员。这时保管室已无法再呆了，张昌炎一边保护怀里的姚夏，一边喊道："大家拿起室内的旗杆、工具，我开门后同时冲出去，乘观众散开之机沿旁边的看台梯坎冲上主席台，那里有领导，有保卫人员，会保护大家，但千万不能伤人……"随后他们打开门，大家安全到达了主席台。这时，张昌炎被窗外飞来的砖块击中头部受伤，到医院缝合了八针。

事后张昌炎欣慰地说：那天没有观众和队员受伤，我又将姚夏安全交给了姚指导。

1977 年至 1983 年，张昌炎调省体委训练处工作。他边工作边学习，1980 年他考上成都体育学院函授班学习，1983 年 12 月，以优异成绩毕业。三年学习，让张昌炎收获匪浅。

1982 年，与古月、黄振淳合作出版了连环画《球王——黑珍珠贝利》。1983 年 3 月，张昌炎被任命为省体委竞赛处副处长。1987 年 4 月，被任命为四川省足球协会副主席。

1988 年 8 月，调省运动技术学院游泳系任总支书记。1991 年 6 月，张昌炎被任命为四川运动技术学院副院长，兼游泳系主任、省游泳馆馆长，主持系里的工作。1993 年，第七届全运会后，免去游泳系工作，专职干起副院长工作。1994 年，第三届体育科学学会召开，张昌炎任学会常务理事，训练科学研究会主任。1998 年 5 月 5 日，省政府任命张昌炎为四川运动技术学院院长。

1999 年 3 月，张昌炎任团长率中国跳水队，参加国际跳水大奖赛罗斯托克（德国）和莫斯科两站比赛。

2001 年 9 月，张昌炎任中国羽毛球协会副主席。2002 年 11 月，率团考察访问俄罗斯的伏尔加格勒、莫斯科、圣彼得堡等。2003 年 11 月，任中国柔道协会副主席。从 2004 年 1 月起，党组决定张昌炎全面主持四川运动技术学院工作，直到 2006 年 8 月。

张昌炎还担任第九、十届全运会四川代表团副团长，还多次带队到国外参加柔道等比赛。

2006 年 8 月调四川省体育局任 2008 年北京奥运会、2009 年第十一届全运会筹备办公室专职副主任，11 月任第十一届全国运动会四川代表团巡视组常务副组长。

2007 年 6 月，张昌炎退休，享受正厅级待遇。

张昌炎个性豁达开朗，看到昌炎会感觉在那一时空段的和谐和温暖。他对朋友非常实在，他该做什么，你不该做什么，该如何做，他会挖心掏肺提出真诚意见。张昌炎直率，在真人面前从不打哈哈。张昌炎不会乔装，真实的面纱就像隔着玻璃照镜子，一眼就看穿。张昌炎在大家的心目中是个好干部。

张昌炎退休后，闲着没事常到各个系科走走看看，这可能是一种惯性牵挂吧？实在思念女儿，夫妻俩会飞到美国女儿家玩上一段时间。昌炎的小日子过得有滋有味。

二十二、足协副主席朱家富

朱家富，四川足协原副主席。

1964 年 8 月，四川中学生三好杯赛，朱家富代表自贡市蜀光中学夺冠军，赛后朱家富、王正雁、陈仲良一起入选四川足球二队。那时全国学习郭兴福教学法，即一帮一，一对红。上级让四川一、二队队员，组合成一对红。笔者同小老弟朱家富正好结成一对。朱家富除个头矮小外，其他条件都非常不错。有一次一、二队合练，我俩练带球过人，他带球中的假动作，把笔者晃得眼花缭乱，常常找不到北。家富所掌握的技术是很全面的。

他在比赛中的意识是很多人不能比的。但是，他的身高从进队到如今，没有增加一公分，罪孽呀，罪孽。1.6 米左右的身高，在拼抢中尤其吃亏，遇到强壮的大个，一拼硬是要弹出半米开外，踢专业队就成问题了。这么好的脚下功夫，只有眼睁睁地让它摆在一边无用武之地。

“文化大革命”后期，朱家富于 1972 年离队，为了把他的脚下功夫传下去，他和周尚云、陈铭林组建了四川二队。刘践，李日新、陈代平、马东湘、罗晓维、曹敬华、张士、陈高源……都是他带过的队员。

1973 年，朱家富先到体工队办公室当秘书。以后被任命为体工队团委书记，分管团的组织建设工作。体工队是青年人集中的地方，宣传工作、发展工作，晚会工作……朱家富样样工作都做得很出色，一度省直属机关团委还想调他，只因体工队舍不得放人。20世纪80年代末，《四川体育报》复刊不久。文字功底较强的朱家富被抽调到《四川体育报》社，从事记者和编辑工作。在这期间，家富不但埋头做编辑工作，而且还发表了大量有质量的文章，为中国足球体制改革做了很多造势工作，他的每一次呐喊在社会上都会引起强烈反响。在这期间，在朱家富的帮助和支持下，造就了一批为足球做贡献的人，参加全国摄影大奖的王瑞林、作家李承鹏、足球记者廖本强和笔者等，都曾借助他开的方便之门。笔者写的“鸟笼做多大为宜”、“敢问路在何方”、“洋货也有假货”、“四川足球系统工程1—6”……都是家富悉心编辑发表的。

1995年四川省足协实体化，朱家富顺理成章到了足协，担任新闻开发部部长。四川省足管中心大小文件多数出自他手。以后又任省足协副秘书长。2003年，四川省足协改选，朱家富凭借他孜孜不倦的工作，踏踏实实的做人，又是一个非常熟悉协会工作的骨干工作人员，担当起四川省足协副主席。家富肩上的担子重了，他以任劳任怨的工作态度，为四川足球的发展做了不少工作。

2008年，朱家富退休，因工作需要又聘回协会工作，直至今日。

每当休息，家富没有忘他的老本行，常同老战友们一起踢球健身。你看比赛场上技术最好的，个头最矮的，过人最利索的，传球最隐蔽的，多半那就是朱家富。

二十三、右边锋王正雁

王正雁，四川大学副教授。

1964年，王正雁代表自贡市少年队，参加四川省中学生足球赛，被四川二队选中。王正雁到队不久，便参加轰轰烈烈的“文化大革命”。在混乱时期，王正雁没有忘记自己的本职工作，坚持训练，坚信总有一天会走出迷茫，练出来的本领会派上用场。

1965年，笔者跟王正雁还有一件往事。6月的重庆，正是酷热的时候。领导安排我们到重庆南泉一个偏僻的山区劳动，住在一个地主后代叫野娃的家里。因野娃家庭出身是地主，在我们没有去之前，十三岁的野娃守着很大一个家。我们去了几十个人，都挤在他家。笔者同王正雁挤在同一间床上睡觉。每到晚上是我们最难过的时候，因床上有很多臭虫，一躺上就被咬到天亮。王正雁很有同情心。他对笔者说："我们来了臭虫咬我们，我们没有来之前，臭虫只有咬野娃一个人，真有点惨哦。"

野娃一个人住，一个人弄饭吃，又一个人去很远的学校上学。其实，大家都看在眼里，同情在心头。一个十三岁的娃就独立生存，可以想象他会遇到多少艰辛。在我们住的那段日子里，很多人都给野娃端过饭菜，王正雁是少不了的。

劳动完毕，笔者乘车同王正雁坐在一排，这时他还惦记着野娃。他问笔者："马蹄，你说野娃能长大吗?"

"就是长大了，也是一个废品。太不公平了啊!"笔者说。

"是啊，野娃爸爸妈妈是地主，野娃是新中国成立以后生的，你说他剥削谁了？"

1972 年后，老队员陆续离队，王正雁凭借他的速度和过人突破技术，稳坐四川队右边锋主力位置，他参加了第三届全运会，为推动四川足球向前发展起到了积极作用。1974 年 8 月，四川队对成都部队足球队。比赛前我们还专门研究如何防守王正雁的快速突破。比赛中成部边后卫不灵了，接连被他突破造成后防危急。输的那个球，就是王正雁传中到中路射进的。

1976 年 6 月，王正雁离队，他到原成都工学院体育教研室任教（现四川大学体育部）。为了提高自己，于 1979 年加入大专班到成都体育学院学习一年。1980 年又考入成都体院函授班，又读了三年，并以优异成绩毕业。王正雁对教学工作非常爱钻研，于 1995 年被评为副教授。

王正雁为人正直，作风正派。他尊重师长，礼貌待人，谦虚谨慎，为人低调，深受教研室其他教师的推崇。

王正雁于 2007 年退休。退休后被四川大学一家分院聘请，任体育教研室主任，从事体育管理工作。笔者曾问他还能干多久？

他回答说："只要学校需要，能干多久就干多久。"

多么简单的回答，多么了不起的奉献精神啊。

二十四、副队长王福春

王福春，成都军区体工队副队长。

1973 年，王福春从丹东入伍，到成都部队足球队，打边后卫位置。王福春身材魁梧，凶猛善战，他参加了国内多级别的比赛。1979 年，在一场比赛中，他猛打狠拼，将膝盖拼伤，因久治不愈，于 1980 年离队。

王福春为人憨厚，言语不多，生活作风特别朴实。他离队后，在体工队后勤部当司务长。从前球场上的刀光剑影已经见不到了。如今，夜晚挑灯对着各种账目，需要细心计划，反复核算成本，对王福春来讲是一项崭新的工作。凭着他踏实的工作作风，几年间，王福春被提拔为体工队管理员。1991 年，再一次提升，王福春成了体工队副队长。

1990 年，成都部队又组队参加全军足球比赛，为了加强教练班子力量，百忙中的王福春，抽出时间担任教练工作，为队出了力。

王福春的家是成都部队足球队队员们的联络站，站长就是王福春。原成都部队队的运动员，转业分布全国各地，大连、青岛、北京、上海、天津、沈阳……到处都有。他对远方来客从不怠慢。到农家乐、上街下餐馆都是他“开偕”。王福春重友情，他的家被成部足球队的战友们称为“远方的家”。

王福春最懂感恩。他把调他入队的朱德全指导视为父亲。朱指导生病，他一定会守候在病床旁，朱指导过生日，他一定会坐在席上……如今，一有时间他常去探望朱指导，成了朱指导家的常客。

1999 年，王福春退休。2003 年，他应陕西国立足球俱乐部邀请，出任国立足球队领队。

当下，王福春在成都军区老年大学网球队接受训练，他把当运动员的拼劲，用在网球训练上。2011 年他参加四川省老年网球比赛，一举夺得水井坊杯，男子双打第三名。

前几天王福春在电话里告诉笔者，现在没事在家陪老婆，把以前耽误的时间，为老婆补起来。

王福春还要随时接待远方来成都办事的战友们。前不久，盖增君带大连少年队来成都，他们还聚了聚。

二十五、董事长张钫

张钫，四川都工机械有限公司董事长。

他是成都市人。20 世纪 50 年代初，张钫还没有上小学，看着邻居的大哥哥在院坝里踢球，张钫时不时挤进人堆里，也想去试试脚劲。其实，五六岁的他，什么也不懂，看着一堆人在抢一个球，纯属好玩。当他挤进人堆里，哪有他触球的份，一般来讲撞在地上，想哭又不敢哭是最好的收场。

上小学了，张钫便投身到足球运动之中。高年级的同学把他撞翻，爬起来再去拼抢。那时撞出鼻血、踢个伤疤是常有的事。随着年龄的增长，他撞翻别人的次数也多了起来。这时，他在想，撞翻别人算什么本事，只要劲大，哪有撞不翻的小娃。张钫便产生了强烈的求技欲。

他刚上初中就被市体校黎百和指导选中，从此黎指导手下又多了一名小将。三年后黎指导常常埋怨张钫：你这个张钫啊，别人都叫你小流星，你为什么就派不上大用场呢？在市体校只能小打小闹，永远也长不大。省队的殷指导，天天盼你长高，你为什么就不长呢？

张钫那时顶天也就 1.60 米。但在比赛中，他的突破能力可了不得。虽说他没有太多华丽的晃动，也没有太多的假动作，一拉一拨，却能干净利索地过人，让对方拉也拉不住。有一次比赛完了，一直坐在看台上观看比赛的殷指导，笑嘻嘻走到张钫面前，摸着他的头说：四川队总不能有两个赵尚洪（身高就 1.6 米左右）啊！

1962 年，张钫在郁闷中进入高中，挡他进入体工队的，是身高不足，这能怪谁？总不能把爸妈弄出来示众啊。不过他并没有死心，还曾多次到体育场去，目的是引起殷指导对他的注意，最后都以失败告终。从此，攀登足球高峰的美梦暂告一段落。

1965 年，张钫高中毕业，就被成都 102 信箱招去当学工。在这期间，他一边拼命学求生存的技术，一边代表工厂、市机械局参加市运会，省机械系统的比赛……用张钫的话说，练足球这么多年，总算派上了点用场，总算可以在球场上展现一点风采。

每当他参赛，厂里的靓妹们总要到赛场上去喝彩，用今天的语言表述，有忠实“粉丝”一大群。张钫个头虽小，但人长得帅气，气度可打 9.5 分。更重要的是张钫对人和气，非常亲近人，这时的张钫享足了明星的待遇。话又说回来，每到关键时刻，不是他突围建功，就是他助攻拔寨，漂亮的姑娘献上玫瑰，哪个敢喷痰？

20 世纪 90 年代，成都 102 信箱解体。张钫组建了四川都工机械有限公司，并任董事长。他们厂生产的塔吊机械配件，拌混凝土使用的机械等都很受全国客户的欢迎。为了创都工品牌，张钫在全厂职工大会上讲，一个企业的诚信和产品质量，是企业求生存、求发展的两大支柱，缺一必垮。请人吃饭、送回扣，那是没本事的下策，我们不做这些短命的事。

四川都工机械有限公司，年年都是都江堰市的纳税大户。张钫的名字年年都是榜上有名，优秀企业家、先进企业、可信任企业……他成为民营企业的典范，为民族工业做出了贡献。

从 1995 年起，原四川元老足球队更名为都工队。四川足球队一批老将加入了他的队伍。朱德运、刘运扬、余盛达、岑福友、宣世昌、刘孙其、于福弟、雷介平、余德徽、袁邦煜、张兆斌都在此队锻炼身体。这些球员在上个世纪都是四川足球一代精英。如今，张钫全额出资，带着老朋友到全国去以球会友。用张钫的话说，一年出十几万元钱不算什么，为老朋友搭一个健身平台，希望他们健康长寿，同时也希望把他们的足球技术代代相传，用他们的作风、人格去影响下一代，培养出更多的人，早日为中华民族争光。

如今，还差几年满 70 岁的张钫，每到周日，成都十八中肯定能见到他的身影，他带着一帮老将在陪十八中女子足球队练兵。这一陪练就是十多年，这是多么难能可贵的无私奉献啊！

张钫说，在他有生之年，一定能看见中国足球打翻身仗，因为中国人从上至下，总有一天会认识到足球运动对一个国家的重要作用，那时齐心去抓，哪有不成功的道理啊。

张钫，笔者期盼那一天早日到来。

二十六、副局长刘践

刘践，四川省体育局副局长、四川体育总会副主席。

1972 年，刘践由重庆市入选四川二队。他参加了 1975 年第三届全运会预选赛，四川队因实力不足，没能参加决赛，那时刘践还不足 20 岁，是一个年轻队员。1979 年，刘践又参加了第四届全运会，决赛获第九名，刘践担任队上副队长，出任主力前卫。刘践在队上是练得最苦的队员之一。他掌握了较全面的足球技术，体能又很优良，在比赛中头脑冷静，起到了穿针引线作用，是四川队前卫线上既能组织有效进攻，又能及时到位防守，不可多得的人才。刘践能连续参加两届全运会，与他的个人能力是分不开的。

刘践从当队员开始，在个人利益与队上利益发生冲突时，都能顾全大局，把个人利益放在集体利益之后。在参加第四届全运会决赛时，对北京队他的踝关节被扭伤，走路都有些吃力，他想下一场球教练该让他休息一下了。准备会上，刘践依然排在首发。他没有叫苦叫痛，他懂得一个道理，运动员就是养兵千日，用兵一时，这是教练对自己的信任。他强忍着疼痛，超水平完成了比赛任务。赛后，他抬高腿，看着红肿的脚，还是悄悄擦掉眼角上几颗泪珠。太刺痛了，痛得全身都在抖。

刘践受的教育，是尊师长，重友谊，并懂得同情弱者，知恩图报。他对工作勤勤恳恳，十分有责任心。他常说："无论做什么工作，都不能忘从小光着脚踢球的日子，要珍惜每一份工作。"

1983 年，刘践因病离开球队，他先到省体委机关办公室工作。他踏实的工作态度让机关领导进一步认识了他。有人曾说，是杨柳插在哪儿都能活，刘践实践了这一说法。1985 年，刘践任四川水上运动学校副校长，负责新津水校筹建工作，通过大家共同努力，几年间水校变样了。各项成绩也提高了。1990 年他调四川省体委科研所任党支部书记兼副所长；1995 年，又调回体委，任训练处处长。在这期间，四川省参加全运会取得了较好成绩，圆满完成省委、省政府下达的全运会的体育目标和任务。1998 年，刘践被提拔为四川省体委副主任（现任四川省体育局副局长）。

在足球进入市场化改革的 20 年间，四川足球有过兴衰。特别从 1989 年后，四川足球每况愈下，全川球迷都忧心忡忡。笔者曾问过刘践，你觉得四川足球怎么才能发展起来？

刘践说，针对中国足球目前的问题，中央非常重视中国足球的发展，相信四川足球的大格局会很快得到一些改善的。目前，四川省已被国家列入九个省市足球进校园的试点省市。成都市还被列入全国五个足球重点开展城市，并得到重点政策和资金扶持。

他接着说，我们现在关键是要把青少年足球发展平台搭建起来，发挥足球运动在青少年学生中的独特魅力和综合教育功能。在踢球过程中，应让青少年得到全面发展。要做到练球有人，踢球要超人。当然也不能只重视运动成绩，而淡化了通过参加足球运动达到的教育功能。要达到这个目标，我想应当采取以下措施：

要与教育部门密切合作，大力推动校园足球的开展。

要通过改革完善青少年的竞赛体系，加强足球后备人才培养，全面持久完善校园足球联赛制度等。

要转变观念，加大政策力度，加大资金投入。完善踢球的基本设施，没有球场，一切都是空谈。

《星光大道》是老百姓的舞台。刘践认为校园足球也应当搞《星光足球》，让更多交不起训练费的穷孩子踢球。学校是孩子们踢球的摇篮，是培养准球星的沃土。在普及的基础上，重视提高，核心是要出世界级球星。

刘践说，如果四川青少年足球平台搭建起来，像我们小时候一样，班有班队，校有校队，区有区队，每天操场上到处看到踢球的人，每个孩子都有机会参与，这是我们体育工作者义不容辞的责任和心愿。愿中国足球早日实现足球强国梦，愿四川足球再次“雄起”。

刘践说得好啊，愿中国早曰实现足球强国梦，这需要千千万万人共同去努力。相信这一天一定会到来。

二十七、主任蔡世民

蔡世民，四川运动技术学院副院长、四川足球运动管理中心主任。

1974 年，蔡世民入选四川足球二队，担任边后卫。1963 年，四川队在杭州降级，紧接着就是“文化大革命”，在这期间，四川队一直在乙级队中徘徊，几次翻身都未成功。几年后，蔡世民这批球员成长起来，1978 年四川足球队重返甲级队，蔡世民作为队上的主力球员，独当一面，功不可没。1979 年，蔡世民参加了第四届全运会。1983 年，蔡世民又参加了第五届全运会，并夺第五名，这是四川足球队参加全运会的最好成绩。蔡世民是这个队的主力成员之一，他付出的辛苦，他为四川足球流的汗，受的伤，流的血，历史记载着。

1983 年，参加完五运会后。蔡世民离队。他意识到自小到球队，读书很少，学业被荒废。将来无论干什么工作，都离不开文化。他先到成都体育学院专科补习班学习了一年，然后又读了两年教练员班。1986 年，他先到四川省体工队人事处当干事，由于他踏实而努力地工作，以后被提拔为人事处副处长、处长。1996 年，四川足管中心成立，蔡世民是第一任中心党总支书记。后在组织部门安排下，于 1998 年调四川运动技术学院重竞技系任党总支书记。在他任职期间，同重竞技系原班人马，带队参加了第八届全运会，举重、武术、拳击、柔道各项比赛成绩都有所提升。

2001 年，蔡世民提升为四川运动技术学院副院长，兼拳跆中心主任。自 2006 年，四川冠城退出甲级联赛，四川足球已濒临崩溃，四川籍球员所剩无几。仅有两个，姚夏去了青岛，投奔恩师李章洙，而邹侑根远走他乡，去了福建。四川足球的衰败引起了上面的重视。2010 年，蔡世民又被调回四川足管中心兼任一把手。

蔡主任是运动技术学院副院长，分管学院三大球的工作。察看训练，监督比赛，一年四季好多时间都在天上飞来飞去。百忙中，如何发展四川足球，蔡主任没有忘记，他认为发展四川足球，省足管中心具有责无旁贷的责任。在当前形势下，更应当适应中国足球的发展趋势，在四川首先应当在全川抓好“母鸡”的培训工作。即，狠抓高质量少儿足球教练的培养。这是为将来发展四川足球的关键，有了“好母鸡”才不会误人子弟。蔡主任设想，在抓“母鸡”培训过程中，还要选用一批责任心强，专业技术好的足球教练深入到小学，乃至幼儿园去作先期辅导，培养小朋友们对足球的兴趣，进而热爱足球运动，让他们慢慢自觉参与到足球运动中去。这样既达到全民健身的目的，又在广播种精选收中去筛选一批批有前途的足球苗子。足球运动在世界运动范围内，是职业化程度最高的运动项目之一。参与人数最多，影响范围最广。它不但具备强身健体，培养集体主义，催人勇进的强大健身、健脑功能。还具有培养强烈的民族凝聚力、民族荣誉感、民族自豪感的社会功能。在国外，早已把踢足球、看足球，当成一种精神生活，当成一种生活必需品，我们不赶能行吗？总之，省足管中心应当在全省内，想更多的方法去培养新一代优秀球员，恢复四川足球在全国的地位，不让球迷对我们从事专业足球的人失望。

蔡主任饱含深情地说：我希望省足协，将来在全省普及校园足球，像央视办“青歌赛”一样普及，水平一样高。不搞一刀切，在各个年龄段，在普及的基础上，去发现、筛选、打造精品。让四川足球人才一年接一年。既能很好完成上级交给的全运会任务，又能建立一支长胜不衰的四川足球队。

2013 年 7 月，刚刚赛完的第十二届全运会，四川 U18 岁、U20 岁两支男子足球队在强手如林，全力厮杀中，均进入全国前八名决赛，这是四川足球史上的辉煌。笔者希望四川队在决赛中为四川人民夺得更大的荣光。

二十八、党总支书记李日新

李日新，四川足管中心党总支书记、四川省足协副主席。

1971 年，李日新在青训队接受训练，1972 年，进入四川二队。李日新自身条件好，1.86 米的身高，修长的身材，找不到几两肥肉，每一块精瘦肉都是产生强大爆发力的原动力。加上他训练刻苦，又肯动脑筋，为人又憨厚，对人和言悦色，与队友、教练和睦相处，球艺进步神速，1975 年、1979 年、1983 年，他连续参加了三届全运会，并担任四川队主力门将，是四川足球史上少有的“全运会三朝元老”。

1975 年，李日新入选国家青年队，马克坚既是这支队的教练，又是这支队的领队。

1983 年，在五运会决赛拼搏中，李日新大显神通。第一场，对拥有左树声、陈金刚等，夺冠军呼声很高的天津队，四川队以 1：0 轻取；对北京队，是四川与北京争夺前六名的权利，结果四川队以 2：1 获胜；对实力强劲的辽宁队，是四川与辽宁争夺 5、6 名的一场血战，结果四川队以 2：0 拿下。这三场关键球，李日新打疯了，他冷静面对，果断出击抢断传中球，一次次救出必进球，足球场这个大舞台，李日新成了“资格”的主角。由此，大大鼓舞了全队的士气。全队上下团结一致，劲往一处使，进入全国前六名。赛后有人说，李日新的拼命，他突出的表现，为四川足球队夺得全运会史上最佳战绩立下了头功。

值得一提的是，四川足球队从 1981 年至 1984 年参加全国甲级联赛，打了近 20 场平球，最后以点球决定胜负，四川队只输给辽宁队一场，其他场次都被李日新救活。著名守门员李松海在对全国守门员授课时，讲到李日新守点球的成功秘诀：“头脑冷静排杂念、判断准确反应快、果断出击技术优、一气呵成见效果。”李日新扑点球进了守门员教材，这是四川足球史的光荣。

1985 年，李日新离队。他先在四川二队做守门员教练工作。秦勇、何大旗就是他培养过的球员。当时队上还有马明宇，孙博伟，魏群等。1995 年，李日新到四川省足管中心工作，连续多年参与职业足球联赛的组织和竞赛工作。成都被中国足协评为金牌球市，李日新没少出主意，流汗水。想当初看台上观众对足球的热情，观众如痴如醉的疯狂，那是四川足球最为辉煌的历史。李日新是制造这段历史的参与者。

李日新还作为中国足协代表团成员，为四川申办了亚洲杯足球赛和世界杯女足赛，并被中国足协任命为裁委会常委。李日新为繁荣四川足球做出了贡献。

李日新着力抓四川青少年足球训练及竞赛工作，谭望嵩，刘宇一批新秀就是那时冒出来的，就在那前后几年时间里，四川向各级国家队输送近十名球员。正当四川足球处于一个新的交换时期，由于四川冠城队与大连实德队有关联关系被中国足协取缔，使这批队员只能远赴他乡去踢球了。

李日新在足管中心十几年中，先后带队参加了第八、九、十、十一等四届全运会，男足夺过第六名、女足夺过第三名，并向国家队输送了多名球员。

李日新热爱足球，他尊重所有从事足球运动的前辈和基层教练。成都华风老年足球队，每年春节都要团年，以此庆祝全队一年来的欢乐足球时光。凡邀请省足协官员参加共庆，每次都有李日新出席并讲话，同老球员欢聚一堂。在老球员眼里，他对人没有当官的架子，和蔼可亲，低调做人。要问华风队的老头们，你最喜欢的足协官员是哪一个，大家会异口同声地说——李日新。

笔者有的队员已在四川一些基层当教练员，他们不止一次对笔者说，省足协的李日新是个好人。他非常尊重我们。他懂足球，是足球专家，但愿他常到基层来指导我们训练。

李日新最懂感恩，2008年秋，原四川队门将、中国足协技术部主任马克坚忽然病故。得知这一噩耗，李日新代表四川省体育局、四川省足协和老战友赴北京参加马克坚追悼会，并送到八宝山公墓，了却一个学生的心愿。年底马克的夫人蔡殊明来成都，李日新知道此事，一定要宴请马指导夫人。席间他对蔡殊明说，马指导是我一生中的好教练，他不但传给我守门技术，还教会我谦虚谨慎做人，我这一辈子都感谢马指导。以后蔡殊明见谁都夸李日新。她说，没有想到小李这么记情啊，几十年前的事了啊！况且马克已不在人世了，小李这样做难能可贵呀，现在让我更怀念我的老伴马克了。

其实，李日新是一个事业心很强的人。笔者曾问他，当下，足管中心主任也是足球专家，对日后发展四川足球有何打算？他说，现在当头任务，首先要抓好第十二届全运会男女四支队的组队工作。然后是督促训练，力争打出水平，争取打个好成绩（男子两个队已经进入全国前八名决赛）。

李日新接着说：我也没几年就要退休了，我希望在退休之前，争取把四川足球青少年训练体系抓起来。我设想，应以成都、自贡、攀枝花、德阳……的校园足球为中心。依靠当地体委和体育教师，共同去总结开展校园足球的经验。当然，应当由省足协组织培训青少年教练员，让这些学校带动四川，把学校足球开展起来。

李日新说，培养足球运动员，是有规律可循的，没有十四五年作为一个周期，是培养不出优秀球员的。并且，在开展校园足球时，应尽力为交不起训练费的穷孩子开绿灯。因为踢球不是打高尔夫球，打网球，那是有钱人的运动。踢球更多是穷孩子的运动，就像央视《非常6加1》、《星光大道》，那是老百姓的舞台。另外，还应当把培养四川青少年足球教练员的工作，纳入到议事日程中，年复一年，狠抓四川的校园足球，十年、二十年，我们共同努力，应对四川足球的未来充满信心，但愿能给四川人民一份满意答卷。同时，也为自己搞一辈子足球打上一个较圆满的句号。

二十九、成都足协主席辜建明

辜建明，四川足协副主席、成都市足管中心主任、成都市足协主席。

1977年，四川队一批老队员陆续离队，为了补齐四川队，省体委决定，将四川青年队和重庆青年队合并到四川队。辜建明随重庆青年队加入四川队，踢前卫位置。辜建明技术全面，头脑清楚，他参加了1979年、1983年第四、第五两届全运会，为四川足球做出了贡献。

五运会后他离队去了成都市体委。1985 年，成都市体委组建了一支青年队，辜建明任主教练。原全兴队队员彭晓方、李庆、马明宇、徐建业就是他操练过的队员。1991 年，辜指导带队参加全国第二届城市运动会，夺得男子足球比赛第三名的好成绩。

1992 年，成都市足协体制改革，辜建明任秘书长。1997 年，市足协换届，辜建明任足管中心主任兼秘书长。从事足球管理工作后，他努力探索青少儿足球的发展，大胆创新，锐意改革，成都市已成为中国足球发展的试点城市；全国足球改革的重点城市；全国青少年校园足球的布点城市等。2007 年，成都加入了亚足联推动亚洲足球发展战略计划——中国展望城市。成都市足协，2009、2011、2012 年连续三年，被评为全国开展校园足球的先进单位。

成都市足协是自收自支的事业单位，办起事来难上加难。辜建明认识到，只有改革创新才有出路。因此，他带领大家通过市场运作，积极引进社会资金，加强体育设施的建设。1998 年，就修建了成都足球广场；2009 年，利用亚足联提供的资金，修建了健身、休闲为一体的成都足球公园；2010 年，在市体育局的支持下，通过市场化运作，收购了价值上亿元的原成都五牛温江训练基地。

在工作中，辜建明始终保持干一行就爱一行、钻一行的不服输的精神。他以勤勤恳恳、兢兢业业的工作作风，为成都市足协的发展做出了贡献。足协由最初的三人，筹资一万元，发展到几十人，年收入近 8 位数。2006 年，由辜建明牵头，并负责引进英国谢菲联足球俱乐部落户成都；在这些年里，成都市足协还承办了世界杯、亚洲杯等分区的重大国际比赛；为了推动全民踢足球，他提出“大力扶持区县足球机构的建设，充分利用社会体育资源共建全民足球健身”的思路。从 2007 年开始，成都市甲、乙级业余联赛战得如火如荼。

成都足球事业能持续发展，关键在于成都足协制定了培养人才的战略计划。原四川女子乒乓球队队员移民法国，连续 8 年夺欧洲乒乓球锦标赛冠军，现法国美体斯文体交流公司总经理王晓明率法国巴黎“红星九三”足球俱乐部四人来成都进行考察，由副市长王忠康宴请法国客人。成都市足协与法国“红星九三”达成一致，以后“红星九三”转让给法国梅斯足球俱乐部，合作模式被称为“梅斯模式”。成都市政府为这次合作提供了实质性支持，拨款为外籍教练在清水河买了房配了车。每月生活补助 3 000 ~ 4 000 元（工资由法方负责）。同时为美体斯公司解决两间营业房和一辆车。利益分配成都市足协占 20%。通过这一模式，有效促进了成都市青少年足球人才的涌现，足球水平大幅度提高。十年间，成都市足协向国外派出青少年培训球员、教练员及管理人员等，共计 129 人次。先后为各级别国家队输送 28 名队员。还有的球员在国内外踢职业队比赛，活跃在各赛场上。成都市足协还组队参加过第六届、第七届全国城市运动会足球赛，分别获得第三、第五名的较好成绩。

随着成都市城市建设目标的确立，成都市足协的“梅斯模式”正发挥更大的作用，成都与法国梅斯市的旅游业、酒店业、餐饮业、电视业。都有较深度合作。

辜建明从 1992 年任成都市足协秘书长，21 年间，他既是中国足球体制改革的见证者，又是参与者。为了加强校园足球的开展，他还专程带着十所学校的校长，到日本去学习发展青少年足球的精髓。

2013 年，成都市足协组建 U18 青年队参加第十二届全运会，在顽强拼杀后，闯进全国前八名，完成了预定目标。辜建明领导的团队，又为四川足球做出了贡献。

三十、副主任任小力

任小力，成都市足管中心常务副主任，党支部书记。

1976 年 3 月，任小力被选入四川足球二队，担任守门员。他参加了 1979 年、1983 年两届全运会。第五届全运会后，他调到成都市体委，在体工队任守门员教练。1992 年底，他又调到成都市足球协会任副秘书长。1998 年 3 月，又调到刚组建不久的成都市足球管理中心，任常务副主任，兼秘书长，党支部书记。

足管中心是国家的“断粮单位”，他们从一穷二白开始，找米下锅的日子是最考验人的。说的是自收自支，这个自收到哪里去收，手无寸铁的任小力他们遇到了人生第一道难题。运动员出身的他们，夸张一点说，从前的日子是衣来伸手，饭来张口，无论到哪里有人接有人送，从不要自己操心。如今，为了解决生存问题，他们卖过盒饭，对外搞过复印……就为挣一点小钱，去实现未来的足球梦。在那最艰苦的日子，任小力离辜建明最近，最贴，他无怨无悔，一直向前走。就是头上碰出血，他也绝不回头。用他的话说，不过穷日子，哪有富日子。创业肯定难，在创业中去寻找人生，去证明自己，好多人还捞不到这个机会。这就是任小力对残酷现实的回答。多么乐观、多么大度、多么豪迈的任小力呀。

任小力做人、做事，对上、对下都十分低调。这么多年，没有听见过他的豪言壮语，也没有看见过他开怀大笑，开肚大饮。无论他做了好多大事、好事，他总是用蚊子般的声音，用最简约的过程告诉你，都是某某人做的，某某人参与的，好像这些事与他任小力无关。

这种美德笔者在电影、小说中看见过。如今，为了迎接十二届全运会，小力每天都要从成都往返 70 来公里的温江训练基地，他督促训练，必要时还要上场亲自训练守门员，做一个名副其实的老守门员教练。当下，很多人都在到处寻找无名英雄。其实，就在笔者身边就有不争功，不为名、不为利，不声不响悄悄做人的任小力。他就是笔者心目中的真英雄。

任小力对人诚实，对工作任劳任怨，无论做什么总想做到极致。所以，任小力在辜建明眼里，既是难兄难弟，又是最可靠的队友。这样的队友会携手终生。

如今的成都足球管理中心，应该说是不缺钱了吧。但与任小力接触，在笔者印象中，无论是哪一笔财富，精神的、物质的他都说。“没有中心所有兄弟姐妹们共同去打拼，去努力创造，不会有今天的管理中心”。他轻描淡写地说，好像又与任小力不沾边。

任小力作为成都足管中心的二把手，他在关键决策时做了些什么，他在工作中流了多少汗，伤了多少神，足管中心的帅哥靓妹都看在眼里，刻在心上。

三十一、少帅余东风

余东风，国家级教练员。

1975 年，15 岁的余东风，代表重庆体校，参加四川省体校足球比赛，夺得冠军。他的教練姚明福说：东风从小就很有灵气，起动速度很快，将来是四川足球队前锋线上一匹快馬。余东风从小已经显现出他的足球才华。

1975 年，他入选四川足球少年队，代表四川参加第三届全运会的少年组比赛，获第五名。赛后入选四川青年队。1979 年、1983 年、1987 年，东风代表四川参加了第四、第五、第六届全运会。在四川队里，能连续参加三届全运会的人太少了，这充分证明了东风的实力。在这期间，他还参加了国内历届联赛和杯赛。在第五届全运会中，与实力强大的辽宁队争夺五、六名，是余东风和王承江各射进一球，将辽老大掀翻，东风为四川足球立下了功劳。

1988 年至 1992 年，余东风分别担任王凤珠、李英璜的助理教练。

1994 年，中国职业足球联赛开始，余东风是四川全兴队第一任主教练。在 1994 年至 1997 年间，余东风带领的四川全兴足球队，打出了四川麻辣烫的川味，被誉为从天府之国刮来的黄色风暴。余东风坚持小、快、灵打法，队伍场场球打得虎虎生威。1994 年，全兴打了 22 场比赛，胜多负少，晋升甲级联赛第六名。在余东风执教的年月，四川全兴队先后出现过“三疯狂”。即，球员疯狂、球迷疯狂、球票疯狂。那时的运动员，一上场就像个个注射了鸡血一样，跑不死，打不垮。球迷请球员吃饭要排队。那时候的球迷，坐火车，包飞机，画花脸，扛大旗，敲锣打鼓转战南北为全兴队加油。街头巷尾，讲的就是全兴队。谁要是认识魏群、马儿、姚哥谁就像高人一等。那时的球票是一票难求。一张几十元的票，几倍几倍地翻。一张全年套票，可卖近 3 000 元。3 000 元是什么概念哦，一家人一年的生活费，一个人一年的中等收入。

少帅余东风，更不用摆了。哪怕是他打个哈欠，绝对是有文章可做的。余东风的哈欠，某个化学成分含量是多少，一个哈欠能减少多少疲劳……都是记者炒作的内容。记者写得津津有味，球迷看得如痴如醉。余东风一个哈欠可以刮起不大不小的哈欠风。说的虽是笑话，可见东风在那个特殊年代的特殊地位。硬是叫风光哦，是四川任何教练都没有享受过的殊荣。那时余东风才 33 岁。

1995 年，由于战绩不佳，主场输上海申花，余东风招来观众喊“下课”的喊声，这是东风第一次遇到的重挫。四川全兴队在生死攸关的关头，从省政府，到普通球迷，大家都拧成一股绳。省长亲自来为球员加油，球迷奉献出一片爱心。在命悬一线的关键时刻，是猎豹姚夏果断射门，获得第一球，大长了全队士气，最后以 3∶2 击败辽宁队，全兴保级成功。东风虚惊一场。但，这为日后的东风敲响了警钟。

1997 年，省政府提出全兴队冲前六的任务。最后一场以 1∶1 平广州队，让广州队成功保级，全兴队“心太软”退居第七。赛后余东风发表告别演说：我即将离开全兴队，今后再也听不见喊余东风下课的声音了，那时，心里肯定会感到空荡荡的。离队后我出国学习，学习有成还是要回报四川足球的。

1998 年，余东风赴德国学习。经专业培训，拿到合格证书。以后余东风还执教过四川绵阳丰谷队、成都五牛队、重庆力帆队等，担任主教练。2006 年，任新四川足球队总经理、总教练。

2009 年，东风考上校园足球讲师，职业级教练员。

2011 年至今，余东风在四川省足协，担任校园足球办公室主任，组织校园足球的开展。

余东风实现了“学习有成还是要回报四川足球”的诺言。今天，他以一个老教练的身份，正在为四川足球的崛起贡献余热。

东风，加油。笔者为你雄起。

三十二、部长高建基

高建基，成都航天通讯设备有限责任公司机加工事业部部长。

1970 年，16 岁的高建基入选四川青少年集训队。参加成都地区集训的还有陈代平、陈荣生、陈高源等。教练是四川足球队老队员宣世昌。两个月集训后，挑选了高建基、陈代平、陈高源三人，参加四川省更大范围内的选拔。1971 年，参加集训的小球员还有文良庆、伍玉洲、廖世杰、马东湘、李日新以及后面来的秦子辉等。这次集训，主管教练是殷树柏指导和球员宋继尧。这次大范围内选拔优秀小球员，是“文化大革命”迄今的第一次。

经近半年集训，最后将陈代平、陈荣生、陈高源、文良庆、伍玉洲、廖世杰、马东湘、李日新选拔入队。高建基和秦子辉，因家庭出身问题被阻拦在足球队之外。论当时条件，高建基、秦子辉是比较好的，就因“文化大革命”中人为制造的莫须有罪名，把两条足球好汉扼杀。无奈之下，高建基本可到市体委足校当见习教练，最后与家长商量，进了他父亲那个工厂——成都 69 信箱当工人，秦子辉去了西南师范大学体育系求学。

人世间的事，真是不巧不成书。1971 年秋，笔者离队也到 69 信箱当工人，和高建基同学钳工，并且是面对面在同一个钳台。老少徒弟同在一个食堂排队等饭吃，又同时被借出去代表成都市、军工系统参加全国分区赛、四川省运动会、成都市运动会，更有意思的是，两人又并肩担任队上的左、右主力中后卫。比赛中，他上我退，我上他补，两人配合非常默契。高建基同笔者在工厂学技术，在赛场上摸爬滚打流汗流血，同争荣誉，笔者同小高是最“资格”的难兄难弟。我们都是天命论者，这是命运的安排，即缘分。

高建基是一个非常诚实低调的人。为人直率坦荡，从不去斤斤计较个人得失。工作中他如饥似渴地学习，他爱动脑筋，可以举一反三，他的创新常获师傅的好评。操作时，面对一堆堆铁，一桶桶油，他能吃大苦，是一个最具责任心的人。在高建基周围，最不缺是真心实意的朋友。

1973 年初，笔者离开工厂到部队，说老实话，离开高建基是依依不舍的。那时，高建基太年轻，依然留在厂里。从此，他懂得了一个真理，要改变自己的命运，靠天靠地不如真真实实靠自己。他更是拼命钻研技术，车、钳、铇、铣样样技术都精通。69 信箱解体后，他便到了航天通讯设备公司，担任机加工部的一把手，厂房比足球场还大，管几百号人的吃饭问题。

天干饿不死手艺人。高建基没能实现足球梦，他却实现了航天梦。他说："我没有把球踢上天，也没能踢到地球的边缘，现在天上飞的，炮口射出的、地下爆的，有我亲手制造的零部件。倘若有人要来同中国较量，我造的那些家伙决不仅是射进球门的威力。"

高建基成功了，他是足球圈内地地道道的航天人。笔者为有这样一个难兄难弟感到自豪而骄傲。

三十三、教授秦子辉

秦子辉，西南大学体育学院球类系主任，体育教授。

1971 年，秦子辉参加四川足球集训队，1972 年，代表四川参加了全国少年比赛。他的主教练殷树柏常把秦子辉这个名字挂在嘴上：这孩子机灵呀，这孩子学技术有悟性呀……1973 年，怀揣一个足球梦的秦子辉，正准备上一队，但政审时，他同队友高建基一样，因他的爷爷有"历史问题"，军代表划掉了他的名字。秦子辉的足球梦，从此只有高高地挂起来，看得到摸不到，家长也为他悄悄抹泪。

1978 年，秦子辉考入重庆西南师范大学体育系。1982 年，大学毕业留校任教。1986 年他考入西安体育学院读足球研究生。1989 年研究生毕业回校任教。1993 年，晋升为副教授，并担任球类部主任至今。2002 年，秦子辉提升为正教授。

在这期间，秦子辉代表重庆市参加了第四、五、六、七届省运会。1979 年，被四川队借来参加了第四届全运会预赛。1983 年至 1985 年，又代表四川参加了三届全国足球分区赛。

值得一提的是，1978 年，他代表重庆队参加四川省运动会足球赛。那时，笔者代表成都，冠亚军争夺赛由成渝两队对垒。巧的是秦子辉踢右边锋，笔者踢另一方左中卫，在比赛中，是一对"对决"的兄弟。当比赛进入 70 多分钟，笔者方的守门员在禁区左上角扑一个球，球没扑住，反而把球扑出禁区，眼明腿快的秦子辉奔球而去，抢到了球，守门员在退守途中，笔者正准备倒地铲球，他抢先出脚把球射进了大门。就是这个制胜的球，最后还差点闹出一场风波。秦子辉射进这个球，干净加利索，漂亮加赏心悦目。

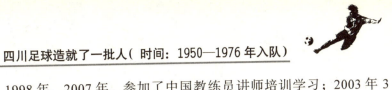

秦子辉，1998 年、2007 年，参加了中国教练员讲师培训学习；2003 年 3 月，又参加了中国 A 级教练员讲师培训；2012 年 10 月，又参加了中国高校校园足球指导培训。他希望通过这些培训充实自己，用自己的知识帮助其他孩子去实现自己没有实现的足球梦。

秦子辉学习刻苦，对人诚实，特别懂得尊重他人，在足球圈里传有好口碑。秦子辉虽没有实现自己的足球梦，但，他在尽力帮助别的孩子实现足球梦。姚明福指导对笔者说，他在重庆北碚长松足球俱乐部、重庆北碚职业学校足球班先后任总教练，为了迅速提高孩子们的技战术水平，百忙中，秦教授每周都要抽出时间去义务辅导孩子们训练。秦子辉不但指导孩子们训练，对那些高中毕业生，在招生允许范围内，尽力照顾踢球的孩子，把他们招进大学。秦子辉为踢球孩子做实事，被孩子家长们敬为活菩萨。

2008 年，秦子辉任全国高校足球方向研究生培养协会副主席；2010 年、2012 年，秦子辉被评为西南大学的优秀教师；2010 年，任教育部大学生足球协会副秘书长。

秦子辉对笔者说：“因‘文革’恶搞家庭出身，我是受害者。只要一想到那个年月，想到挂着泪水的妈妈，我就想去帮助那些因踢球耽误学习的人。他们称我活菩萨，其实，我是知道作家长的苦衷，我没有忘记过去。我没能实现的足球梦，希望孩子们去实现，为中国足球打翻身仗尽微薄之力。”

同秦子辉合作，同秦子辉谈话都是无尽的享受。他的同情心随时都在感染着笔者。有位哲人说：同情他人，意味着他可以获得世界。

三十四、师政委曹鸣放

曹鸣放，贵州省警卫局政委。

1972 年，曹鸣放到四川二队集训，王寿先指导分管他。1974 年，小曹正式入选四川青年二队，即重庆青年队。打内锋位置。主教练黄振淳。

1977 年，四川一批老队员离队，四川青年二队、四川二队，加上剩下的一队球员，组成了实力较强的四川队。曹鸣放牛高马大，他技术全面，战斗作风顽强。而且头脑冷静，在比赛中应变能力特别强，是四川足球队不可多得的人才。曹鸣放的父亲曹志杰，年轻时期，是闻名遐迩的上海回力篮球队球员。新中国成立后在重庆男子篮球队效力，他技术好，身体素质全面。离队后顺理成章成为重庆男篮的主帅。据曹鸣放的教练、队友讲，曹鸣放掌握足球技术有特殊的悟性，身体素质又特别全面。从遗传学来讲，曹鸣放是曹志杰为足球运动特别打造的。曹鸣放继承了他父亲良好的遗传基因。

曹鸣放在前锋线上，既能带球突破，又能用腕子（指技术）为同伴制造杀机，一场球比赛下来，队友们闭上眼睛都会说，曹鸣放今天又放彩了。所以，曹鸣放深得教练、队友的信任。1979 年，曹鸣放参加了第四届全运会，为四川队进入前九名，立下了汗马功劳。1982 年，曹鸣放被重庆市体委要回，以后代表重庆市参加全国各级别比赛。

1985 年，年近 30 岁的曹鸣放，离队去了重庆市公安局刑警总队。曹鸣放凭着他十多年在足球场上的摸爬滚打，练就了能吃大苦，耐大劳，不怕受伤的硬功夫。在多年比赛中，那些胜利与失败，早已让曹鸣放能面对荣誉和挫折。在荣誉面前他心态平和，他知道，荣誉来源于领导的信任及战友的帮助，绝不能贪功为已有。遇挫折以后，他善于总结教训，以利再战。交谈中，他对笔者说："黄指导，打拼这么多年，让我有很多感悟。没有领导的培养，没有集体的关爱，我曹鸣放什么也不是。真的，这绝不是说的套话。就像以前比赛一样，教练不让你上场，你有孙悟空的本事也等于零。上了场队友不与你配合，你什么能力也显不出来。作为一名刑警，你什么也别想。你拼命干，玩命地去干，是兵，是好兵，不去想得太多。黄指导，你带过兵，太了解军人的情况了。无论我在哪里，就像在球队一样，拼命练，一切听教练的。一个人的能力就像一支筷子，一折就断。"

曹鸣放做人低调，谦逊、豪爽，尊重他人。对工作、学习又非常尽心。领导喜欢他，战友们热爱他。1990 年，他被提升为重庆市特警队队长。1998 年，他调到重庆市警卫局，负责要人保卫。即保卫党和国家的领导人、外国首脑等。2002 年，曹鸣放被重庆市警卫局任命为副局长。

身负重担的曹鸣放，从此改变了活法。

他说："党和人民信任我，我能辜负他们的希望吗？黄指导，以前踢球，把球射偏了，射高了，挠挠头，或者自己打自己两下，最多捶胸顿足，下场球又重来嘛。如今，稍有闪失，怎么向人民交代？说个大实话，称职的警卫战士，随时把自己的生死放在一边。子弹射来敢挡，刀砍来敢上，这就是人民的重托。"

面对从小看着长大的小兄弟，笔者只是一阵阵脸红。曹志杰养了这么一个懂事的儿子，真为曹指导高兴。老曹虽然走早了一点，在天之灵一定会感觉到儿子对人民的忠诚。

2007 年，曹鸣放调到贵州省警卫局任政委。直到如今。

曹鸣放的故事，谁都讲不完。因为，他有特殊的使命……

三十五、董事长邓德茂

邓德茂，成都武剑房地产公司董事长、四川省足协副主席。

邓德茂是地道的成都西城区体育场附近的人，从小就目睹体育场踢球的热闹。20世纪60年代，刚上小学二年级的他，一天下午上学路过西城区体育场，看见叔叔们在那儿打比赛，他们把球踢得又高又远，互相拼抢，撞得很凶，他越看越想看个结果，那天他居然忘了去上学。打那以后，一放学他总会到体育场找几个小朋友，用书包当球门，快快乐乐享受踢球的疯狂。

老师和家长知道他已经痴迷了踢球，刚上四年级的邓德茂，就被送到市体委黎百和指导麾下学踢足球。以后无论风吹日晒，下了课就到西城区体育场接受黎指导的训练。功夫不负有心人，刚上初中一年级，就被省体校白礼银指导相中，不久又把他送到重庆青年队发展。眼看邓德茂一步一步在向上攀登，哪知在一场比赛中，他突破到禁区，正准备射门，对方后卫凶猛下地铲球，球没有铲上，把他的脚踝铲成了骨折，然后抬下场，苦恼加疼痛，无奈之下，几天后他回到成都，边养边治，这叫人算不如天算。天有不测风云，人有旦夕祸福。

邓德茂的妈妈实在是想不通，她常常在邓德茂面前唠叨：劝你不去踢球，你给我们雄起。好像借了谷子还的是糠，成天拿脸色给我们看。这下瘸起腿，将来相亲都没人要。伤还未好完，小邓准备启程回队，他爸妈弄死也不让他再踢球了，胳膊扭不过大腿，从此，邓德茂的足球梦，只有画饼充饥了。

高中毕业，邓德茂到成都房产局工作。1990年他离开了房产局，自己开始经营房产生意，生意越做越兴隆，以后成立了成都武剑房地产公司，并担任董事长一职。

邓德茂赚钱了，他始终还是没有忘记再投入到足球运动中去。1993年他出资武装四川宿将足球队，在成都新都体育场参加西南地区友好城市足球赛。以后他又带队到广西北海、广东深圳、陕西西安……全资赞助去参赛。坐火车，乘飞机以及参赛中的食宿，一次少则也得花上近十万元。一年参赛两次，邓德茂面不改色心不跳，背着装足球鞋的包，南征北战，一年复一年。

2004年，邓德茂以他公司的名义，重新注册了成都武剑足球俱乐部。他大手笔招进了原四川队、成都部队队、重庆队一批优秀运动员，他们是李日新、曹庆华、王正雁、王嗣产、黄长根、黎大果、文良庆、张振忠、樊宗麒、刘亚东、杨瑞壁、陈荣生、张放等。组建了武剑队，他带队到厦门参加全国中老年队比赛，并取得了较好成绩。

2008 年四川地震后的下半年，为重振四川足球，劝德茂出资数十万元，在成都举办了全国元老足球赛。中国足协前主席年维泗，副主席张俊秀、陈成达等数十位元老及全国二十多支元老队来成都参赛。对灾后重建起到积极作用。

邓德茂从 1993 年到 2013 年整整 20 年如一日，全额赞助球队参赛，是多么难能可贵的事啊。在此，我们不仅要感谢邓德茂，也要感谢他可敬的家属。

邓德茂既是球队的组织者，又是足球比赛的参与者。每年外出参赛后，在总结会上他会重复地说：在座的老小哥们，我们一年比一年老了，当我们哪一天都打不动了，谁来接班呢？下一批又打不动了，谁又来接班呢？再不真心诚意，扎扎实实抓校园足球，四川足球就青黄不接了，那时想去陪大家参赛，也组不起像样的队了。趁现在大家还动得，好好享受足球带给大家的快乐吧。

前些日子邓总对笔者说，他公司想选 20 来名七八岁的小球员，注册后进行业余训练，然后出国学习，他希望在中国足球处于最低谷时，为中国足球做点实事。他相信只要坚持，会为中国足球做出贡献的。

三十六、副参谋长赵明

赵明，成都军区某局副参谋长。

1973 年，成都部队足球队在沈阳参加完全军足球赛后，军区决定成立一支专业足球队，赵明是第一个招进足球队的外地小球员。他很高，一脸稚气，一口沈阳话，特别天真，特别可爱。那时他 17 岁。

赵明入队后，主教练朱指导忙不过来，笔者分管守门员训练的时间要多一些。在与赵明接触中，他训练刻苦，也肯动脑筋。那年月，队上有三个门将，崔方、李富胜，年龄都比他大，而且又非常优秀。所以，队上把赵明作为梯队培养对象。

1975 年，李富胜调北京八一队，1976 年，崔方离队，赵明成了顶杆杆的球员了。1982 年，成都部队足球队因缺教练员被撤销，赵明等六人去了昆明部队足球队，赵明任主力门将。由于赵明他们的加盟，第二年昆明部队足球队就夺得全国甲级联赛第六名。赵明为队立了大功。

1983 年 9 月，赵明回到成都，他到了成都军区某局，刚去做技师，以后调政治部当保卫干事。在当保卫干事几年中，赵明凭借他的灵敏思维，科学推断，破了好几次大案，个人立了三次三等功。以后提升为保卫科科长，1995 年再一次提升任该局副参谋长。

赵明对人非常诚实，对工作只争第一，不争第二。无论当运动员，当干部，他都认认真真地去干。他最大特点是不服输。记忆中一次训练，他同李富胜练移动大力射门接球、扑球。笔者宣布训练计划，李富胜一次练 14 次，共完成 6 组。而赵明一次练 10 次，只完成 4 组。刚宣布完训练计划，赵明脸色一下变了，硬说笔者小瞧他了，硬要同富胜练一样多。就是这股不服输的劲，造就了他日后的成就。

2001 年，赵明退休。为了享受生活，保持健壮的体魄，他参加了成都军区老年大学乒乓球队，常同老战友们共同锻炼身体。

三十七、副教授黄绍勤

黄绍勤，西南民族大学副教授。

1960 年 3 月 7 日，黄绍勤入选四川足球二队，踢内锋位置。黄绍勤绰号叫黄马蹄。1963 年，马蹄随四川队南下广州，因技不如人、体不如人，是忠实的替补球员。1965 年初，四川六支专业队合并成两支，即四川队和四川青年队。黄绍勤到了青年队。1965 年中旬，四川青年队在长沙参加全国乙级联赛，熊天琪指导大胆使用，马蹄为队射入六球，被评为优秀球员。1965 年底，四川两支队又合并，40 多人，只留了 21 个，马蹄有幸留下。为此，他要感谢恩师熊天琪。

1966 年初，四川队投入“文化大革命”，这批运动员被耽误在“文化大革命”中。无所事事，成天瞎闹，一晃就到了 1970 年。荒废四年多时间对运动员来说，是永远补不上的。1971 年秋，马蹄离队到成都 69 信箱当工人。1973 年初，马蹄到成都部队足球队，那年差几个月他就 30 岁了。

成都部队为了组队到沈阳参赛，在四川队退役球员中借了十一人。因大家的努力，夺得全军第五名。由此，成都部队成立了一支专业足球队。十一个球员中，留下了崔方、余盛达、兰钟仪、陈祖文和马蹄。马蹄因在沈阳比赛受伤，回队后在主教练朱德全的指导下工作，分管早操、身体训练、守门员训练，同时还兼运动员。

马蹄近33岁退役。1976年，他转业到西南民族学院体育教研室任教（现叫西南民族大学）。1977年，国家体委发文，老运动员可以到学校读书，优秀运动员可以回炉，马蹄在此之列。1979年，他在成都体院读了一年大专班。1980年，又考入函授班读了三年，1983年，以平均成绩90分毕业。

在读书期间他开始写一些短小文章，在体院学报、《四川体育报》、广州《学校体育》等陆续发表。“对我国足球体制的改革意见”、“国门李富胜在成都的日子”、“对我国高校体育教学大纲的改革意见”、“对李富胜采取了哪些训练方法”、“对田径是一切运动基础的质疑”……1984年，出版了第一本书《足球万花筒》，被团中央推荐为红领巾奖章读物。《足球万花筒》是推荐的五十本书中唯一的体育书籍，前两次印刷70余万册。

值得一提的，笔者同熊天琪、兰钟仪1983年发表“对我国足球体制的改革意见”后，《体育报》、《人民日报》，半年后和一年后，以同一个标题开展全国性讨论。显然我们是超前思考了这一问题。1984年，马蹄发表“对我国高校体育教学的改革意见。”1985年，在青海举行全国体育战线战略研讨会。国家教委体育司司长李晋袼也被邀请参加此会。会议期间他请北京师大体育系主任騰志敬、广州学校体育研究所所长洪奇典和笔者到他房间去。他说：“黄老师，你提出高校体育教学大纲的问题，大连会议已将这个大纲推翻了。今后用什么来代替大纲呢?你们三人来自不同省市，回去后与高教局沟通，希望尽早拿出一个方案来……”

马蹄回成都，第一时间就给省高教局体卫处黄建章处长和黄良芳汇报。以后，黄良芳又请笔者到局长卢铁成家，卢局长指出：“黄老师，新的体育教材我就拜托给你了……”以后由省教委体卫处组织近百名高校的教授和老师来撰写。从编写纲目，到修改文章，最后到校对出版，可把马蹄累掉了一层皮。不到一年，《大学体育》问世了。当省教委给笔者一笔不薄的奖金后，笔者带着十本《大学体育》送到李晋裕司长手里。他激动地说：“了不起，实在是了不起。多亏了四川教委有你们这样一批干将、写将。”

在这期间，黄马蹄还尖锐地指出，田径运动不是一切运动的基础。为此，引起全国学术讨论一年多。以后《中国百科全书·体育卷》田径栏再也没有提基础一说了，由此改变了几十年的误传。

1990年，应时任成都军区副司令员廖锡龙邀请，马蹄又回部队带队参加全军足球比赛，那支队国字号球员有5人。王家振任领队，兰钟仪任总教练，马蹄任主教练……

从1993年至2003年，马蹄被成都电视台《体坛博览》邀请，连续十年作特邀嘉宾评球。评世界杯、欧洲杯、甲级联赛等。2002年，中国队参加日韩世界杯，从预选赛，到十强赛，再到决赛，他一场不拉评完。他的评球，说的是大实话，很受球迷朋友欢迎。他在电视屏上讲《体坛博览》是一块净土，不受干扰，只讲真话。

从 1984 年到 2003 年，是黄马蹄丰收的日子。他凭借论文《定量补差补偿教学法的研究》、“我国大学体育的现状和发展”、“身体锻炼与我国大学生的健康状况”，于 1986 年、1987 年、1992 年分别被国际大学体育科学学会和巴塞罗那奥委会邀请出席会议。他三次都被安排大会发言（每次大会发言限八人）。1986 年那次，本是我国体育理论工作者新时期第一次走出国门作交流，成都人民广播电台、中央人民广播电台都广播宣传了。大会主席海德尔多次来信催促马蹄出席会议，并高度赞扬，“你的文章将对这次大会做出伟大贡献”。可惜学院没有这笔资金，马蹄回信中谎称，因祖父过世，在家奔丧，不能出席会议。实际上马蹄祖父早逝世几十年了。这封信请人事处副处长陈祖恩代发。

黄马蹄在这期间先后出版（包括主编、合编和专著）20 本书籍，20 余篇论文，100 多篇评论文章，合计 400 余万字。体育书籍代表作：《足球》、《球星从这里起步》、《实战足球技术图解》、《走进足球》、《大学体育》（我国第一本大学生体育教科书）、《大中专体育运动卫生手册》、“全国民族院校体育教材”、《国情教育大辞典》……每一本书都有一个难忘的故事。

1988 年，黄绍勤被评为副教授。艰难的评审，惊动了上下。学院苏克明院长把他出版的作品拿去秤，共 28 斤半。1994 年，马蹄刚满 50 岁因腰伤退休。

1998 年秋，马蹄带四川成龙足球俱乐部青年队到挪威参赛，分别以 1∶1 平、2∶1 胜、1∶1 平美国、丹麦、俄罗斯等国俱乐部队，受到中国驻挪威马大使、央视记者高度评价……比赛录像在央视播放。

2001 年 8 月，应美国华盛顿州州立大学邀请，去执教该大学女子足球队，本应 10 月 22 日报到。为了感谢教练的栽培之恩，队友的帮助之情，马蹄请龚锦源、熊天琪、殷树柏、郑永修、宣世昌、岑福友、兰钟仪、马鼎凯吃了一餐告别饭，只因 9·11 事件，被美国禁签入境。

1996 年至 2003 年，黄马蹄先后担任四川南方、四川凤凰、四川成龙足球俱乐部总教练，并兼任成年队主教练。培养的球员李佳健，在乌拉圭冠军队多瑙河足球俱乐部效力。

2002 年底，黄马蹄应新加坡华人足球总会邀请，任新加坡华人足球队第一任主教练。训练两月，以 2∶0 战胜新加坡国家青年队（即国奥队）。当地华人为我们祝福。因为，当时新加坡十二支甲级队中，只有一个华人，这个华人还是马来西亚的华裔。

2008年年底，马蹄又被美国足球联盟总会邀请，出席2009年初美国足球年会……只因住医院做大手术未能成行。

当下，马蹄在家写小说、博文。小说《感伤》、《队友的往事》在新华网发表；足球博文在百度《体坛博客》发表，现有博客“粉丝”130多万人。

第八篇

怀念队友

（时间：1954—1973年入队）

笔者的队友，多数在一个年龄段，差一大三，算是顶天了。逝去的队友们，生前我们都在一个甑子里舀饭吃。在那些日日夜夜里，我们一起去迎接朝霞，也一起去送别黄昏；我们一起为荣誉去拼，也一起为失落而泣；我们一起在沙滩上寻找贝壳，也一起在澡堂里狂疯。唉，队友有太多的“一起”了……

而今，你们拼命朝前跑，你们生怕在那个世界里，缺你不成席。你们狂奔，连老婆孩子也不顾及。谁都拉不住你们呀，这是多么大的憾事哦。

一、同窗队友李英璜

李英璜绰号叫奥赛罗。队友们称他老奥。老奥长得帅气洋气，凹陷的眼睛炯炯有神，猛看真像影片中的奥赛罗。20 世纪 60 年代，老奥的接球、控带球在全国都是最优秀的。特别是他的掩护控球，比赛中一两个人很难抢到他的球。

1965 年合队后，李英璜、唐兴玉和笔者三人住一个寝室，足足住了六年多。老奥在外话语不多，回到宿舍就变了一个样。有一天晚上，他讲了一个笑话，他说：有一个长麻子的女人，为了讨她男人爱她，寒冬的一天，她在脸上涂了很多白粉，把麻子的窝窝都填平了。男人下班回家，女人去开门，男人看见灯光下的女人，以为是白骨精，着实吓了一大跳，顺势狠狠给了她一耳光。女人边哭边说：你嫌我不好看……刚说一句，泪水流下把脸上冲了一个槽，麻子依然显露出来。顿时男人笑了。女人说：看嘛，看嘛，看我漂亮了，你又笑了。

1988 年，老奥任四川队主帅，1994 年将帅位交给余东风，他担任全兴俱乐部总教练兼副总经理。那时笔者办了成龙青少年足球俱乐部，有一天去找他，想挂一个牌，将笔者的俱乐部作为全兴的青少年训练基地。老奥二话没说，就拿出几张表格让笔者填。笔者说：“你们总得派人去考察一下吧……”

他说：“已经考察几十年了。我不相信你黄马蹄不够条件跑来搞联合。”

2003 年，老奥患丙肝住进医院。这时，笔者不在成都，在大邑县金洞子山庄办养殖场，离成都 70 多公里。得知这一消息，老奥已是弥留之际，时而清醒，时而迷糊。笔者买上花篮去医院看他，迈着沉重的脚步向二楼走去。当走进病房，骨瘦如柴的老奥坐在病床上，让笔者很是惊讶。笔者上前与老奥握手，便问道：“老奥，你认识我吗？”

他随口就说："黄绍勤，你化成灰我也认识你。"他用力地说，力图证明他的身体状况不是外面传说的那么差。

以后我们又聊了很多，他反复告诉笔者："小黄啊，以后千万不能听专家的，我就是听专家的话成了这个样子。"这话，老奥前后说了三遍。想必不听专家的，他不会走到这步。这是老奥临终前的忠告，太精辟了。可是真遇到此类事时，却又忘了老奥的教诲。笔者最亲的亲人，也是在专家手术后倒下的……

老奥去世的消息，是笔者在报上看到的。从大邑赶回成都只用了一个多小时，笔者总算能在老奥灵堂前烧了一炷香，以表几十年的队友情。

老奥走了，是四川足球的一大损失。在很长一段时间里，老奥从前的样儿总会浮现在笔者眼前。笔者曾在梦里见过他四次，清瘦、机灵，但，一句话都不说……

老奥，走好哦。

同室的记忆永不会忘。

二、我哭申廷举

申廷举绰号叫申大炮。1963 年前，笔者和大炮在四川足球二队时，是最要好的朋友。我们一起训练，一起玩耍，总是形影不离。

1962 年前后，几乎每周日，上午我们都到体育场练脚法，下午就到大炮家，吃了晚饭赶回队点名。大炮爸妈都是靠河南边界的安徽人，很爱吃面食。各式各样的面条和饼，几乎每次去都可享用。大炮爸是老红军，家里可以喂猪，每当去杀了猪，都会返还一些猪肉和猪油。尽管在灾荒年，老百姓一月半斤肉，但他家不缺肉吃。无论面条或饼，碗里的肉还是不少。

1961 年，快过春节的一个星期天，大炮叫笔者快到他家。到了他家，他妈早已准备好的板板车，就停放在红军院内，就等我们把猪捆绑好，抬上板板车，然后拉到城北屠宰场。从新南门红军院拉到城北屠宰场，走了近两小时。然后再将返还的猪油和肉又拉回他家。离开他家时，申妈用报纸包了两大包，一包是猪油，一包是肉，叫笔者带回重庆，送给我父母亲过年。以后得知，年前我继父因严重缺乏营养，躺在床上与死神搏斗（等死）。就是这两包油和肉，救了我继父的命。听完我母亲讲述整个过程后，笔者十分感谢申妈送的救命肉。

想当初，大炮可以借到小口径步枪。1964 年左右，每当外出比赛回成都，我们一人背一支枪，到郊外去打鸟（那时没有保护意识）。有一次我们到成都昭觉寺外，一棵树上蹲着几只小猫头鹰，我俩喜出望外，连续射击好几枪，只把羽毛打得满天飞，就不见猫头鹰中弹掉地。过来一个解放军，他打了几枪，依然不中。忽然大炮悟出一个道理，他说："别打了，是昭觉寺菩萨喂的鸟。"

笔者被此话吓傻了，背着枪就跑得远远的。打这以后，笔者 20 年没有敢到昭觉寺去玩过一次。

1976 年后，大炮离队到四川体工队保卫科工作。1993 年，通过申大炮的关系，四川足球队与全兴酒厂结缘，成立了全兴足球俱乐部。大炮在俱乐部任保卫科科长。2005 年退休。他最大嗜好是抽烟喝酒。由于长时间损耗身体，大炮患上酒精中毒症，长期在家休养。

2006 年夏日的一天，笔者在四川师范大学碰上队友张兆斌，他对笔者说，大炮身体非常差，并告诉了大炮新家的地址和电话号码。第二天笔者买上牛奶就去看望他。与大炮聊了两个小时，没想到他就喝了两个小时的小酒，怎么劝说都没有用。

以后大炮病情加重，他爱人告诉笔者，已查出淋巴癌晚期。在这期间笔者又去陪他两次，但从没有听见他呻唤过一声。他反而还在安慰笔者，叫笔者要注意身体。每次见到大炮笔者都很心痛，而且忍不住要流泪。

2008 年 10 月，笔者因腰伤住进省骨科医院。2009 年 3 月 9 日在四川省人民医院做腰椎大手术。术后腰椎上安了六颗螺丝钉，三块钢板，简直不能动弹，而且出现幻觉一周多。大概是 3 月 14 日，家属在报上见到大炮逝世的消息，告诉了笔者，笔者十分悲痛，泪水止不住地流。

有人曾责怪笔者，为什么不见笔者去送大炮最后一程？

其实，这也是笔者一生的最痛……

大炮，走好了，有事托个梦。

三、祖文、叔君你们常来往吗

1965 年，陈祖文、李叔君由重庆队，合并到四川队。陈祖文任前卫，李叔君任边锋。陈祖文绰号叫哈里曼，李叔君叫挺肚。哈里曼和挺肚关系是铁哥们。1976 年，哈里曼从成都部队转业回省体委，安排到省体育馆工作。"文化大革命"后期，挺肚离队分配到四川旅游学校。他俩的爱人以前都是运动员。哈里曼爱人刘陵芳由四川女篮队转业后，任四川省小球协会主席。挺肚老婆王万珍从四川体操队转业，在四川体工队机关工作。改革开放后，两个家庭都致富了，各自都养了一个美女，一个留学美国，一个留学新加坡。两个家庭过得是无比殷实幸福。

1998 年，原重庆队的秦光樵满 60 岁。陈祖文和李叔君，带着老婆回重庆祝寿。李叔君的雅阁车，由陈祖文开。李叔君坐副驾驶位，两爱妻坐后排。车开到离重庆不到 100 公里的铜罐驿，前车轮爆胎，车速太快，翻过隔离带，继续向前冲了九十多米撞墙停下。王万珍摔出车，陈祖文、李叔君撞墙，三人当场丧失生命。刘陵芳在运往医院路途中也闭上了双眼。

惨烈的车祸，震惊了体育界。追悼会来了很多人。祖文和刘陵芳夫妻，摆放在左侧，叔君和王万珍夫妻停在右边。当笔者走到他们身旁，看着熟悉的面孔，止不住的泪水流下。有的人已痛哭失声。太悲惨了，真是惨不忍睹啊！

当走到他们两个女儿面前，哪敢看她们的眼睛哦。多么美好的家庭，从此就失去了父母，孩子成了孤儿。多么为难这两个乖娃娃哦！

自参加这次送别，笔者听见队友们在相劝：千万别学开车啊。笔者牢记他们的嘱咐。为了规避危险，俱乐部两台车也请人开。

忆往昔，那是 1964 年一个夏天，四川队、重庆队、成都队乃至全国各个足球队都汇集到北京，看巴西马杜雷拉队对中国国家队比赛。比赛头天晚上，队上的人都上街玩去了。笔者犯阑尾炎，痛得在床上翻滚。是陈祖文送笔者到医院打针，直到输完液，把笔者送回寝室。岁月难忘啊，今天说走就走了，这是多么大的悲哀啊！

1973 年，笔者同陈祖文一块被借到沈阳参赛。以后又留队一块战斗，太多的往事让笔者慢慢去追思了。

祖文、叔君，你们两家人在那边还来往吗？有人说，阳间没有办完的事，在阴间接着办。笔者在想，你们两家人决不会孤单。常来往好哇，没事叙叙旧情，一晃又是一天。兴许逢年过节也常串门，吃汤圆、吃粽子、吃月饼……真正孤单的是你们的两个女儿。

祖文、陵芳，叔君、万珍，活着的队友们都怀念你们。

安息吧，亲爱的战友们。

四、谢谢你，洪之江

1954 年，洪之江和马克坚从昆明入选西南青年足球队，踢前锋位置。洪之江后因身体发胖，影响了在足球事业上的发展，于 1957 年离队。老洪离队后，到成都体育学院的体育医院跟随郑怀贤教授学骨伤科。20 世纪 60 年代，郑教授在体工队医务室评价洪之江：“洪之江学习非常努力，对病人和蔼可亲，对人真诚，他动手的能力很强。”

老洪学习毕业，回体工队医务室当医生。如果足球队外出比赛，他就是随队医生。笔者因两次鼻梁骨受伤，呼吸十分不畅，每次外出比赛洪医生都要为笔者带两瓶麻黄素滴鼻用，当时笔者就非常感谢老洪。所以，以后几十年还保持着感恩的关系。用现在眼光看以前，带两瓶麻黄素是区区小事一桩。但，对当时的笔者，没有麻黄素滴鼻总感觉会窒息而死，随时都感到恐怖。

每次外出比赛，洪之江还要带足够的人参，比赛期间熬人参汤给运动员补充能量。有一天笔者问洪医生：“老洪，每次熬人参，总不见人参头头，怎么都是一些须须呢？”

他幽默地回答：“你们吃头头，须须给主任吃？”可见老洪说话之直率，他一语道破天机。

老洪的老婆叫邹开桃，是四川田径队投掷组的运动员。她离开田径队后也到体育医院学医，学成毕业同老洪一样回体工队当医生。不幸的是，以后邹开桃半身瘫痪，生命岌岌可危。为了照顾老婆，老洪几次放弃国外的邀请，坚守着邹开桃。有一天笔者见到他，他非常自信地说：“开桃这个病医院也没有办法。我每天给她做两次按摩，扎一次针，灸一次，硬是看到看到好转，我保证给她治好，恢复到从前的邹开桃。”

老洪说到做到，用他高超的医术，用他对老婆的爱，终于将老婆从死亡线上拉回来了……如今，邹开桃活得好好的，老洪却远离我们去了。

一个大好人走了，让很多人感到可惜，一个大好人走了，让笔者心痛之极。

老洪走好了，你永远活在人们心里。

五、与李富胜最后一次见面

1973 年初夏，李富胜从大连入伍，到成都部队足球队任守门员。刚开始，由主教练朱德全指导训练，以后由朱指导指挥，笔者安排训练。由此接触多了，交往也多了。他对所有四川队去成都部队的老队员也了解多了。当队上主教练与个别人发生矛盾时，李富胜抛开家乡的情结，死死地站在主教练一边。这是很多人难以做到的。那时大家都赞扬李富胜是一个非常正直的人。

1975年，李富胜到八一足球队，第二年到国家队。李富胜不到三年，来了一次惊人的三级跳：由成都部队足球队，跳到八一队，不到半年又跳到国家队。在国家队一待就是十好几年。20世纪80年代，为了争夺西班牙世界杯的出线权，李富胜扑出科威特队一个点球，至今人们还没有忘记宋世雄的狂呼："富胜，全中国人民感谢你呀，真是太激动人心了……"

李富胜退役后，从八一队领队做起，后提升副大队长，不久又提升为大队长，也只花了几年时间。李富胜四十出头，已是两根杠四颗星的大校了。2007年，李富胜调军事博物馆任副馆长。李富胜是如日中天，芝麻开花节节高。

2002年，笔者到新加坡执教华人足球队，在北京作短暂停留，去红山口八一体工大队，看望八一青年队教练张承敏，然后一同去看望富胜。走进富胜宽敞的办公室，我们之间没有那么多客套。摆谈中，他说新加坡他有两个哥们，有事去找他们。说完便表现出雷厉风行的作风，写了两人的电话交给笔者。富胜是个懂得如何与人交往的明理的人。

最后一次与富胜见面，是2006年上半年，他随明星足球队来到成都。巧合的是，原八一队教练，现旅居美国的沈一麟，陪着国际运动心理学会主席王晋博士，应四川省体育局邀请讲学，住在新华国际酒店。沈一麟知道富胜在成都，便打电话约他共进晚餐。

晚饭后回宾馆房间共叙往事。其间，李富胜讲得最多，讲到中国足球的现状和八一足球队撤销的前前后后。他一针见血地指出，中国足球落后，很多问题都因体制所造成。当天的摆谈让在座的明白了很多道理……李富胜性格豪爽，在朋友面前敢说真话，这是难能可贵的好品质。那天，李富胜一直聊到十点过才离开宾馆。

2009年8月，李富胜乔迁新家，他爬上人字梯，挂一面镜子，因失去平衡头摔在地上，在医院抢救了三个多月，还是离开了人世。

一个灵敏性特别好，反应又特别快的守门员，居然在阴沟里翻了船，真让人想不通啊！我们都在猜测。富胜在当守门员时，头撞门柱或撞对方腿是常有的事。1975年，成都部队足球队在重庆参加全国联赛，对广东队，富胜的头就撞在门柱上，笔者曾问过他，撞门柱后有什么影响没有？他说时不时头有些眩晕。

李富胜的摔倒是不是与他留下眩晕后遗症有关呢？否则他怎么能摔成这样子？可惜了啊，一个为国建过功勋的人，年纪轻轻就这样离开了人世。实在太可惜了。

富胜一路走好啊，活着的人怀念你。

第九篇

怀念教练

（时间：1956 年前入队）

教练是一个球队的指挥官。教练员的一言一行，在运动员眼里无比神圣。每个运动员都要经历很多个教练，运动员在他们身上汲取精髓。汲取他们各家之长，补个人之短，然后形成自己的风格。驾鹤西去的教练，留给我们无比的怀念。

当写到一些难忘的往事，笔者双眼已被泪水遮盖。教练的神情，教练注入的养分，时刻鞭策着、滋养着我们。继承他们的遗志，做好自己的本职工作，是对已逝教练最好的怀念。

一、一丝不苟的王寿先指导

1953 年，贺龙司令员把王寿先指导请到重庆，带西南足球队。1956 年，大行政区撤销，西南队变成了四川队。从此，王寿先成为四川足球队的掌门人。

王指导带队同王指导做人是一样的。本性刚烈，不卑不亢；为人正直，一个标准，大家共同执行。有一年在武汉新华路体育场训练，王指导刚宣布，下面是 5 000 米耐力训练，老队员龙武华、宋继尧举手请假，一个说腰痛，一个说腿上有伤。王指导没有商量地说："跑。跑完腰就不痛了，伤也好了。"

跑了才四五圈，王指导指着领跑的兰钟仪、雷介平对龙武华说："他们两个超你两圈，多超一圈你就加跑一圈。"龙武华一听，像这样跑下去，不知要加跑多少圈，于是乎，伤也不痛了，咬着牙拼命跑，最后龙武华、宋继尧都按要求跑完。

又有一年在广州体育学院练下蹲。30 公斤深蹲跳，一组跳 30 次，跳六组。申廷举年龄小，没有完全按要求做，大家都训练完了，申廷举又补练了几组。王指导对老队员，小队员都一视同仁。在他执教过程中，队上没有出现过闹上下场的问题。之所以能减少队上的矛盾，在王指导看来，是在队员之间尽量处事公平。

王指导不是没有短板的教练。上个世纪 30 年代，中国足球技术是落后的。他掌握的技术是有限的。但，这并不影响他的执教，他的排兵布阵。因为，王指导的人格魅力影响着队上的每一个人。

王指导做人，光明磊落。他不怕阳谋，他防不了阴招。他无私也无畏，但他躲不过后院起火。从他懂事之日起，他压根就没有想过去贪图别人的什么。无论是物质的，精神的，他都不贪不占。他无论站在哪里，走在哪里，吃在哪里，犹如一尊雕像，气势磅礴，无人能撼动。就是残酷的"文化大革命”，他脖子上挂着“日伪汉奸” 的牌子，或关在小食堂被打得鼻青脸肿，直不起腰，但，他一滴泪也没流过。当岑福友轰走打人的凶手，搀扶他回到家，王指导也只是摸着腰说，小将们稍打重了点，泪水只往肚里流。

但，也有让王指导想不通的时候，打他的人，为什么是其他单位的人？又为什么个个都戴上墨镜呢？其实，这个问题他早就应该想通了，世界上没有无缘无故的爱，也没有无缘无故的恨。一些人的品质属性，就有不仁不义。

1987 年，王指导离开成都，心情是很复杂的。他的众多弟子们都不愿接受这个现实。从 1953 年，到 1987 年，34 年的魂牵梦绕，四川这片热土，他是用心血、汗水和崇高信念去浇灌的呀！说走易，迈步却难呀。

王指导离开成都，云南的、贵州的、重庆的、成都的弟子们都送来了礼物，以表培育之恩。兰钟仪、程严生和笔者凑钱买了两个竹笔筒，笔者拿去请人刻了字，一个笔筒刻的是：赠四川足球之父王寿先。另一个刻着我们成长的缩影：我们在骂声中成长，在骂声中懂得了怎么做人。王寿先指导不但教我们如何踢球，还用他的言传身教，教我们如何做一个有良心的人。

有一年，全兴足球俱乐部请王指导回成都看几场球，住在省游泳馆，他的徒子徒孙们都前去朝拜他。笔者抱着虔诚的心，也随从前往。他对笔者说，我们送给他的笔筒，他一直摆放在沈阳家里的书桌上。可见王指导对这两件精美的笔筒是喜爱的。

2004 年，四川运动技术学院领导、王指导的徒孙张昌炎专程去沈阳，带着他徒子徒孙捐的款，去看望王师母，师母含着泪水对张昌炎说：老王指导一直后悔回沈阳，他常说，他的儿孙都在四川，离开四川等于离开了精神依靠。

王指导离开人世了，他的弟子们时常怀念着他。

二、精明能干的殷树柏指导

笔者知道殷树柏指导摔断髋关节，住进省骨科医院，那是 2011 年的秋天。笔者同龚锦源教授去看他，走近病床前，怎么看也不敢相信躺在床上的就是殷指导。凌乱的头发黑白掺半，因牙齿脱落，他的下巴已短了很多。笔者在寻找心目中的殷指导，无论笔者怎么辨认，他脸上还是写满了沧桑、悲凉与无奈。他的右手在微微颤动，笔者恍然大悟：殷指导还活着。

“殷指导，殷指导……”笔者反复呼叫他的名字，木讷的脸，呆滞的眼神，他好像辨认出了点什么，他伸出拇指晃动了两下，然后定神地盯着笔者。“殷指导，龚梅（指龚教授）来看你了，我是你的老学生……”笔者几乎是在吼叫，殷指导被笔者吼醒了，他想说话，想表达此时的心情，比划了一阵，一个字也没有从他口里蹦出来。笔者在想，此时的殷指导不知有多么痛苦。殷指导患的是老年痴呆症，笔者两个月前去他家，他和此次判若两人，实在让人悲伤。

殷树柏，老西南队队员，1959 年带四川青年队，获得全国青年比赛第一名。以后任四川二队主教练。1960 年 3 月，他带队到北京，观看捷克队、黎巴嫩队、波兰队等队比赛，同时又出战河南，山东，北京青年、河北二队等，殷指导场场披挂上阵，带着我们比赛。每当夜幕快要降临，大家都围着他，听他讲西南足球队的老故事。他讲道：“想当年西南足球队征西，那时既无教练，也无领队，打遍云、贵、川无敌手。我殷树柏就凭这只金右腿，把那些娃娃过得稀里哗啦。”确实，殷指导的右腿是有功夫的，笔者在他身上学到了很多技术。

记得在北京期间，殷指导带队住北京陶然亭游泳池，他教会笔者做一种点水游戏，伙同他做游戏来愉悦其他队友。游戏时，桌子上摆放 3 个茶杯，杯里装有水，让人用火柴棍去点水，点水时殷指导转过身，当点完水，殷指导边转身，边问点好没有。大家都会回答，点好了。这时，他只听笔者在回答几个“点好了”。如果，笔者回答一个“点好了”，就暗示殷指导刚才点的是第一杯水。回答两次，肯定点的是第二杯水，回答三次，便是点的第三杯水。因笔者在同殷指导配合，他是十猜十个准。殷指导非常机灵，当他转过身，就装腔作势察言观色，首先看点水人的表情，然后又去看哪杯水被点过，弄得神秘兮兮。如果，点水人捣乱，点两杯水，或火柴棍根本就没有触及水，在这种情况下，笔者便一声不吭。紧接着殷指导会说：这次我猜不到。站在那儿观看的人更觉得殷指导太神秘了，弄得大家摸不着头脑。

规则规定，凡输家就喝半杯水。这个游戏害得好多人喝得肚子胀。当然，殷指导也没有少喝，这是因为笔者在“兴风作浪”。现在回忆起来，还是十分喜悦。

殷指导住进骨科医院，本是来动髋关节手术的，但由于他头脑不清醒，时不时乱抓，就是做完手术，也会再次使髋关节脱出，加上他已 84 岁高龄，就没有再做手术了。出院后殷指导住进郫县远郊一个敬老院，在那里度过晚年。

可是病不饶人，2012 年 11 月 19 日，殷指导还是远离我们而去。享年 86 岁。

三、关鸿飞指导离祖国内地最近

关鸿飞是澳门人。1953 年，他在贵州做生意，从贵州加入西南足球队，踢边锋位置。1959年离队，分配到成都市体工队足球队任主教练。关鸿飞和徐保成执教的成都足球队，被圈内人士称为四川队、重庆队的人才储备库。1963、1964年，重庆队要保甲级，先后向成都队借调了余盛达、袁邦煜、罗世源、吴成轩、刘运扬、柯昌荣、敖安全等。四川队在成都队抽调的有黄映实、余盛达、陈严生、申廷举。1965年，四川队由六支队最终合并成一支队，共21人，老成都队占6人。他们是余盛达、袁邦煜、柯昌荣、申廷举、陈铭林、赵利泉。可见成都队从教练选人，到培养人，在四川都举足轻重。

1965年，成都队留下来的队员，合并成四川队，剩余的都各奔东西。关指导从此开始培养少儿球员。1978年，笔者代表成都参加省运会，住在市体委。有一天晚上，关指导推开房门，向大家问好后，他说：明天就要离开成都回澳门定居。突如其来的夜间告别，让大家都有一种失落感。笔者握住他的手，回忆一幕幕浮上心头。1963年，关指导借笔者到汉口、广州参赛；1973年，带我们参加全国联赛……关指导一个外乡人，为四川足球呕心沥血，一搞就是几十年，该落叶归根了。

1995年6月，笔者有事与关指导约好，在珠海拱门宾馆见。关指导带来两件T恤衫，一盒马来西亚芒果。中午，他招待笔者享用了一顿珠海西餐。席间他问得最多的，是他的队员在干什么，身体好吗。他叫笔者带口信给刘运扬，有事一定给他打电话。他还说，他已经在成都选定了一套房，准备搬回成都，长年住在成都。笔者问他为什么，他用最简单的话说，成都才是他真正的家乡，是他离不开的地方。因为，四川的球员都爱护他、尊敬他，球员们就像他的儿子一样。多么真诚发自肺腑的声音啊。关指导真的思念成都和他的队员们。那天笔者送关指导一幅老虎画，关指导非常高兴。

在以后的日子里，关指导和师母更多时间住在成都。每当节假日，或者平常日子，关指导的住所总是热闹非凡。弟子们常到他那儿聚会、打麻将等。2011年年底，笔者接到一个电话，说关指导身体不好，要回澳门，当天要举行告别宴。笔者赶到金牛宾馆，宴请前，笔者同关指导摆谈了很久，他如何来贵州的，又如何到西南队，又如何在澳门小足球协会负责工作，又如何在珠海开贸易公司……当摆到动情时，关指导热泪盈眶，语词不清。笔者忍了又忍，泪水终于掉了下来。那天，笔者已经感觉到我们尊敬的恩师，身体已经难以支撑了。

2012年4月28日，关指导因心脏衰竭离开了我们。享年87岁。

关指导逝世后，运到珠海火化。据说，生前关指导交代，火化后骨灰撒向西南方的大海，让他向西南方向飘，离成都越近越好，让他去世后同样能感受到球员们带给他的快乐。

关指导，你的学生都怀念你。

四、黎百和指导对四川足球的贡献

1951 年，黎百和入选西南足球队，参加了在天津举行的全国首届全国锦标赛，踢后卫位置。新中国成立前，黎百和毕业于重庆中央大学政治经济系。为谋求生存，他 20 多岁就到国民党一个县级财政机构工作。黎百和在西南队没踢几年球，1956 年肃反运动，就被有关部门控制起来。同年调到成都市体委从事少儿足球训练，1959 年，他培养的球员吴成轩、崔方、张振忠、兰钟仪、刘运扬、刘嗣伟、余德徽、余盛达、刘孙其、雷介平、朱德运、梁学贵、柯昌荣等，都先后被四川二队、成都队、重庆队选中，成为专业足球运动员。有人形容黎百和指导是一台无私的，制造足球运动员的“母鸡”——高产足球教练。

1959 年底，笔者在成都体院附中读高中一年级，代表附中在西城区体育场对成都市少年队比赛。比赛完毕，黎指导叫住笔者，问了一些基本情况。以后，他把这些基本情况告诉了四川二队主教练殷树柏。后来四川田径队抢先调走笔者，否则笔者就直接调入足球队了。为此笔者多次感谢过黎指导。

黎百和指导深居简出，过着比普通居民还要平淡的生活，就因他在国民党手下工作过。其实，真实的黎指导是一个忠实于党，默默无闻，埋头为党的体育事业奉献，不讲条件，不图回报，兢兢业业工作的老实人。黎指导本是个豁达开朗又充满智慧的人。他对人诚实，又肯帮助别人。他的弟子常说，没有他无私的培养，积极的推荐就不会有他们的今天。

1978 年，黎指导带我们参加省运会，第二天要与重庆队争夺冠亚军了，就是头天晚上，他召集几个老队员开了一次赛前思想统一会，黎指导在会上说了几点：

一、尊重对方（指重庆队），要体现我们作为东道主的气度。

二、充分发挥我们的技战术特点，赛出风格，为成都市人民争光。

三、无论输球赢球，战术体系变与不变听场下指挥。

最后黎指导开玩笑说，大家都是老队员了，牙齿都吃黄了，相信你们明天会给成都市人民交一份合格的答卷。

黎指导是一个有思想的教练，他为什么不讲交出满意、体面、光彩的答卷呢？他知道足球比赛千变万化，输赢是难预测的，只要赛出了水平，打出了风格，输赢球迷都能接受。所以，他用合格是恰到好处。黎指导这番话，充分体现了他的睿智，也体现了他对足球比赛的认识，也让上场队员放下包袱，去充分发挥自己所掌握的技能，奉献储存的体能。

黎指导 2008 年 3 月不幸摔了几跤，他躺下了，说不出话。兰钟仪、张振忠、辜建明、兰廷刚、崔方……都去看望过他。望着去看望他的学生、队友，黎指导说不出话，只能流伤心的泪。为了不让老人家再深度伤感，他的儿子——上个世纪 70 年代四川足球队中锋黎大果，劝大家别去探看他父亲了。

也许，黎指导在病中，可以在安静、平和中去思考从前，总结他低调再低调做人的点点滴滴，去思考用 52 年的辛辛苦苦、忠诚老实、勤勤恳恳走完足球之路。

2008 年 9 月 30 日，黎指导走了。

愿倍受尊敬的黎指导忘记烦恼，静养万年。

五、与王凤珠通最后一次电话

认识王凤珠是 1960 年初，笔者刚进四川足球二队，王凤珠和马克坚刚调国家青年队。那时的王凤珠人长得帅气，踢球有霸气。在我们新队员心目中，他算是偶像级别的人物。

1960 年 4 月，笔者随队到北京训练、观看比赛，住在陶然亭游泳池，训练在先农坛。有一天训练完毕，笔者到北京体工队去治伤，治完伤出门一看，球队已经离开先农坛了。笔者按大概方向回陶然亭，反复走了两次都走错了。无奈，就去找住在先农坛的四川一队领队徐凤仪，去时正好碰见王凤珠和马克坚也在那儿。说明来意，王凤珠掏出五分钱叫笔者乘几路汽车……他害怕笔者迷路，送到车站，又随笔者上了车，下车后指笔者过马路……然后他才乘车返回先农坛。从那一刻，笔者见识了一个偶像无私的风范。

1963 年，王凤珠因膝关节伤，又患阿米巴痢疾回四川队。他边治疗，边恢复训练。因有北京那次送行，凤珠常找笔者练传球或作一般对抗，并常常教笔者很多足球技术。笔者同凤珠的关系慢慢走近了。

“文化大革命”期间，王凤珠被划为“走资派”王廷弼的“干儿”，成了批判和孤立的对象。1967 年冬天，王凤珠的儿子诞生了。那时，体工队每人要发一包木炭用于取暖，有人喊不能发给王凤珠。

岑福友指导说："理是理，法是法，王凤珠也该发一份，没有理由不发给别人嘛。"

有人拣了几块木炭说："这堆是王凤珠的。"就几根啦！那时王凤珠大小也是我们的教练啊。笔者深叹了一口气说："你娃也太过分了。"笔者把王凤珠那几块木炭抱起来，连同笔者那一堆一块送到体育场成都足球队住所对面，王凤珠的家。事后笔者在想，人心太险恶了。

1983 年 4 月，王凤珠带队参加第五届全运会，夺第五名，这是四川足球史上参加全运会男队最好成绩。王凤珠作为主教练，可想而知尽了多少努力。1987 年，王凤珠带队参加第六届全运会，由于比赛成绩不佳，队内问题较多。一批有实力的老队员先后离队，有张达民、米东洪、徐庆凯、吴锋、王奇、杜伟、李川、李建国、王银雷等。有的回重庆，有的到工厂，还有的留下当教练。在队上人心涣散的情况下，王凤珠又把教练班子和领队进行了调整。以前的助手都没有派上用场。而是从队员中提拔三人当助理教练。他们是王承江、于飞、余东风。王指导的想法是，三位队员当教练便于统一大家的行动，也便于他指挥，有利于开展工作；三位教练兼运动员，可以保持队上的有生力量。王指导的想法应该说是无可非议的。但他忘记了一条，在阵脚本不稳定的球队，这样一调整矛盾会更显突出。他没有想到，愿为四川足球贡献力量的人大有人在。据笔者所知，也有一些知名老教练是远离这件事的。笔者陪凤珠爬上六楼请岑福友指导当领队，他婉言谢绝了。

1988 年底，王凤珠未能挡住这股潮流，与运动技术学院签订的合同还差两年多，他便离队了。他提拔的王承江、于飞也离开。因队上需要，余东风继续在一队当教练。

王凤珠输了，输在他过于自信、自负。地球离了谁都一样转，王指导没有想明白这个道理。如果还有一个原因，就是他误读了"人之初，性本善"，这是凤珠的悲哀。

王指导离队后，于 1995 年带成都五牛队。以后因种种原因，留队当顾问。在这期间，王指导带着夫人、儿子、女儿、儿媳，常来笔者在新都体育场办的俱乐部。2002 年 10 月，中国足球队冲出亚洲到日本、韩国参加世界杯决赛。一天晚上，王指导来电话，笔者问他在哪儿，他说五牛基地停电，他回女儿冬妹家看中国队对土耳其队比赛。笔者对他说，过两天笔者要去新加坡执教，有时间来俱乐部一聚。他说明天是星期天不放假，星期一、二晚上抽时间到新都来。

星期天晚上，笔者接到队友柯昌荣来电，说凤珠出车祸了。第二天笔者从新都赶到凤珠灵堂，为失去一位良师益友而悲伤。

与凤珠通最后一次电话，没有想到这将是我们之间的阴阳永隔。追忆往昔有很多难忘的故事，就让笔者慢慢去回忆吧。

凤珠一路走好。

第十篇

怀念领导

（时间：1954年前参加工作）

人们听见领导二字，一幅严肃的面孔就浮现在眼前。其实，笔者要写的领导，有的像父辈、有的像兄长，有的像朋友。他们脸上笑容多，口里官腔少；他们最懂帮助，他们最愿伸出一双温暖的手；他们不贪不占，两袖清风。

有人说，领导与百姓隔着一堵墙，有的墙厚，需要大炮轰，工匠砸；有的墙薄，就像一层纸，一捅就破。笔者怀念的领导，他们与百姓平起平坐，难分你我。就算有一层薄薄的纸，不用捅，吹一口气它都会破。

一、最后一次到刘元瑄家

刘元瑄是原国民党二十四军代军长。川军将领刘文辉、邓锡侯、潘文华早年就受共产党影响，1949 年 12 月，他们向全国通电，命令其手下在四川彭县起义。刘元瑄带领的二十四军，是幺叔刘文辉的精锐部队。起义前夕，蒋介石亲临成都督战，刘元瑄周密策划，声东击西地躲过蒋介石的督察，将二十四军全体官兵移交给刘邓大军。

新中国成立后，刘元瑄任西康省军区副司令员，西康省政协副主席，西康省人民政府委员。1956 年以后，刘元瑄任民革四川第四、第五届省委副主委兼秘书长；第六届、第七届主任委员；第七、八届四川省政协副主席；第七届省人大常委会副主任。第五、第六、第七届民革中央委员，第五、六、七届全国政协委员。

刘元瑄曾任四川省民政厅副厅长，四川省体委副主任。在他任职体委副主任期间，曾多次作为四川足球队领队带队到全国各地参赛。无论球队到哪里，他最关心的是运动员的吃、喝、拉、撒、睡。刘主任不懂足球技战术如何安排。但他懂得如何去爱护他的兵。一见运动员，就像慈父一样问：昨晚睡好没有？今天早餐吃了几个包子？出发到赛场前，他来到各个宿舍，提醒大家，别忘了带足球鞋，别忘了带洗澡用具……大家没有把刘主任当主任，把他当成自己的父亲。

1994 年 3 月，笔者被四川天一学院董事长蔡文斌聘任为副院长，分管教材。笔者认为，我国不少国民基础素质较低，应当写一套“提高国民基础素质丛书”。究竟怎么写，笔者心中真没底。到四川师范学院、四川大学开过座谈会，找朋友交换过意见……最后想到应当征求从前老领导的意见，他们对社会的理解更深刻，便走访了刘元瑄主任和四川省老领导韩邦彦、冯元蔚、胡晓风等。以后又到北京请冰心、费孝通以及卫生部张副部长、国家体委张彩珍副主任等题词。

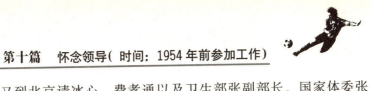

最难忘与刘元暄主任第二次摆谈，他语重心长地说："要提高国民素质，首先要摸清楚幼儿园、小学、中学缺的教育内容。他们缺什么，你们就要补什么。娃娃读不懂，让家长读懂去教育孩子。从行为、语言、礼节和尊师爱老、同情弱者、懂得感恩、报效祖国教起……如果，你们能把中国的文化精髓，发达国家的文明都写些在书中，写的又通俗易懂，家长爱读，提高国民基础素质的目的就达到一半了。"

刘主任还强调："只要抓住了培养素质的根——幼少儿，那就事半功倍了。"刘主任精辟的教诲，至今笔者也没忘。

刘元暄主任劳累了一生，于1996年2月29日在成都逝世，享年87岁。

二、谢谢你，杨秀武主任

杨秀武是河北抚宁县人。1950年就读于哈尔滨外国语专科学校。毕业后分配到国家体委工作。1954年，中国足球队到匈牙利留学，杨秀武是队中的翻译。以后匈牙利足球教练萨帕保尔来华执教国家队，杨秀武将他的讲稿汇编成《足球讲义》，这本讲义是我国第一本比较系统的足球教科书。1957年，杨秀武同李凤楼、鄂伯尔合编《足球裁判法》。以后还参与编写《苏联国家足球队新技术、新战术》和《小足球》、《足球战略战术》等书籍。值得一提的是，1987年，由笔者主编的"体育知识丛书"《足球》，杨秀武完成了书中"科学训练与足球运动"重要章节的写作。杨秀武编译的、撰写的有关足球书籍，树立了我国足球理论的基础。他是我国足球理论的开拓者之一，为中国足球发展做出了伟大贡献。

杨秀武1957年至1965年任国家体委球类司足球处副处长、国家二队和国家青年队领队；1965年至1966年，1972年至1974年，1977年至1981年，先后担任国家足球队七年领队。1983年任国家体委训练局科研处处长，以后任国家体委足球办公室主任，中国足协副秘书长，《足球世界》副主编，《体育科学》杂志社副主编……

1986年，杨秀武率中国女子足球队参加第六届亚洲杯足球赛，夺得冠军；1988年，又率国家女足参加国际女子足球锦标赛，获第四名。

1985 年笔者在青海西宁参加全国体育战略讨论会时结识秀武主任。我们对中国体育和足球运动的发展有很多共识，谈话很投机，以后是无话不谈。每次到北京，一定要去他家，了解一些信息，很“营养”也很“富足”。

1986 年，秀武推荐笔者到火车头队执教，后因资历太浅，没能被录用。为此，秀武没有甘心。他总认为笔者是个小人才。1988 年 10 月，秀武来电话，叫笔者抽时间去北京，有事与笔者商量。两天后笔者径直到他家，他对笔者讲世界女子足球发展的趋势，他认为在中国抓女子足球比抓男子足球更现实。讲话中给了笔者一份世界女子足球资料。他希望笔者投身到女足训练中。他说，如果笔者同意组教练班子，就把国家女足二队放在邮电部，训练基地设在北京大兴县。

回成都后，笔者将此信息告诉了刚合作完成《大学体育》的张兆斌和向自力。后因各位家属强烈反对，只好通知秀武不能成行。

事情已经过去 20 多年了，但一想起在北京与秀武的谈话，至今也十分激动。这是秀武对笔者的信任。笔者非常感谢他。

秀武已去世好几年了，每当笔者想起与秀武的交往，感激之情油然而生。

秀武，笔者愿你到天堂再去分管足球。

三、说老实话的陈湘岚

陈湘岚领队是“文化大革命”前到足球队的，天津人。他扛过枪，过过江，打过仗，吃过糠，是一个资格的南下干部。

有人把“文化大革命”比喻成一块考验人的试金石。一些人的私欲、报复、心凶、残忍……无不跳出来曝光。但陈湘岚领队为了保护运动员，做了太多的工作。

“文化大革命”刚刚如火如荼的年月，一支外来队路过成都，要与四川队打场练习比赛，军代表答应了应战。军代表 40 来岁，湖南人。他叫大家起床参加比赛，没有几个人去理会这件事。有球员说头痛，也有人说腿上有伤，笔者说腰又胀又痛。

外地球队已经到了球场，急得军代表差点去撞墙，只有请陈湘岚出面了。陈湘岚毫不客气地对军代表说：“运动员不是犯人，他们是国家花大本钱培养出来的财富，用管犯人方法去管他们，当然他们哪儿都痛哦。”

为让军代表下台，陈领队叫大家起来，赶快换衣服上场，没用几分钟，全队整整齐齐集合了……军代表在旁边使劲挠脑壳，想必没有想通。

“文化大革命”期间，好多队员都结婚生孩子了，白天到队上开会，有时到球场上打小比赛或到健身房练肌肉。忽然有一天宣布，所有球员都搬回体工队，除星期六回家，星期天晚上晚点名，全都住在集体宿舍里。为此，老队员向陈领队诉苦，陈领队不顾个人安危，与军代表等人干了起来，他理直气壮地说：“叫他们搬回来住，有什么比赛任务？叫他们搬回来住，谁给他们带娃儿？一个月三四十元钱，请得起保姆吗？”

一天早上出早操，笔者同一个军代表在篮球场上吵了起来，笔者叫军代表整人要讲点良心。军代表反问道：良心值几个钱？

答曰：良心对你来说一分钱也不值，因为你没良心。

军代表知道他反问错了，尴尬地站在一边。第二天陈领队见到笔者，他竖起大拇指，这对笔者是莫大的安慰。第三天，“没良心”的军代表，被调到成都体育学院管新生队了。

2010年6月，陈领队出资5 000元，请20世纪60年代四川队的球员小聚一堂，会上他用天津话讲道：“好多年没有见到大家了，怪想你们的……现在社会很浮躁，一些人行贿受贿，腐化，说假话，说套话，希望大家在这种歪风邪气里，做年轻时代的你们，说老实话，做老实人，做一个对中华民族有贡献的人……”

接着他深情地说：“我们都老了，有的已经忙慌慌地去见马克思了。我还不着急，在座的更不能着急。好戏还在后头呢。好日子也在后头。没事做就练好身体，有事做的，去推动中国足球发展，早日摘掉恐韩、恐日的帽子。”

2012年，陈领队离开了我们，享年83岁。陈领队铿锵有力的讲话，讽刺幽默的笑声，真切诚实的眼神，一个说大实话的人，永远定格在我们的脑海里。

陈领队一路走好。我们下一辈子还当你的部下。

四、谁也帮不了胡本明

胡本明是成都部队体工队副队长。笔者到部队前，胡副队长夫妻二人都是省体委的军代表，那时已经认识了他们。到部队体工队后，相比之下对胡副队长要熟悉一些。胡副队长是天津人。对人非常耿直，而且肯帮助人。“文革”期间他夫妻二人，在省体委当军代表就有非常好的口碑。他不整人，以理服人。他了解运动员的艰辛，同情那些出身不好的人。他和他爱人潘军代表深受运动员的欢迎。

胡副队长是中国登山队成员，1959 年第一次登上世界屋脊珠穆朗玛峰的副队长。据说他陪登山队也登上近 7 000 米的高峰，为中国登山事业做出了贡献。之所以在他当军代表时期，对运动员很尊重，是他早年就与运动员接触过。他理解运动员，同运动员站在平等的位置上。

1975 年夏天，主教练朱德全到广东寻找运动员，领导决定暂由笔者主持队上工作。在这期间胡副队长找笔者谈过两次话。第二次谈话，我们坐在军区大院毛主席塑像的下面，开始他了解足球队一些情况，笔者一一回答。以后他问：“你们集合排队吃饭，到底是怎么一回事？”

笔者气愤地说：“领队要我们排队走到司令部、政治部首长宿舍区唱歌，表现足球队的新气象，我不认为有什么新气象。我不愿带头为他出风头，所以提前把歌唱了。那天，队伍刚走到医院门诊部后门，有人要上厕所，我提前把队伍解散了，被他抓住了，这本不是问题，在他眼里便成了大问题了。”

胡副队长语重心长地说：“是呀，本不是问题，但在有些人眼里就成了问题。透过现象看本质，这哪里是提前上厕所的事？”

他叹了一口气接着说：“我们都是老熟人了。你们从四川队来部队的几位同志，你们的表现大家是看见的。从军区首长到警卫战士，就连我的孩子们都夸你们。有些问题别往心里去。你不往心里去，别人就此罢休了。你若往心里去，事情就没完没了了。”胡副队长要说的笔者明白了。

忍并不是上策，笔者终于没有逃脱离开部队的厄运。离开队的前几天，一直没有见到胡副队长，笔者只好到胡副队长家里去告别。走进胡副队长的家，他爱人叫出胡副队长，当笔者看见胡副队长，简直不相信自己的眼睛。高大帅气的胡副队长，怎么会变成蜡黄一张脸呢？胡副队长若无其事地说：“在西藏那些年，吃了生牛肉，疱囊虫长在肝上了，现在正在治疗。”

听说笔者转业到西南民族学院，胡副队长说：“黄教练，民族学院少数民族多，如果能买到麝香，帮我买几个用来杀肝上的虫。”回到学校，笔者先后为胡副队长送去四个麝香。不值钱，最贵的 50 元，足有一两二钱重。

胡副队长住进成都军区总医院，得知这一消息，笔者同兰钟仪前去看他，看一个有情有义的领导。胡副队长在弥留之际，还不忘笔者给他送麝香的事……

胡副队长的病有什么药能治呢？手术、药物都不管用了。

1976 年秋，大好人胡副队长静悄悄地离开了人世。那年他还不到 50 岁。

五、王学集主任

王学集是四川体育代表队副主任。常年跟随足球队，带队参加比赛。王学集主任是一个充满智慧不缺幽默又没有架子的主任。我们这些队员在体工队十多年，没见过王主任发过大脾气。就是他发了脾气也让人忍俊不禁。他修养好，很有亲和力。

1961 年春节，笔者到四川二队不久，在体育馆内表演。笔者看表演了，回教室开会晚了几分钟。刚进教室，王主任指着他的手表问：“你看现在好多时间了？”

笔者狡辩说：“我离开体育馆，还差 10 分钟，我跑回来不可能用了 10 分钟噻。”

“差 10 分钟，现在是超 10 分钟了。”王主任说。

“不一定吧，十钟九不一。”笔者又补充一句。

“你就是黄牛的卵子——格外一条筋。”这就是智人在发脾气。

1964 年四川队在西安参加比赛，有一天几个老队员整王主任的冤枉，赌他抬腿踢举起的球。王主任不认输，他使劲向上踢腿，举球的人向上抬高，害得王主任摔了个屁股触地。这就是我们平易近人的王主任。

王主任在工作中，是一个既讲原则又灵活机动的人。1962 年春节，笔者同室队友王良钊要请假回山东济南探亲。我们都认为他请假肯定会批准，因为王良钊的姐夫是省委秘书长。结果，王主任叫他打完春节表演赛后再回家。如此准假，王良钊同父母亲吃不到年夜饭了。王主任笑眯眯不愠不快对王良钊说：“今年吃不到年夜饭，还有明年嘛，牺牲一年，打好两场表演赛回去给你父母报喜。”王良钊所有待遇同其他人一样。不一样的是，他可在老家多呆一周，因为来回路途需要一周。

王主任在大是大非面前旗帜是鲜明的。“文化大革命”初期，他本身也是被批斗对象，应该说他随时随地都应警惕自己的一言一行。有一天王主任来到足球队教室，他半开玩笑问：“就你们几个人？那些人都去闹革命去了？”

摆谈中他启发性地问笔者：“小黄，你知不知道你身边哪个是坏人？”

“不知道。”

“不知道。那天看老王指导游街，我看你在篮球场里跑来跑去，你咋个不过去斗他呢？”

“我不敢。”

“如果你敢去斗，你就上去斗了吗？”

“还是不敢，也不应该。”

“老王指导是你的什么？小黄，要把好人坏人分清啦！”王主任这番简单的点化，告诉大家千万不能意气用事，做什么事都要多问几个为什么。

2012 年，王学集主任在华西医院逝世，享年 84 岁。

一个心地善良，又不失原则的好人离开了我们。在此，我们悲痛地说，王主任一路走好。我们心中不会忘记四川体工队那个善良的智人领导——王学集。

六、马克坚留下的遗产

马克坚是昆明人，身高 1.74 米，本不具备守门员条件，但他身体素质全面，下肢力量特好，具有强大的爆发力和弹跳力，1954 年入选西南队任守门员。从那时起到 1959 年，他一直担任四川队的主力门将。1959 年入选国家青年队，1961 年到国家一队。1964 年离队到国家体委足球办公室主管训练工作。以后还担任过中国足协教练委员会副主任、中国足协技术部主任、中国青年队以及国家一队和二队领队、昆明冬训办公室主任等。

中国足协从 1991 年开始，就酝酿足球体制改革，马克坚是支持改革的急先锋。在他率队出国参赛时，他深刻地认识到，中国足球不改革，永远闭关自守，永远没有前途可言。

当中国足球走上改革的轨道，马克坚是出国参观学习最多的人，也是为中国足球改革起草文件最多的人……1993 年，当红山口会议决定中国职业联赛从 1994 年开始时，马克坚真的累倒了，一下身上掉了近 20 公斤肉，这不叫减肥，这叫为中国足球从体制上尝试改革而拼命付出的代价。中国足球从 1994 年起，以震撼神州的中甲联赛，到热闹非凡的中超，再到激动人心的亚冠，中国足球水平持续发展并提高，中国的足球人和球迷朋友们，千万别忘了辛劳成疾的马克坚。

马克坚自传体《我离中国足球最近》出版了。这本书是他的真切感悟，揭示了中国专业足球体制的弊病；又用大量篇幅撰写了中国足球体制改革的艰辛；作者在最后部分对中国足球发展寄托了无限希望。书中有鞭挞、有包容、有发泄和无奈面对那些玩权术的人……点点滴滴都是中国足球的真实写照，这些都是马克坚吐露的心声。书中的记述，图片是马克坚留给中国足球一份宝贵的遗产。确实，马克坚离中国足球最近。

2008 年秋，全国老年足球比赛在成都温江体育场举行，马克坚作为嘉宾出席。谈起中国足球的改革，马克坚十分谦逊。他始终不提他自己一个字，功劳簿上是王俊生、许放和其他一些人。马克坚的低调、诚实、厚道感动着他的战友、他的同事、新闻媒体和他的朋友们。

天有不测风云，人有旦夕祸福。几个月前还谈笑风生，几个月后就阴阳两隔。2008 年 11 月，马克坚因脑溢血猝死在北京，享年 76 岁。

马克坚离世了，但他和战友共同打造的职业足球之路还在继续……

后 记

《四川足球一些往事》终于在今年盛夏写完了。在此，笔者要感谢亲密的战友们，没有你们的帮助，没有你们提供的资料，没有你们的信任，就没有这本书的出版。

笔者还要感谢四川省足球协会的鼎力相助，没有他们出资，文字永远是文字，不会变成书。四川省足球协会的慷慨，让笔者难忘，也值得圈内人士尊重。包括已逝的队友、教练、领导们的家属，他们也会感谢你们。你们所做的是很多人不愿做的或做不到的。希望四川省足球协会永远成为四川足球人心目中的支柱。

在后记里，笔者认为还应当把“小医生”、陈德荣、蔡大妈、杨二姐、张治中、汪百银、邵林根等写入书中，他们中多数人早已仙逝。但，他们永远在我们心中占有地位。吃药、打针能忘了小医生吗？哪能忘啊。没有她的保驾护航，我们能顺利成长吗？花无百日红，人无千日好，我们才只在体工队呆了一千日哦。

吃喝、洗澡、坐车能忘了陈德荣、蔡大妈、杨二姐、张治中、汪百银、邵林根吗？张治中炒的回锅肉，真的好香，汪百银蒸的咸烧白，又粑又入味，好吃得不摆了……笔者永远记得，魏振铎主任在灾荒年，在大会上讲道：你们大家都要感谢陈德荣，他是一个无名英雄。为了给大家做饭去排队买菜，每天早上四点起床，晚上很晚回家，隔墙的邻居，居然问他爱人：陈德荣还在不在人世？邵林根开车，每当外出比赛送车站、机场都是他的事……

请记住他们吧，是他们的忘我劳动换来了我们的成长。

还应感谢笔者的老伴，她下班忙着为笔者改错别字、网上发文，国际国内传资料信息、驱车联系都是以牺牲她的休息为代价，没有她的支持，笔者坚持不到今天。

交稿给出版社之前，是笔者的“一对红”朱家富来把关的。他修改了很多错别字，提出了一些建议，笔者基本上都采纳了。辛苦他了，非常感谢。

后　记

四川足球往事太多，精彩的、难忘的好多都没有写，写到的还有错的，希望老少战友们多多见谅。笔者确实能力有限，请多多谅解。

加油，战友们永远为四川足球雄起。

作　者

2013 年 8 月